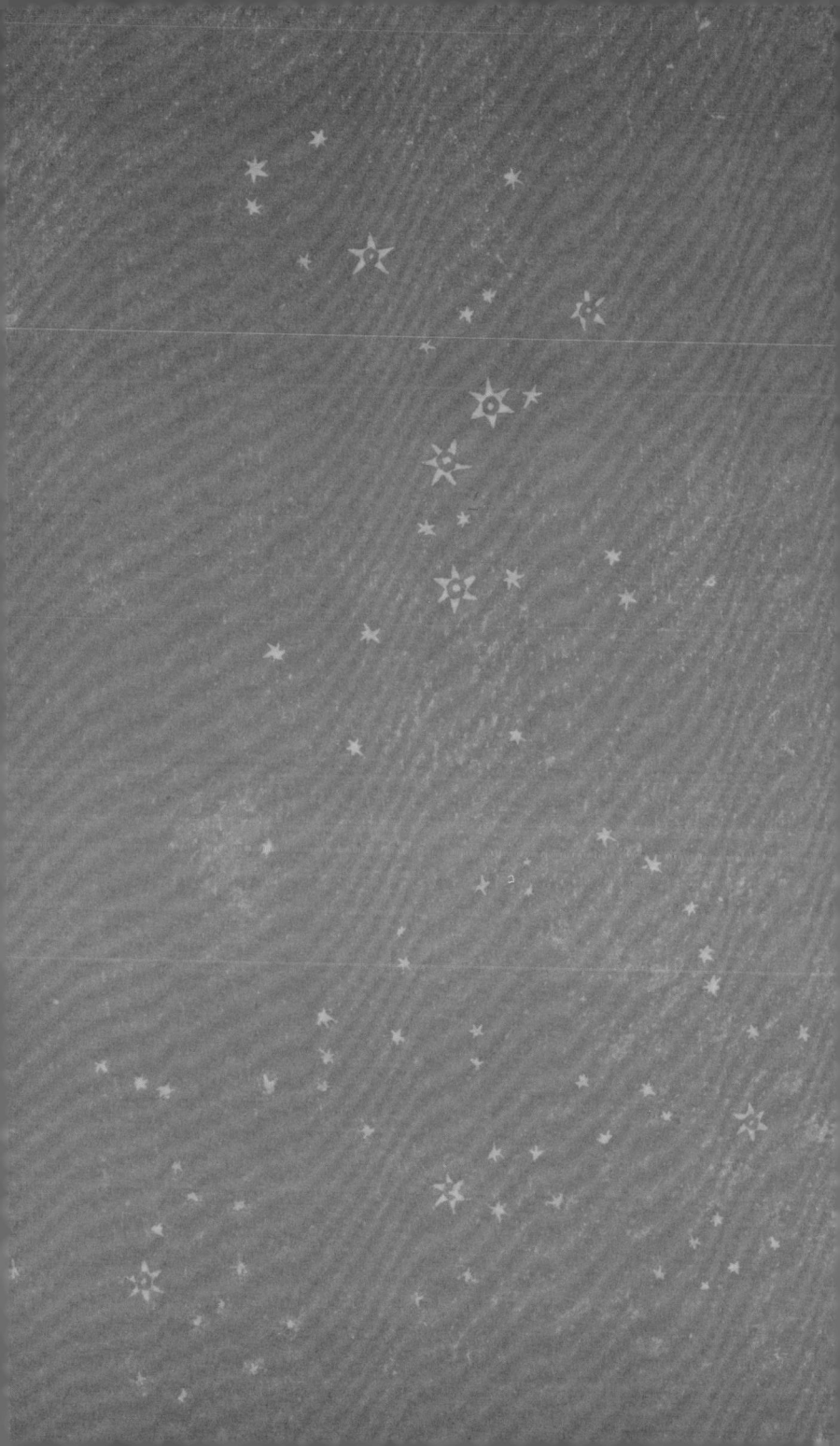

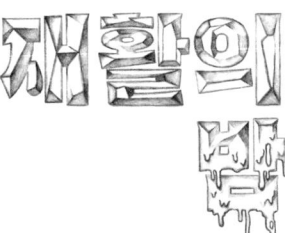

Authorized translation from the Japanese language edition, entitled
〈シリーズケアをひらく〉 リハビリの夜
ISBN: 978-4-260-01004-7
著者: 熊谷 晋一郎

published by IGAKU-SHOIN LTD., TOKYO Copyright© 2009
All Rights Reserved. No part of this book may be reproduced or transmitted in any form or by anymeans, electronic or mechanical, including photocopying, recording or by any information storageretrieval system, without permission from IGAKU-SHOIN LTD.
Korean language edition published by DONGNYOK PUBLISHER., Copyright © 2025 through THE ENGLISH AGENCY (JAPAN) INC., and DANNY HONG AGENCY.

이 책의 한국어판 저작권은 대니홍 에이전시를 통한 저작권사와의 독점 계약으로 도서출판 동녘에 있습니다. 저작권법에 의해 한국 내에서 보호를 받는 저작물이므로 무단전재와 복제를 금합니다.

재활의 밤
수치와 고통의 규범을 넘어, 자립과 연결로 나아가기

초판 1쇄 펴낸날 2025년 11월 3일

지은이 구마가야 신이치로	**편집** 김현정 김혜윤 이심지 이정신 이지원 홍주은
옮긴이 조승미	**디자인** 김태호
펴낸이 이건복	**마케팅** 임세현
펴낸곳 도서출판 동녘	**관리** 서숙희 이주원

만든 사람들
편집 김혜윤   **디자인** 이지선

인쇄 새한문화사   **라미네이팅** 북웨어   **종이** 한서지업사

등록 제311-1980-01호 1980년 3월 25일
주소 (10881) 경기도 파주시 회동길 77-26
전화 영업 031-955-3000 편집 031-955-3005 팩스 031-955-3009
홈페이지 www.dongnyok.com **전자우편** editor@dongnyok.com
페이스북·인스타그램 @dongnyokpub

ISBN 978-89-7297-184-9 (03330)

- 잘못 만들어진 책은 구입처에서 바꿔 드립니다.
- 책값은 뒤표지에 쓰여 있습니다.

재활의 배신

수치와 고통의
규범을 넘어,
자립과 연결로
나아가기

구마가야
신이치로
지음

조승미
옮김

동녘

표지 설명

새하얀 배경의 표지 위에 커다랗게 '재활의 밤'이라는 제목이 놓여 있다. '재활의'라는 어절은 연필로 스케치한 듯한, 칼로 깎아 조각한 것 같은 입체감이 있는 타이포그래피이다. 딱딱하고 엄숙하게 느껴지는 '재', '활', '의'는 각기 나란히 놓여 표지 상단을 차지하고 있다. 그 아래에는 오른쪽에 '밤'이라는 글자가, 왼쪽에 검은 명조체로 '수치와 고통의 규범을 넘어, 자립과 연결로 나아가기'라는 부제가 놓여 있다. 위에 놓인 '재활의'와는 다르게, '밤'은 단단한 조각이 녹아 내리고 있는 듯한 모양이다. 글자 상단은 조각된 것 같은 모양을 유지하고 있지만, 중간부터는 글자가 촛농처럼 흘러 내리고 있어 기묘하고 오싹한 느낌과 함께 어딘가 매혹적인 느낌을 준다. 부제와 '밤'이라는 글자 사이에는 허공을 올려다보며 팔을 가슴에 모으고 움츠린 사람의 형상을 한 일러스트가 있다. 이 책의 삽화를 그린 일러스트레이터 사사베 노리시게의 그림이다. 이 사람의 머리와 어깨, 상체는 '재활의'라는 제목 글자의 타이포그래피처럼 칼로 깎은 조각처럼 그려져 있어 딱딱하고 경직되어 보인다. 하지만 팔과 허리, 두 다리는 '밤'이라는 제목 글자 타이포그래피처럼 녹는 듯이 줄줄 흘러 내려 바닥에 퍼져 가고 있다. 그 오른쪽에는 작은 글씨로 '구마가야 신이치로 지음', '조승미 옮김'이라고 쓰여 있다.

일러두기

본문의 각주는 저자의 것이며, 옮긴이주의 경우 따로 표시해 밝혀 두었다.

한국어판 서문

한국의 독자 여러분, 안녕하세요. 구마가야 신이치로라고 합니다. 이 책 《재활의 밤》은 2009년 제가 처음으로 쓴 책입니다. 이 책을 읽어 주셔서 진심으로 감사합니다.

저는 태어나면서부터 뇌성마비 신체장애를 갖고 있어, 전동 휠체어를 타며 살고 있습니다. 24시간 활동지원을 받으면서 소아과 의사로 일하고, 대학에서 학생을 가르치며 연구도 하고 있습니다.

제가 태어난 1970년대에는 통계학적 근거 evidence 없이 임상의학이 진행되었습니다. 효과가 별로 없는 치료라 해도 권위 있는 전문가가 "이 치료는 효과가 있다"고 하면 많은 이들이 믿던 시대였습니다. 저도 어릴 적부터 추후 거의 효과가 없다고 판명이 난 재활을 하루에 대여섯 시간씩 받았습니다.

이 책에서 저는 그런 시대에 받았던 재활의 경험을 제 관점으로 되돌아보고, 당시 느꼈던 신체 감각과 감정을 전하려 했습니다. 동시에 의학 지식을 지닌 지금의 제가 그때의 경험에 대해 내레이션을 끼워 넣으려 했습니다. 이런 면에서 이 책은 어린 시절의 저와 현재의 저 두 사람의 공저인 셈입니다.

책 제목이 보여주듯 저는 재활 경험을 다루었습니다. 하지만 이 책의 주제는 재활이 아니라 '비장애인처럼 움직여야 한다'는 사회적인 규범 가운데 긴장을 강요당해 내부에 과도한 에너지를 축적하게 된 몸이 그 에너지를 방출할 때 갖게 되는 탈규범적인 '관능'입니다. 그리고 저는 환경이 그런 과도한 에너지의 방출 과정을 받아들였을 때 몸 안팎의 협응 구조가 불연속적으로 재편된다는 사실에서 희망을 찾으려 했습니다.

이 책에서 저는 탈규범적 관능의 한 예시로 '실금'에 초점을 맞췄습니다. 어린 시절에는 누구든 실금을 했었습니다. 성장하며 많은 이들이 대소변을 가릴 수 있게 되고, 실금하기 어렵게 됩니다. 머지않아 나이가 들면 실금은 다시금 우리와 가까워지지요. 그런데 저는 자라서도 계속 실금이 바로 가까이에 있었습니다. 십 대 시절까지 저는 실금이 부끄러웠습니다. 실금은 가족 안에서 처리해야 할 비밀스러운 일이었습니다. 가족 이외에는 누구에게도 털어놓을 수 없는 비밀을 가지고 있다는 사실이 괴로웠습니다.

대학생이 되어 부모님 집에서 나와 혼자 살기 시작한 저는 주변 사람들에게 제가 계속 실금을 하는 삶의 방식을 갖고 있다고 알렸습니다. 그러자 의외로 많은 이들이 그런 저를 받아들였고 실금 후 뒤처리를 도와줬습니다. 그때 저는 '이렇게 살아갈 수 있겠구나'라고 생각했습니다. 그토록 넘쳐흐르던 자신감은 그 이후로 느껴본 적이 없을 정도입니다.

이 책에서 제가 시도한 한 가지는, 훼손된 실금의 명예를 되찾고자 한 것입니다. 몸에 변의가 급하게 느껴질 때면 몸은 화장실에서 배설해야 한다는 규범을 무시하려는 '장'과 규범을 따르려는 '장 이외의 몸', 이렇게 두 갈래로 분리되어 서로 충돌합니다. 이때 신체에는 과도한 에너지가 축적되어 있습니다. 배설 운동은 이런 충돌로 에너지와 변을 함께 방출한 다음, 다시금 협응하는 하나의 몸으로 되돌아오는 과정이라고 할 수 있습니다. 화장실이라는 환경이 배설하려는 움직임을 받아들여 준다면 규범에 맞춘 배설이 가능하지만, 그렇지 않다면 탈규범적인 관능이 따르는 실금을 하게 됩니다. 하지만 그런 실금을 받아들여 줄 타자는 분명 존재합니다. 이 사실은 우리에게 헤아릴 수 없을 만큼 크나큰 힘을 준다고 생각합니다.

관능에 더해, '바닥에 떨어지는 감각'도 이 책에서 다루는 중요한 소재입니다. 전동 휠체어 타기가 금지되었던 어린 시절, 저는 바닥이나 땅바닥과 지금보다 훨씬 더 긴밀한 관계를 맺었습니다. 지금은 전동 휠체어를 탄 지 오래되었지만 저는 바닥이나 땅바닥을 먼 고향처럼 느낍니다. 마치 고향을 잃고 도회지에서 살아가는 사람 같습니다.

지금도 휠체어에서 화장실이나 침대로 몸을 옮길 때면, 방심하면 자칫 바닥이나 땅바닥에 떨어질 것 같아 긴장합니다. 과장해서 말하자면 깊은 계곡에 놓인 높은 흔들다리를 건너는 것 같습니다. 이 책에서는 환경이 나를 '받아들인다'는 표현이 아니라 '줍는다', '주워 준다', 또 내가 환경에 의해 '주워진다'는 표현이 자주 나올 텐데요. 그대로 방치할 경우 바닥의 2차원 세계에 떨어지는 게 숙명인 저의 몸을, 환경이 받아들여 3차원 세계에 있도록 붙들어 준다는 이미지를 담아 이런 표현을 썼습니다.

관능, 실금, 바닥에 떨어지는 감각. 이런 것들은 어릴 적부터 제 마음속에 줄곧 있었고 피하기 어려웠습니다. 이런 것들을 어떻게 말로 표현하고 제 인생 속에 자리매김해야 할지 명확하지 않았습니다. 이런 측면에서 이 책은 말로 하기 힘든 것들을 어떻게든 문장으로 쓰면서 제가 스스로를 연구한 당사자연구이기도 합니다. 이 책을 한국어로 옮겨 주신 조승미 선생님과 번역 과정에서 질문과 대답을 주고받은 적이 있는데, 이 책을 깊이 이해하고 계신다는 사실을 알게 되었습니다. 질문을 통해 저도 제 경험을 더 깊이 이해할 수 있었습니다. 이 책이 좋은 번역자를 만날 수 있었음에도 감사드립니다.

구마가야 신이치로

추천의 글

'재활'을 뜻하는 영어 단어 'Rehabilitation'은 '갱생'으로도 옮겨진다. 즉 재활에는 '정상/규범'에 어긋난다고 간주되는 존재의 삶을 부정하고 이를 교정하려는 근대 규율권력이 작동하고 있다. 이 책은 재활에 대한 한 장애인 당사자의 학제적이고 성찰적인 자기보고서다. 저자는 재활을 통해서가 아니라 재활의 시선이 사라진 시공간에서 타자들과 "맺고 열고 이어지"면서 자신의 고유한 움직임과 삶의 방식을 창조해 간다. 이야기를 따라가다 보면, 폭력적인 동화同化의 세계를 넘어 연립과 공생의 세계로 나아갈 수 있는 길을 발견하게 될 것이다.

—김도현
노들장애학궁리소 연구활동가·《장애학의 시선》 저자

알거나 이해하기 위해서가 아니라, 만지고 만져지기 위해서 이 책을 펼치기를 바란다. 이 책을 읽는 경험은 낯선 몸과 피부를 맞댄 채 모르는 방식으로 움직이는 일이다. '바라는 나'와 '실제의 나' 사이에 가로놓인 광활한 불일치가 있다. 세계의 응시로부터 숱하게 부서져 온 몸의 독특한 에로스가 있다. 가장 감미로운 패배들만이 깃드는 보드랍고 환한 안쪽이 있다. 끝없이 지는 이들에게서만 스며 나오는 은밀한 환희 속에서, 맞닿은 두 몸이 점차 풀어져 간다. 이끌리고 매혹되는 것과 패배하고 압도되는 것은 도저히 구분되지 않는다.

—하은빈
《우는 나와 우는 우는》 저자

    이 책은 재활을 단순한 기능 회복이나 '장애 수용'이라는 규범으로 환원하지 않고, 몸과 세계가 서로를 '줍는' 독특한 교섭 과정으로 바라본다. 뇌성마비 장애인 당사자인 저자는 바닥에서 움직이던 어린 시절의 이차원적 세계로부터 출발해, 몸과 환경이 협응하는 새로운 모델을 제시하며 삼차원의 세계로 나아간다. 재활은 더 이상 비장애인의 움직임을 내면화하는 과정이 아니라 세계 및 타자와 끊임없이 상호교섭하며 고유한 신체성을 만들어 가는 창조적 실험이 된다. 이 책은 재활을 몸에 대한 관능적 탐구로 이해하게 하며, 이를 통해 장애와 세계의 관계를 새롭게 사유할 수 있는 가능성을 열어 준다.

—문영민
중앙대학교 사회복지학부 교수

들어가며

　나는 1977년에 태어났다. 태아와 모체를 연결하는 태반에 이상이 있어 출산 때 산소결핍으로 뇌 속 '수의적隨意的(대뇌의 뜻에 따르는) 운동'을 관장하는 부분에 손상을 입었던 것 같다. 나의 몸 상태는 '뇌의 손상 때문에 의도한 대로 운동을 반복할 수 없는 상태'라는 전문가의 표현으로 설명된다. 이 해설은 나의 몸에 일어난 모든 일을 참 알기 쉽게 설명한 듯하다.

　그러나 이런 설명은 재활이나 장애인 돌봄, 활동지원 현장에서 여러 가지로 확대해석을 불러일으킬 우려가 있다. 가령 "뇌에는 손상이 있지만 그 외 근육이나 뼈에는 문제가 없다. 말하자면 탈것에는 이상이 없지만, 탈것을 조종하는 인지나 행동 같은 과정에 문제가 있는 것이다. 그러므로 재활이나 돌봄 현장에서는 장애인이 주의를 기울이는 방식, 원하는 운동의 이미지를 그리는 법, 노력하는 방식에 개입해야 한다"와 같이 자의적으로 해석될 여지가 있다.

　이런 해석이 틀렸다고는 할 수 없다. 하지만 이 해석을 들은 장애인 당사자나 그 가족은 또 다른 해석을 덧붙이게 된다. 예를 들면 '몸이 문제라면 포기할 수밖에 없겠지만, 노력할 수 있고 마음먹기에 달린 심리적 문제라면 희망이 있겠구나'라고 생각하게 된다. 이렇게 장애를 '몸의 문제가 아닌 마음가짐의 문제'라고 해석하면 재활 목표는 천정부지로 높게 설정되고, '비장애인의 움직임'이라는 이상적인 모델이 생김으로써 움직이지 못하는 원인은 본인이나 가족의 의지나 노력 문제로 책임이 전가되기 쉽다.

나 또한 이러한 재활을 받아 오면서 이상적인 모델에 따라 능숙하게 몸을 다룰 수 없는 나 자신에 대해 초조해했고, 열등감을 맛보았다. 그러나 그 후로는 생활 속에서 사람 및 사물과 교섭※하며 내 몸에 맞는 독창적인 운동 이미지를 서서히 만들어왔다.

"수의운동을 습득하려면 비장애인이 하는 운동 이미지에 따라 몸을 움직이는 방법을 연습하는 수밖에 없다"는 주장은 틀렸다. 거꾸로 운동 이미지를 장애인의 몸에 맞춰 재설정하는 방법도 있다. 나는 재활을 통해 규범적인 운동 이미지를 강요당했고 그것을 끝내 습득할 수 없었던 한 사람으로서, 재활 현장뿐만 아니라 넓게는 사회 전체에 깔린 암묵적인 전

※ 교섭交涉, negotiation은 장애가 있는 이가 일상생활 속 활동에서 어려움에 직면할 때 해결책을 찾기 위해 사람, 환경, 사회 등과 합의를 형성해 해결책을 찾아가는 과정을 뜻한다. 넓게는 장애인의 권리와 자율성, 접근성 보장을 위해 협의하는 것도 포함된다. 이 책에서는 맥락에 따라 '교섭', '타협'으로 번역했다(옮긴이).

제, 즉 '규범적인 몸의 작동 방식'이 무엇인지 묻고 되돌아 보고 싶다.

또 나는 이 책에서 몸에 맞지 않는 규범이 강제된 내 몸에 새겨진 독특한 관능❋에 대해서도 살펴볼 것이다. 규범과 신체 사이에 생긴 틈 속에서 내 몸은 긴장과 이완을 반복한다. 그리고 이러한 반복은 강한 관능을 수반하며, 동시에 기존의 운동 이미지를 누그러뜨리고 재구성해 내 몸에 있는 운동을 새롭게 가동하게끔 하는 원천이라는 점도 보여주려 한다.

어떤 독자는 내가 '규범적인 몸의 작동 방식'이나 '일반적으로 운동이라 부르는 것'이 무엇인지 묻고 논하면서, 왜 '관능'이라는 개념을 매개로 하는지 당혹스럽게 여길지도 모르겠다. 하지만 나는 '운동에 근본적으로 내재하는 관능'에 주목하는 것이 이 책에서 다룰 중요한 논점이라고 생각한다.

이 책에서 나는 '아픈 건 싫어! 기분 좋은 게 좋아!'라며 내 속에서 끓어 오르는, 투박하고도 가냘픈 목소리를 나침반 삼아 이 주제를 논하려 한다.

❋ 관능官能은 '육체적 쾌감'을 뜻하는데, 이 책에서는 저자가 재활이나 세계와 자신의 관계, 자신의 신체성과 자신의 관계를 설명할 때 두루 썼다(옮긴이).

차례

	한국어판 서문	005
	추천의 글	009
	들어가며	011

서장	**재활 캠프**	018

1장	**뇌성마비 체험**	027
	1 뇌 속 가상현실	033
	2 긴장하기 쉬운 몸	044
	3 접칼 현상의 쾌락	060
	4 움직임을 받아들여 사람을 다루다	064

| 2장 | **트레이너와 트레이니** | 071 |

	1 풀리는 몸	077
	2 응시당하는 몸	080
	3 버려진 몸	085
	4 마음에 개입하므로 몸이 경직된다	089
	5 신체에 대한 개입이 폭력으로 변할 때	095
	6 대학생 트레이너와 함께한 춤	103

칼럼 ——— 뇌성마비 재활의 사회사   106

| 3장 | **재활의 밤** | 123 |

	1 석양	127
	2 걷지 않는 아이의 방	131
	3 걷는 아이의 방	135
	4 여자 목욕탕	138
	5 자위에 열중하는 소년	143

4장   탐닉   149

  1 대비에 빠져들다   153
  2 받아들일 수 없는 섹스   160
  3 규범, 긴장, 관능   164
  4 내게 맞은 여자애   183

칼럼 ──── 규율 훈련과 마조히즘   187

5장   움직임의 탄생   193

  1 사물과 함께 만들어 내는 움직임   197
    (1) 화장실과 연결되다   199
    (2) 신체 외 협응 구조 아이디어   205
    (3) 전동 휠체어는 어떻게 세계를 바꾸었는가?   215

  2 사람과 함께 만들어 내는 움직임   224
    (1) 사물과의 협응 구조를 모색하다 ― 레지던트 1년 차   226
    (2) 사람과의 협응 구조를 깨닫다 ― 레지던트 2년 차   233

  3 큰 틀의 목표 설정이 중요한 이유   239
  4 세계에 시선을 쏟고 공유하다   246
  5 서로 돕기에서 폭력으로   255

칼럼 ──── 땅바닥과 '풀면서 서로 줍는 관계'   259

6장　틈에 자유가 깃든다　263

1　양서류와 파충류의 중간쯤　268
2　'변의'라는 타자　272
3　신체에게 구원받다　287
4　맺고 열고 이어지고　295
5　쇠퇴를 향해　305

작가의 말　309
옮긴이의 말　315
참고문헌　325

서장

재활 캠프

　나는 아주 어릴 때부터 열여덟 살까지 매일 재활을 하러 갔다. 초등학교 저학년 때까지는 대개 하루 세 번으로 나눠 한 시간씩 재활하는 게 일과였다.

　매달 한 번씩은 전문가에게 경과 관찰과 지도를 받으려 옆 동네에 있는 복지센터와 양호학교※로 갔다. 그리고 여름방학이 되면 재활 강화 캠프에 참가하기 위해 바다를 건너 산속에 있는 시설로 향했다.

　8월 중순이 지나면, 끝이 다가오는 여름방학 때문에 그렇지 않아도 우울한 내게 연타를 날리듯 매해 반복되는 재활 캠프의 계절이 다가온다. 전혀 기대되지 않는 이 행사에 소중한 방학의 마지막 한 주를 빼앗기는 게 억울했다. 더군다나 재활 캠프를 가기 전 방학 숙제도 미리 끝내 놓아야 했다.

※ 신체 훈련 등을 지원하는 장애인 학교(옮긴이).

시설까지는 편도로 5~6시간 정도 걸렸다. 출발하는 날 아침이 되면 평소보다 한 시간 일찍 일어나 부모님과 함께 차를 탔다. 멀미를 하는 나는 조수석에 앉아 학교에서 배운 노래를 부르면서 차창을 활짝 열어달라고 했다. 고속도로를 시속 100킬로미터에 가까운 속도로 달리면, 차창 밖에서 바람이 요란하게 불어와 내 얼굴에 부딪혀 숨쉬기가 힘들었다. 머리카락이 사자 갈기처럼 곤두서서 굽이치는 게 재밌어서 사이드미러에 비친 내 모습을 한참 들여다봤다.

산속으로 이어진 고속도로 길은 완만하게 굽이돌아 있어 잡목림이나 터널이 되풀이되어 나타나는 단조로운 풍경이 이어졌다. 숲은 햇빛을 받아 반짝반짝 빛나고 있지만, 군데군데 새까맣게 그늘진 덤불이 있어 구멍처럼 뻥 뚫려 보인다. 마치 쩍하고 입을 벌린 것만 같았다. 나는 왠지 검은 그늘이 다가오는 게 기대되어서 계속 덤불을 찾았다. 대낮인데도 덤불만 새까매서 눈을 부릅떠도 아무것도 보이지 않았다. 무언가가 그늘 속에 살면서 내 쪽을 보고 있는 것만 같아서 조금 무서웠지만, 그래도 만약 진짜 그렇다면 재밌을 것 같았다.

휴게소에 도착하니 부모님이 먹고 싶은 음식을 먹어도 된다고 해서 닭튀김을 사달라고 했다. 닭튀김을 먹으면 간몬關門 해협❈을 건너게 되고, 그때부터는 돌이킬 수가 없다. 그래

❈ 일본 열도의 혼슈와 규슈 사이 해협(옮긴이).

서 닭튀김을 잘 먹을 수 없었다.

    시설은 산 깊숙이 있어서 차는 고속도로를 빠져나가 구불구불한 산길을 달린다. 나는 늘 그즈음 멀미로 녹초가 됐다. 눈을 감고 있지만 속에서 올라온 침을 삼키는 게 역겨워 삼키지 않고 우물거린다. 한숨과 하품을 반복하다가 얕은 잠을 잔다.
    그리고 눈을 뜨면 차가 시설 현관 앞에 멈춰 있다. 숨이 막히는데, 매미는 시끄럽게 운다.

    집이나 학교에서는 대개 의자나 휠체어에 앉아 생활하지만, 재활 캠프에서는 가급적 그런 보조기구를 사용하지 않고 자기 몸 하나로만 생활하게 한다. 아마도 그편이 나의 고유한 '이상異常' 운동을 내 몸으로부터 떼어내기 쉽고, 나의 '신체 기능'을 평가해 개입할 지점을 찾아내기 수월하기 때문이었을 것이다. 보조기구에 의존하면 재활 효과가 떨어진다는 우려도 있었을 것이다.
    재활 시설에 도착하면 나의 몸은 휠체어에서 들어 올려져 짧은 털실 매트가 깔린 싸늘한 바닥에 놓인다. 나와 세계 사이로 들어와서 다양한 사물과 나를 연결하고 매개해 주는 휠체어가 없어지니, 내 몸은 바닥과 바닥에서 몇 센티미터 이내에 있는 사물이라는 제한된 범위 사이에서만 관계 맺게 된다. 그전까지 관계 맺던 책장이나 책상은 머리보다 훨씬 높은 곳으로 가 있다. 손이 닿지 않아 바라볼 수밖에 없다는 점에서는 천장과 비슷하다. 나는 다시금 '2차원의 세계'로 되돌아온 기분이 든다.

그런 상태에서 내 움직임을 줍는❋ 것은 바닥뿐이다. 나는 앞으로 일주일 동안 대부분의 시간을 이 바닥과 함께 보내게 될 것이다. 바닥의 온도나 마찰, 습기, 냄새 등을 느끼면서 배를 깔고 엎드려 땅을 기는 포복 전진과 같은 방식으로 스멀스멀 움직일 것이다. 바닥은 이 기묘한 나의 운동을 받아들여 '이동'의 형태로 변환시켜 줄 것이다. 나의 운동은 허공을 가르는 무의미한 운동이 되지 않고, 바닥에 의해 의미를 부여받는다. 나의 움직임에 의미를 주는 것은 이 바닥뿐이다.

내가 배를 깔고 기는 방식은 바닥에 닿은 왼쪽 팔꿈치에 체중을 싣고서 왼팔의 힘으로 무거운 몸을 끌듯 움직이는 것

❋ 일본어 '줍다拾う'에는 떨어진 물체를 집어 올린다는 뜻이 있지만, '움직임을 줍는다'는 표현은 일상적으로 쓰는 말이 아니다. 저자는 이 책에서 재활 경험과 재활의 사회적 관계성을 살필 때 '줍다', '주워지다(줍다의 수동 표현)', '서로 줍는 관계' 등 '줍다'라는 표현을 두루 쓰고 있다. 이는 저자의 특정한 움직임에 대해 외부세계(사물이나 타자 등)가 적절히 반응한다는 뉘앙스를 내포하고 있다. 한국어로는 '받아들이다', '받아들여지다'가 가장 원뜻에 가깝다. 어색한 표현이지만, 이 책에서는 저자의 경험을 직관적으로 잘 전달하기 위해 대체로 원문 그대로 번역했다(옮긴이).

이었다. 왼쪽 팔꿈치를 앞으로 내밀고 "얍!" 하고 힘을 주면 10센티미터 정도 앞으로 몸이 질질 끌리며 움직인다. 조금 쉬고 나서 다시 "얍!" 하고 힘을 주고서 10센티미터를 움직인다. 이런 동작의 반복이다. 3~4미터를 움직이면 숨을 헐떡이게 된다.

배를 깔고 기어 이동할 때는 대개 바닥과 나의 관계 외부에 이렇다 할 목표 지점이 없다. 3~4미터를 움직이는 것만으로도 녹초가 될 지경이고 내가 기어서 갈 수 있는 장소는 반경 몇 미터 정도로 한정되므로 이 범위 안에서 목표 지점을 잡는 것은 어렵다. 저기 바닥이 있어서라든지, 움직이는 나의 몸이 있어서라든지, 지금 있는 바닥과는 다른 바닥으로 가서 그 바닥의 감촉을 느끼고 싶다든지 같은 이유로 배를 깔고 기어서 이동한다. 그러니까 이런 나의 이동은 몸과 바닥의 관계 내부에 닫혀 있는 이유로만 일어나는 것이라고 할 수 있다.

중력에 맞서 자세를 만들고 만든 자세를 운동으로 바꿀 때, 긴장하기 쉬운 나의 몸은 서서히 딱딱하게 굳는다. 이동하는 데 지쳐버린 나는 만든 자세나 운동을 유지하기를 멈추고 맥없이 바닥 위로 무너져 떨어진다. 바닥에 몸을 맡기고 천천히 몸을 푼다. 포복 전진을 가능하게 해 주는 것이 바닥이라면, 포복 전진에 지쳐서 힘이 쭉 빠져 엎드려 있는 내 몸을 받아들여 주는 것도 바닥이다. 미동조차 하지 않는 항력

抗力으로 내 몸을 안아서 단단히 받아 주는 바닥에 나의 몸이 친숙해진다. 그러자 편안한 마음이 들고 상쾌하고 졸음이 온다……

───

바닥 이야기를 하니까 떠오르는 에피소드 하나가 있다. 어쩌다 그런 일을 벌이게 되었는지 지금은 기억나지 않지만, 우리 집에 놀러 온 여자애 둘과 포복 전진 시합을 한 적 있다. 초등학교 저학년 때 일이다.

지금의 내 모습을 보면 상상이 안 되지만, 당시 나는 가냘프고 작았다. 대부분의 동급생이 나보다 키도 크고 힘도 셌다. 함께 어울려 놀 때면 말타기를 하곤 했는데, 나는 자주 아이들 밑에 있는 말이 되거나 아이들이 내 몸을 통째로 들어 올려 주곤 했다. 언제부터였는지 정확히 기억나지 않지만 나는 상대가 남학생이든 여학생이든 상관없이 압도적인 힘으로 (그러나 안전하게) 패배하는 것에 일종의 관능을 느끼게 됐다.

그날의 포복 전진 시합도 역시 나의 완패였다. 일렬로 늘어서서 출발하자마자 여자애들이 눈 깜짝할 새에 나를 제쳤다. 포복은 양손과 양발을 규칙적으로 움직여야 하는데, 출발 몇 초 후에 바로 내가 질 게 확실해지고 나의 팔다리는 움직임의 규칙성이 무너졌다. 한 손은 파르르 쥐가 나고, 다른 한 손과 두 다리는 축 늘어지고, 등줄기는 뒤로 젖혀 뻗치고, 허리는 비틀어졌다.

    패배 직전에 느낀 강한 조바심은 이내 억울하고 슬픈 마음으로 바뀌어 간다. 초조함에서 억울함으로 넘어가는 감정의 처음부터 끝까지 은밀한 관능이 겹겹이 쌓여 있다. 초조함은 몸을 뻣뻣하게 하고 육체에서 여유로움을 빼앗는다. 심장이 고동치고 호흡이 가빠진다. 포복 운동의 규칙적인 리듬은 점점 가속이 붙지만, 아무리 해도 부족하다. 부족해. 좀 더, 좀 더. 몸에서 열이 난다. 이렇게 되면 나의 운동을 이동이라는 형태로 변환해 준 바닥과의 공동 작업이 흐트러지기 시작하고, 조바심을 느끼면 내 운동은 점점 더 탈선하여 '포복 전진'의 모양새에서 동떨어진다.

    내 몸과 바닥이 연결성을 잃어버리면 타자로서의 바닥의 존재감이 늘어난다. 그리하여 그전까지 의식하지 못했던 몸과 바닥의 경계, 접촉면이 의식 속에서 드러나게 된다. 신체와 바닥은 손발과 하복부로 연결되어 서로 접촉하고 있다. 닿은 부분의 감도가 높아진다. 바닥과 접촉하고 있는 손발과 하복부 근육으로 혈액이 퍼져 나간다.

    이윽고 초조함과 뻣뻣함은 섬광과 같은 자극으로 절정에

달하고, 내 신체 내부에 축적된 에너지는 단편화된 움직임이 되어 공중으로 흩어진다……

……패배가 결정되면 뻣뻣함을 방출하던 나의 육체는 이완되어, 바닥에 맥없이 누워 있는 몸이 된다. 심장 고동도 호흡도 초조함도 서서히 가라앉는다. 초조함 속에서 바닥과의 연결을 한번 잃을 뻔했지만, 이렇게 나의 패배를 통해 다시금 회복해 나간다. 바닥과 하나가 되어 녹아드는 듯한 '지탱하고/지탱받는' 감각 속에서 바닥과 몸의 경계면, 접촉면은 보이지 않게 된다.

재활, 바닥 그리고 패배의 관능……. 이 책은 이러한 곳을 빙빙 돌면서 전개될 것이다 첫 장에서는 먼저 뇌성마비란 어떤 체험인지, 그 내부에서 본 풍경을 그리려고 한다.

1장

뇌성마비 체험

일과를 마친 후 전동휠체어를 타고 집으로 향한다. 피곤해서 몸이 무겁지만, 따뜻하다. 우리 집 문 앞에 도착해 휠체어를 현관에 바짝 갖다 댄다. 멍한 머리에 채찍을 휘두르며 휠체어에 걸어둔 가방에서 열쇠를 천천히 꺼낸다. 떨어뜨리지 않도록 조심하면서.

여기서 방심하고 열쇠를 떨어뜨리기라도 하면 번거롭다. 근처에 사는 지인한테 연락하거나, 여의치 않으면 아파트 밖으로 나가 지나가는 행인을 붙잡고 나를 수상히 여기지 않도록 잘 설명한 뒤 현관 앞까지 데려와서 열쇠를 주워 달라고 부탁해야 한다.

검지와 중지 사이에 끼운 열쇠를 신중하게 열쇠 구멍에 넣고 찰칵 소리가 나도록 열쇠를 돌린다. 열쇠를 천천히 빼내 가방에 넣어두고, 문을 열고 좁은 현관으로 휠체어를 타고 들어간다. 잠시 숨을 고르고, 현관에 세워둔 지팡이를 이용해 불을 켜고 문을 닫는다.

현관에는 개조 공사로 설치한 수평 손잡이가 있다. 이제 그 손잡이를 짚고 일어서서 몸을 180도 회전시켜 실내용 휠체어로 털썩 옮겨 타야 한다.

조심스럽게 발 위치를 조정하고, 손잡이에 손을 단단히 얹는다. 그리고 정신을 집중하여 "이얍!" 하고 일어선 그 순간……

예상보다 왼쪽 무릎에 힘이 안 들어간다. 아, 그런데도 오른쪽 다리는 평소보다 더 뻗치는 탓에 허리가 왼쪽으로 비틀리고 체중이 왼쪽 다리에 실린다. 당연히 왼쪽 다리는 체중을 지탱하지 못하고, 좌반신이 의지할 곳 없이 쓰러지듯 무너져 떨어진다. 왼쪽 무릎이 실내용 휠체어 다리 받침대의 뾰족한 부분에 찔린다. '아파! 아파! 젠장!' 생각하면서도 통증을 참으며 그 자세 그대로 조금 쉬며 힘을 모아서…… 다시 '얍!' 하고 일어서는데, 왼쪽 무릎은 아까보다 더 아프고, 자세는 더 흐트러지고, 왼쪽 무릎 그리고 오른쪽 무릎, 오른쪽 팔꿈치, 오른쪽 옆구리, 오른쪽 어깨, 마지막으로 머리가 차례대로 미끄러져 바닥에 떨어진다…….

떨어짐 너머에 있는 세계를 나는 잘 안다. 그곳은 예전에 내가 있던 세계다. 휠체어를 타기 시작한 것은 열세 살 무렵이다. 그전까지 나는 마치 부착생물처럼 바닥 위 2차원을 기며 움직였다.

다시 2차원의 세계로 떨어진다. 간신히 3차원 세계에 손을 얻은 지금도 내 삶에는 여전히 2차원의 세계로 이어지는 문들이 함정처럼 여기저기 빼꼼히 열려 있다. 주의를 기울여도 가끔 발을 헛디뎌 그곳으로 떨어지고 만다. 현관에서처럼.

2차원의 세계로 떨어질 때는 '아, 또 떨어져 버렸구나' 싶어 낙담하고, 쓸쓸함을 느낀다. 그도 그럴 것이 '메일을 확인해야지', '그 책을 읽어야지' 하고 예정했던 계획이 중단되고, 결국 포기할 수밖에 없기 때문이다. 그러나 동시에 2차원의 세계는 나에게 그리운 곳이기도 하다.

오래전부터 나는 이 세계를 잘 알고 있다. 이 세계에서 어떤 식으로 살아가야 하는지 알고 있다. 바닥에 나를 맡기면 된다. 바닥은 크고 강해서 나를 단단히 안아 준다. 아이처럼 편히 잠들어도 괜찮고, 좋아하는 공상에 빠져 놀아도 괜찮다. 과거의 익숙한 장소로 되돌아왔다는 안도감이 쌓여 간다. 그래서 바닥으로 넘어지는 것은 내게 시간을 거슬러 올라가는 타임슬립이다.

그런데 왜 내 몸은 넘어지기 쉬운 것일까? 또 왜 넘어지는 것만으로도 나는 2차원의 세계로 빠져들고 마는 걸까?

이런 의문은 기이하고 유희적인 물음처럼 들릴지도 모른다. "왜냐니, 네 몸이 뇌성마비라는 장애를 갖고 있으니 당연히 부자유스러운 게 아니겠어?" 이런 어이없어하는 듯한 반문이 들릴 것 같다.

하지만 나는 그런 피상적인 설명을 원하는 것이 아니다.

'뇌성마비', '장애' 같은 단어를 사용해서 나의 경험을 설명한다면 다른 사람에게 알 것 같은 기분이 들게 할 수는 있겠지만, 내가 어떤 경험을 했는지 그 알맹이가 전해지는 것은 아니다. 좀 더 내가 경험해 온 것을 생생하고 분명히 재현해 줄 수 있는 말이 필요하다. 그리고 그간 넘어졌고 지금도 넘어지는 나의 경험을 읽는 이가 어렴풋하게나마 함께할 수 있게끔 할, 그런 설명을 이 책에서 쓰고 싶다. 그러니까 나는 독자 여러분을 끌고 같이 넘어지고 싶은 것이다.

1
뇌 속 가상현실

'뇌성마비'라는 단어로 설명하더라도, 뇌성마비에는 개인차가 존재한다. 이렇게 쓴 이유는 뇌성마비의 정의 자체가 다음과 같이 여러 가지 상태를 하나로 묶은 설명이기 때문이다.

"임신 중의 태아일 때부터 생후 4주 이내 신생아 기간에 발생한 뇌의 비진행성 병변에 기초한, 영속적이지만 변화할 수 있는 운동 및 자세의 이상異常이다. 그 병상은 만 2살 이내에 발현한다." 일본의 후생노동성에서 1968년 규정한 뇌성마비의 정의이다.

이 정의에서 알 수 있듯, 뇌성마비란 뇌 손상으로 인해 발생하는 이동 및 운동의 장애이다. 근육이나 뼈, 내장 등에는 문제가 없다(이차적으로 근육이나 뼈, 관절에 문제가 발생하긴 하지만 이는 운동 장애의 '결과'이다). 그러나 뇌성마비의 정의에는 '뇌의 어느 부분이 손상을 입었는지'에 대한 규정이 없다. 그렇기에 뇌성마비의 결과로 나타나는 운동 기능의 장애는 천차만별이다.

뇌성마비라는 경험을 이해하는 데 도움이 되도록 뇌가 어떻게 신체의 운동에 관여하는지를 설명해 보겠다.

운동이 일어나는 순서

　인간이 앞으로 행할 운동을 계획하고 실행하는 과정에는 뇌의 여러 영역이 관여한다. 이 과정은 대부분 무의식중에 진행되는데, 인간은 그중 일부만 의식한다. 우리의 일상적인 경험으로 추측해 보자면 운동 계획에서 실행에 이르는 과정의 시간 순서는 '먼저 정신이 앞으로 할 운동에 대한 의사를 결정하고, 그 의사에 따라 뇌가 작동하고 몸을 움직인다'인 것처럼 느껴질 것이다. 그런데 실제 순서는 이와 다른 것 같다.

　뇌 표면에 있는, 대뇌피질이라고 불리는 두께 약 3밀리미터의 층에는 운동의 계획과 실행에 관계된 여러 영역이 앞뒤로 줄지어 있다. 앞에서부터 차례로 '보조운동영역supplementary motor area', '전운동피질premotor cortex', '일차운동피질primary motor cortex', '전부 두정엽anterior parietal lobe', '후부 두정엽posterior parietal lobe'이다. 나의 뇌는 이중 '일차운동피질'이 손상된 것 같은데, 자세한 것은 불명확하다. 일차운동피질과 전부 두정엽 사이는 중심고랑central sulcus이라는 깊은 고랑을 두고 떨어져 있다. 그리고 중심고랑 앞 영역은 주로 온몸에 운동 명령을 계획하고 결과output를 내도록 하고, 중심고랑 뒤 영역은 온몸에서 입력input된 정보를 맡아 둔다고 한다.

　그러나 최근 수십 년간 축적된 뇌과학 연구의 결과로, 우리가 의도한 운동을 실행에 옮기기까지의 시간적 순서는 다음과 같다는 사실이 밝혀졌다.

1단계

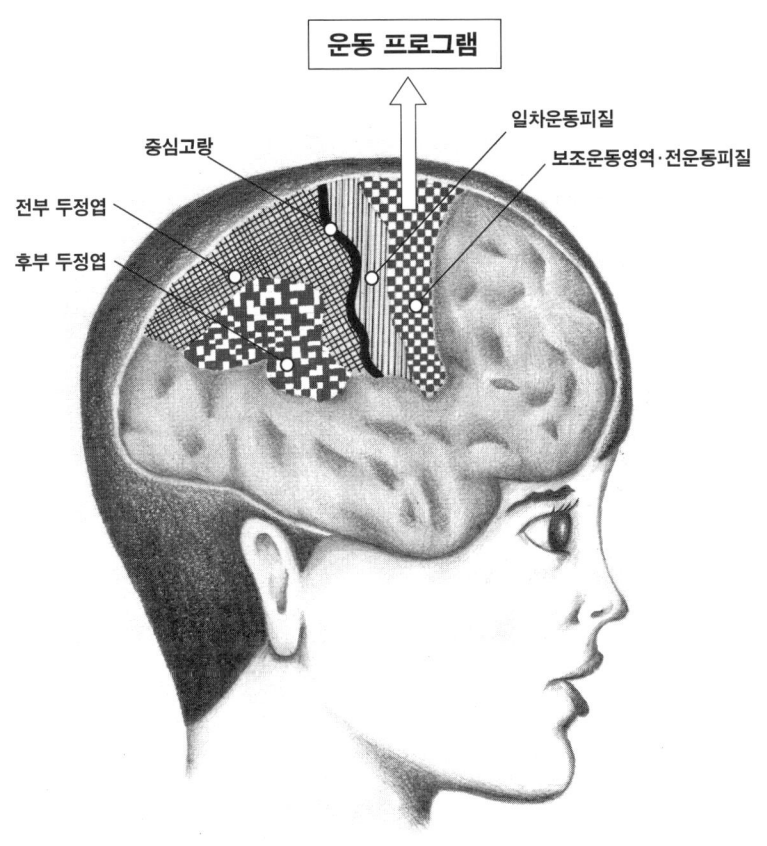

보조운동영역·전운동피질에서 앞으로 수행할 운동 프로그램을 만든다.

2단계

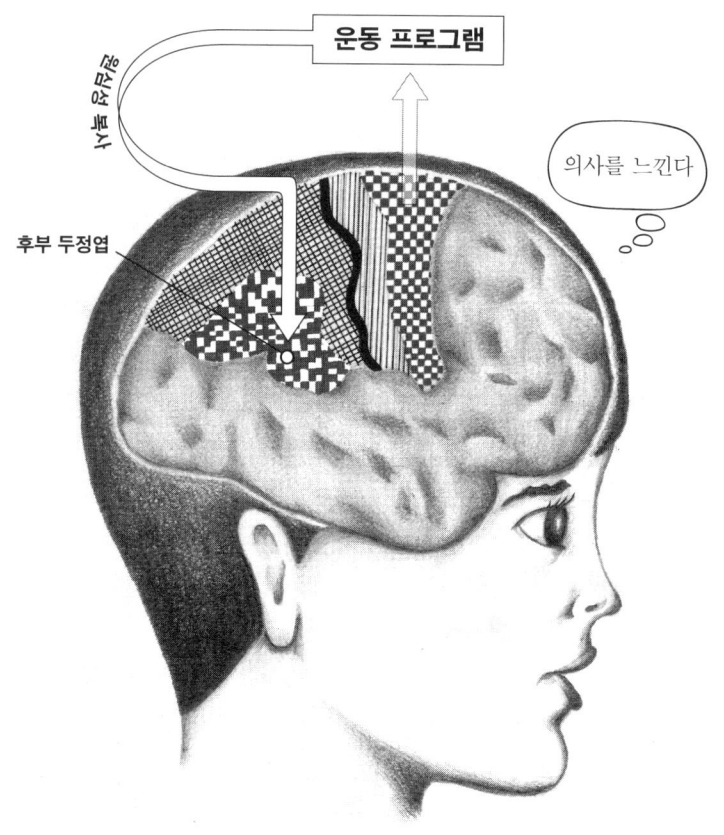

운동 프로그램이 후부 두정엽으로 전송되고(이 과정을 '원심성 복사efference copy'라고 한다), 후부 두정엽에서 앞으로 수행할 운동에 대한 의지가 일어남을 느낀다.

3단계

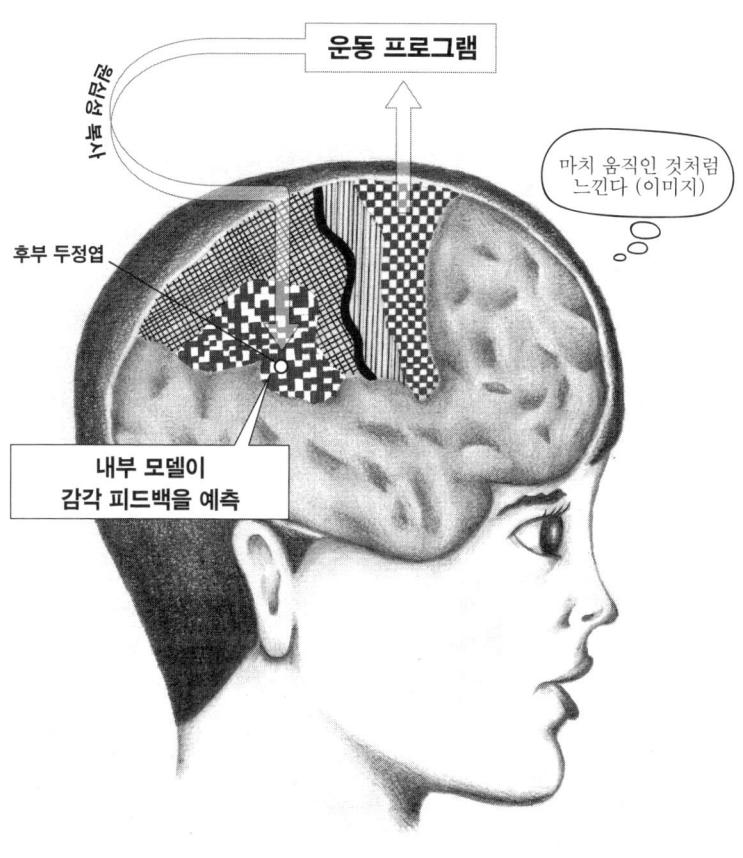

후부 두정엽에 있는 '내부 모델'이라 불리는 프로그램에서 이 계획을 따른다면 몸이나 외부세계가 어떻게 움직일지 시뮬레이션을 하고, 그 결과 아직 실제로 몸이 움직이지 않았는데도 자신의 의지에 따라 자신의 몸이 움직인 것처럼 느낀다.

4단계

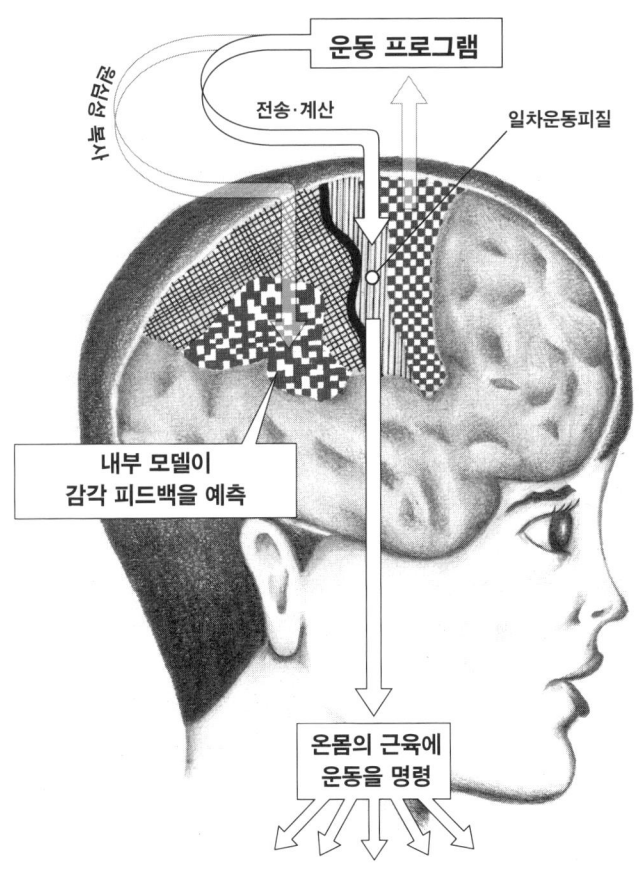

운동 프로그램이 일차운동피질로 전송되고, 일차운동피질에서 구체적으로 어느 근육에 얼마나 힘을 주어야 할지 계산한다. 그리고 온몸의 근육에 운동 명령을 보내 실제로 몸이 움직이게 된다.

5단계

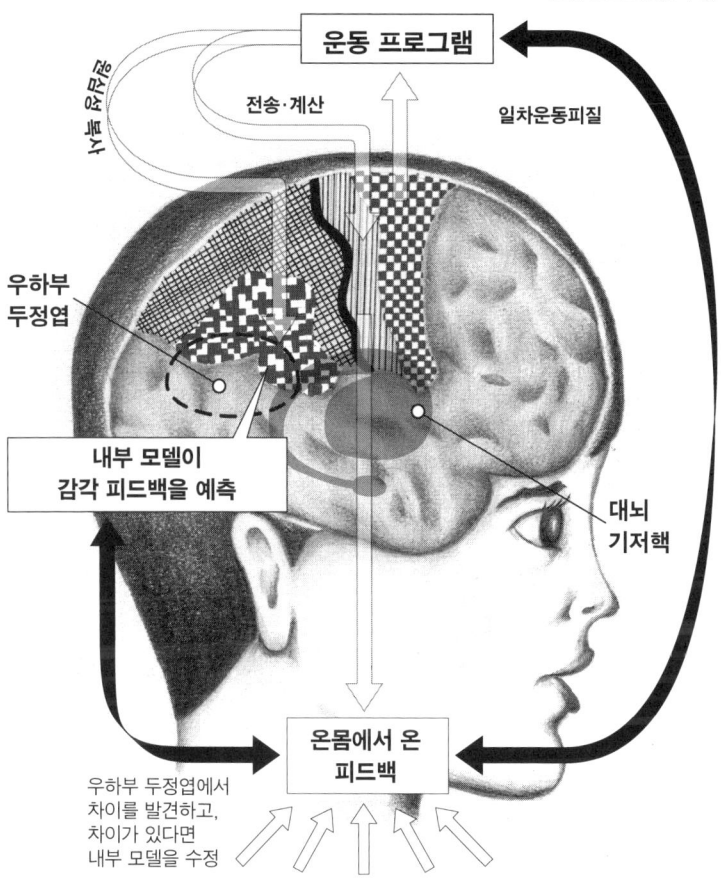

온몸의 근육과 힘줄에서 실제로 얼마나 움직였는지에 대한 정보는 일차운동피질과 전부 두정엽으로 피드백된다. 피드백된 정보는 대뇌 기저핵 영역에서 1단계의 운동 프로그램과 비교되고, 우하부 두정엽 영역에서 3단계의 내부 모델에 의해 예측된 운동 이미지와 비교된다. 그리고 그 결과에 차이가 있으면 운동 프로그램과 내부 모델을 수정하게 된다.

❦ 프랑스의 인지신경과학자 데스무르제Michel Desmurget의 연구팀은 뇌 수술을 하게 된 환자의 뇌에서 중요 부위를 잘못 절제하지 않도록 수술 전 환자가 의식이 있는 상태일 때 뇌의 각 영역에 전기 자극을

움직이기 전에 움직였다고 느낀다

이렇게 1단계부터 5단계까지 시간에 따른 순서 중, 우리의 일상적 감각에 비추어 볼 때 의외라고 볼 만한 단계는 1단계와 2단계 사이, 그리고 3단계와 4단계 사이, 두 군데일 것이다.

우선 1단계와 2단계 과정이 보여주는 사실은 '의지라는 주관적 경험에 앞서 뇌 속에서는 이미 무의식적으로 운동 프로그램이 진행되고 있다'는 점이다.

그 무엇으로도 환원할 수 없다고 믿은 우리의 자유의지가 실은 뇌의 물질적 작동에 따른 '결과'에 지나지 않는다는 사실의 발견은 인간의 자유와 의지에 대해 많은 철학적 논쟁을 불러일으켰다. 우리는 자신의 의지가 자유로운 정신 내부에서 생긴다고 여기나, 실은 의지가 무의식 저편에서 미리 만들어져 있고 의식으로 전달된 것이다. 그래서 우리의 '의지가 만들어지는 단계'에서 외부의 누군가에 의해 조종당하더라도 우리는 그것을 알 수 없다.

자유의지에 관한 이러한 발견도 충분히 충격적이지만, 나는 특히 3단계와 4단계 사이에 주목했다. 우리는 실제로 몸을 움직이기 전에 자기 몸의 움직임을 느끼고 있다!

4~5단계를 보면, 일차운동피질에서 운동 명령이 온몸의 근육을 향해 나온 후 실제 운동이 대뇌피질에 피드백되기까지 0.2~0.3초 정도 시간이 지연된다(감각 정보가 대뇌피질에 도

달한 후 의식으로 떠오르기까지는 추가로 0.5초가 걸린다). 이는 움직이라는 명령과 움직였다는 피드백 정보 사이에 무시할 수 없을 정도로 시간차timelag가 난다는 점을 알려 준다. 또한 신경계에는 다양한 노이즈가 존재한다. 따라서 원활한 움직임을 위해서는 피드백을 기다리지 않고서 지각 정보를 처리하고 신체를 제어하는 일, 즉 예측 수행이 대단히 중요하다.

주고 주관적인 경험을 들었다. 그 결과, 후부 두정엽 주변을 약한 전류로 자극했을 때 환자는 내발적인 운동에 대한 의사를 느꼈다. 같은 부위에 강한 전류를 가하면 실제로 운동이 일어나지 않았는데도 환자들은 마치 운동이 일어난 것처럼 느꼈다. 반면에 전운동피질 주변을 자극하면 실제로 운동이 발생했는데도 환자들은 운동 의사를 느끼지 못했고, 자신이 움직였다는 사실조차 인지하지 못했다.

여태까지의 연구에서는 보조운동영역을 전기 자극했을 때에도 운동 의사를 느낀다는 점이 보고된 바 있다. 그러나 보조운동영역을 자극했을 때는 그 경험이 '진정한 의사'를 거스르고 침입하는 저항하기 어려운 충동이라는 식으로 표현되는 반면, 후부 두정엽의 자극은 시술자의 개입을 진혀 인식하지 못할 정도로 내발적인 '자신의 의사'를 느끼게 한다. 이 차이는 내가 2008년에 쓴 책 《발달장애 당사자연구発達障害当事者研究》에서 언급한 운동의 '침입侵入'과 '몰두取り込み'의 차이를 뇌과학적으로 뒷받침하는 근거일 수도 있다. [저자는 자폐스펙트럼장애ASD를 가진 발달장애 당사자들의 경험을 듣고 정리한 연구서 《발달장애 당사자연구》에서 자폐스펙트럼장애를 외부 정보의 취사선택과 통합에 어려움을 겪는 대뇌의 지각, 운동 차원의 문제로 설명한 바 있다. 이는 자폐스펙트럼장애에 대해 당사자의 사회성 부족이 아니라 고유한 신체성에 초점을 둔 연구로, 저자는 외부(세계, 타자)의 정보를 입력하는 운동 과정에서 발달장애인의 자아를 침식하는 '침입'과 발달장애인 당사자가 수용할 수 있는 '몰두'의 경험을 나누어 소개했다.(옮긴이)]

내부 모델이라는 꿈의 세계에 사는 우리

우리가 '내 몸이 움직이는 감각'을 느끼는 것은 실제로 움직인 몸에서 오는 피드백 정보를 받았기 때문이 아니다. 실제로 움직였는지 아닌지와는 상관없이, 후부 두정엽 속에 있는 '내부 모델internal model'이 수행한 운동 시뮬레이션의 결과를 실제로 일어난 운동으로 착각할 뿐이다(이 착각을 '거짓 고유감각'이라고 한다).☙

이처럼 뇌 속에는 신체와 외부 세계를 투영한 '이미지'가 존재한다. 이를 '내부 모델'이라 부른다. 또 실제로 움직였든 아니든 간에 우리의 의식은 내부 모델이 계산으로 만들어낸 가상현실 속에서 자신의 의사, 운동 그리고 세계의 변화를 체험한다.☙

☙ 물론 5단계에 이르면 실제 피드백 정보가 뇌에 전달되지만, 이 정보는 어디까지나 이미 수행한 시뮬레이션 예측과의 '차이'로 발견된다. 예를 들어 자기 자신을 간지럽혀도 간지럽지 않은 이유는 간지럼을 태우는 동작의 지시를 내렸을 때 후부 두정엽의 내부 모델에 의해 어떤 간지러운 감각이 어떤 타이밍에 올 것인지 스스로 예측하므로, 실제 피드백 정보와 그 예측 사이에 차이가 없기 때문이다. 이로 인해 전부 두정엽에 있는 체성 감각體性感覺, somatosensation(촉각이나 통각 등 피부와 근육, 관절 등에서 발생하는 감각) 피질의 활동이 억제된다. 내부 모델이 계산한, 즉 예상한 범주 내 자극에 비해 내부 모델에 의한 예측 계산과 괴리된 범주의 자극은 그 괴리만큼 생생하게 느낄 수 있다.

☙ 운동 예측 시스템인 내부 모델은 후부 두정엽뿐만 아니라 후두부에 위치한 소뇌에도 존재한다. 영국의 신경과학자 블레이크모어Sarah-Jayne Blakemore에 따르면, 후부 두정엽에 있는 내부 모델은 의식상의 이미지 생성을 동반하는 데 비해 소뇌의 내부 모델은 무의식적으로 작동한다는 차이가 있다.

내부 모델은 외부의 사상事象과 별개로 작동하는 꿈 같은 세계다. 우리는 깨어 있는 동안에도 내부 모델이라는 꿈의 세계에 살고 있다. 그리고 때때로 신체나 외부에서 예측과 다른 자극이 전달되면 '어라?' 하면서 그 자극에 맞도록 내부 모델을 수정한다.

2
긴장하기 쉬운 몸

내 몸에는 두 가지 꿈의 세계가 있다

내게 내부 모델이라는 '꿈의 세계'에서 계속 꿈을 꾸기란 쉽지 않았다. 재활 치료에 전념해야 했던 어린 시절은 특히 그랬다. 지금 생각해 보면, 어릴 적부터 내 안에는 두 가지 내부 모델이 있었다. 하나는 '비장애인의 움직임'을 시뮬레이션하는 내부 모델이고, 다른 하나는 내 실제 신체를 상정한 내부 모델이다.

나중에 언급하겠지만, 건강한 몸인 적이 없는 내 안의 '비장애인용 내부 모델'은 대략적으로 완성된 프로그램이다. 반면 '실제 신체의 내부 모델'은 오랫동안 미완성 상태였다. 왜냐하면 나의 몸에 부담이 적은 방식으로 움직이려고 할 때마다 주변 어른들이 "그 동작은 옳지 않아!" 하고 개입했기 때문이다. 이로 인해 내부 모델의 프로그래밍은 항상 도중에 멈췄다.

재활을 할 때는 비장애인용 내부 모델을 철저히 돌리라고 지시를 받는다. 내 안의 비장애인용 내부 모델은 모호한 부분이 많지만, 그전까지 보고 들은 경험을 총동원해 나름대로 '비장애인의 신체 이미지'를 꾸며 낸다. 그러나 아무리 해도 내 몸은 비장애인용 내부 모델이 예측하는 운동 이미지와는 크게 동떨어진 운동을 되풀이한다. 어릴 적 그 차이를 깨달을 때마다 나는 꿈에서 깨어났고, 깜짝 놀라 몸이 경직되었다.

운동을 억제할 수 없는 유형(대뇌 기저핵 손상)

앞서 나는 뇌성마비의 정의에 '뇌의 어떤 부분이 손상되었는지'에 대한 규정이 없어 뇌성마비라고 해도 운동 기능의 장애 양상은 천차만별이라고 썼다.

가령 나의 경우는 운동의 4단계에서 운동 명령을 온몸의 근육에 전달하는 일차운동피질이 손상되어 있다. 한편 나와 똑같이 뇌성마비라고 불리는 이들 중에서는 5단계에서 운동 프로그램과 실제 수행된 운동의 피드백 정보 간 차이를 발견해 프로그램에 맞지 않는 부적절한 운동을 억제하는 역할을 하는 대뇌 기저핵이 손상된 것으로 추정하는 경우도 있다. 대뇌 기저핵이 손상된 이들은 억제 기능이 제대로 작동하지 않기 때문에 신체 각 부위의 근육이 천천히 비틀리듯 움직이는 무정위운동athetosis*이 나타난다. (그림 1-1)

※ 몸의 일부분이 의식이나 의지와 상관없이 움직이는 불수의운동으로, 뒤틀린 듯한 움직임이 느리게 진행되는 것이 특징인 운동 장애이다. 이러한 임상 증상을 보이는 뇌성마비를 '무정위운동형 뇌성마비'라 하며, 의학용어로 '아테토시스', '느린 비틀림 운동'이라고도 한다(옮긴이).

[그림 1-1]

 이런 운동은 종종 목소리를 내거나 음식을 삼키는 데 관여하는 기관에 영향을 미친다. 무정위운동이 나타난다면, 의사소통을 할 때 주위에서 익숙해질 필요가 있거나 음식을 삼키기 쉽도록 조리법이나 먹는 법을 궁리해야 하는 경우도 있다.

초조함과 경직의 악순환 유형(일차운동피질 손상)

 한편 나의 경우 무정위운동처럼 겉으로 쉽게 드러나는 '별난 운동' 양상을 갖고 있지는 않다. 발성기관의 장애는 거의 없기에 말을 주고받을 때도 큰 지장이 없다. 대신에 내 몸은 목 아래 근육이 항상 긴장 상태이다.

 이 감각을 설명하자면, 추운 날씨에 몸이 얼어붙어 마음대로 움직이지 못하는 상태와 비슷하다고 할 수 있다. 또 어떤 운동 프로그램에 따라 몸을 움직이려고 하면, 설령 그것이 '컵 들기'처럼 내게 비교적 쉬운 운동이라 할지라도 몸의 긴장은 더 강해진다. 실제 신체의 내부 모델이 운동 목표를 달성하기 어려울 것이라 예상함으로써 조바심이 생기고, 신체적 긴장을 더하기 때문이다.✤

그렇기 때문에 나는 일상생활 속 크고 작은 동작 하나하나에도 마치 저항세력을 달래듯 의식을 집중해 심신의 긴장을 가라앉힘으로써 겨우겨우 목표에 가까운 움직임을 하고 있다. (그림 1-2) 하지만 겉보기에는 이러한 긴장이 있다는 사실을 알기 어렵고, 언뜻 완만하고 어색하게 움직이는 것처럼 보일 뿐이다.

'걷기'처럼 내게 너무 높은 목표가 설정될 때는 이러한 '달래기'가 잘 통하지 않아서 신체적 긴장을 충분히 가라앉힐 수

✤ 스포츠나 표현활동 분야에서 초보자는 흔히 "몸이 뻣뻣하니 좀 더 힘을 빼라"는 조언을 듣곤 한다. 비장애인이라 해도 새로운 운동을 배울 때는 내부 모델이 불완전해 운동을 예측하거나 제어할 수 없기 때문에, 근육의 긴장도를 높이는 피드백으로 운동을 제어한다. 긴장을 통해 관절을 고정하면 통제할 변수가 적어지기 때문이다. 학습이 진행되면서 내부 모델을 획득하면 서서히 긴장도를 낮춰도 운동을 잘할 수 있게 된다. 그 과정에서 시행에 실패한다면 일시적으로 긴장도를 높여 적응하지만, 전체적으로는 숙련된 내부 모델에 의해 부드러운 제어를 학습한다. 한편 나의 운동은 평범한 일상 생활 가운데서도 내부 모델의 예측에서 벗어나기 쉽다. 그리고 그 어긋남이 클수록 그렇지 않아도 긴장하기 쉬운 내 몸은 한층 더 긴장하는 것이다.

[그림 1-2]

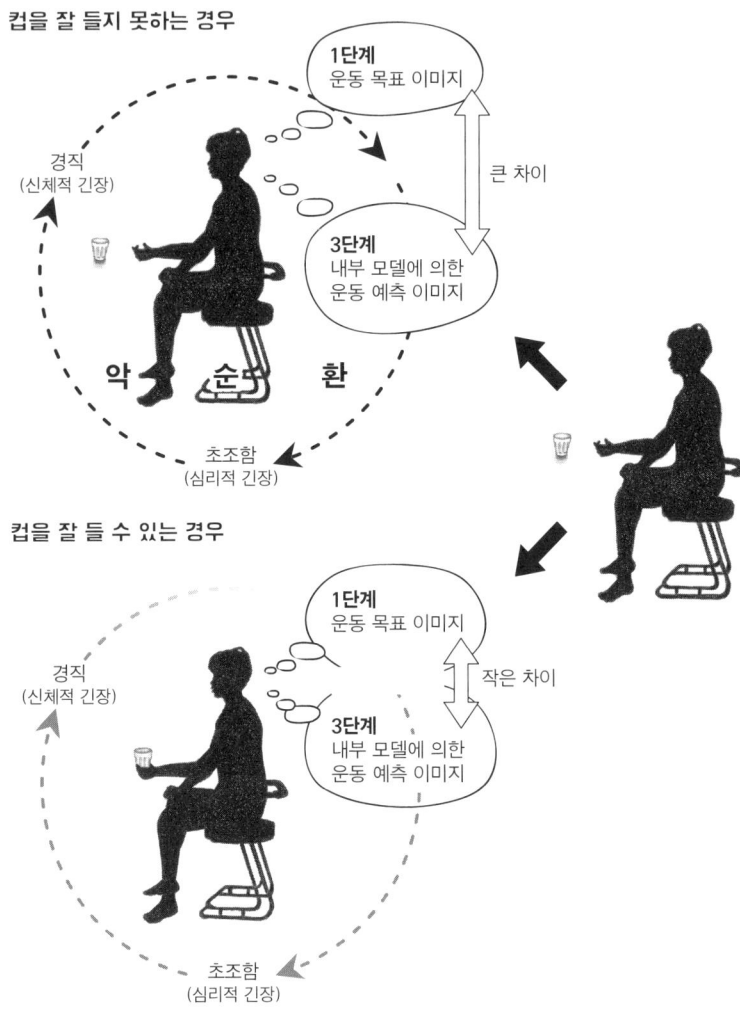

운동 목표와 내부 모델에 의한 운동 예측 이미지 사이에 차이gap가 생기면 초조함과 경직의 악순환으로 컵을 잘 들 수 없다. 그래서 나는 내 몸을 달래는 이미지를 떠올리며 이 악순환이 반복되지 않도록 하면서 매일 움직임을 이어가고 있다. 또한 '할 수 있겠지'라고 생각하며 낙관적인 내부 모델을 유지하는 것도 이 차이를 줄이는 데 중요하다.

없다. 그래도 조심스레 운동을 해보지만, 결국 목표를 달성하지 못하고 초조해한다. 이처럼 예측뿐만 아니라 목표로 삼은 운동 이미지와 실제 출력해낸 운동 사이에 차이가 생겼다는 점을 알게 되면 심리적 긴장이 추가로 발생한다.

운동 목표가 실현할 수 있는 범위를 넘어선 경우, '신체적 긴장 → 운동 목표에서 이탈 → 초조함 → 다시금 신체적 긴장……'과 같은 악순환으로 나의 운동은 점점 처음 세운 목표에서 멀어진다. (그림 1-3) 그와 동시에 내부 모델도 수정해야 된다. 그리고 운동 목표를 세우지 않았을 때는 그다지 눈에 띄지 않던 '별난 운동'이 서서히 드러난다.

신체 내 협응 구조란 무엇인가?

몸의 긴장이라는 현상에 한 걸음 더 다가가기 위해, 이제 다른 각도에서 생각해 보자.

애초에 몸의 긴장이란 무엇일까? 그것은 인간의 운동에 불필요한 요소일까? 몸의 긴장이 없을 때만 사람은 원활하게 움직일 수 있는 것일까?

그렇지 않을 것이다. 만약 몸에 긴장이 전혀 없는 상태라면, 우리는 연체동물처럼 땅바닥에 흐느적거리며 쓰러질 것이다. 그렇기에 인간은 어떤 운동을 하든 온몸의 근육 하나하나에 앞으로 하려는 운동에 적합한 근긴장을 가하고 계속 제어해야 한다.

[그림 1-3]

컵을 잘 들지 못하는 경우

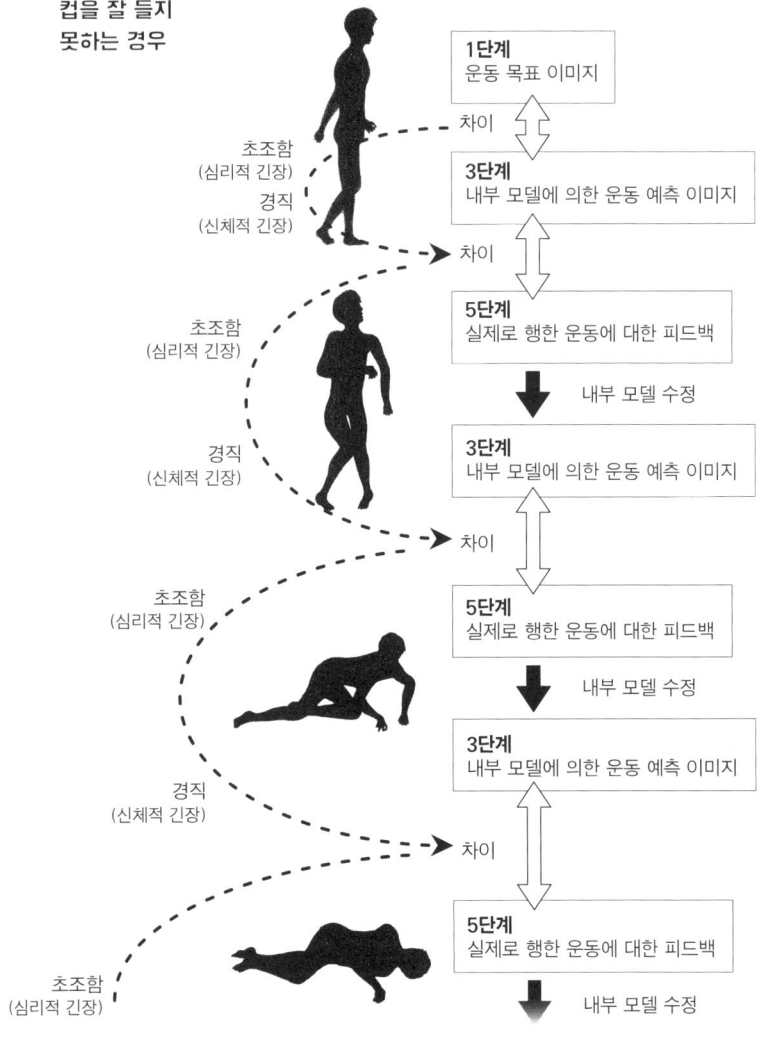

지나치게 높은 목표를 설정하면, 초조함과 경직의 악순환 속에서 실제 운동은 초기 운동 이미지로부터 부쩍 멀어지고 '별난 운동'이 드러난다. 동시에 예측이 계속 빗나간 내부 모델도 거듭 수정하게 된다.

인체에는 200개가 넘는 뼈, 100개가 넘는 관절, 약 400개의 골격근이 있다. 관절 몇 개만 있는 산업용 로봇과 비교하면 그 차이는 확연하다. '의식'과 같은 일종의 제어기관으로 이토록 많은 근육 하나하나에 적절한 긴장의 크기를 지시하기에는 그 제어기관에 주어진 부담이 지나치게 크다. (그림 1-4, A) 이토록 과도한 자유도를 갖고 있는 몸을 인간은 어떻게 신속하고 정확하고 유연하게 제어할 수 있는 것일까?

인간이 걷기나 뛰기, 던지기처럼 패턴화된 운동을 할 때 각 근육과 관절에 주의를 기울이며 의식적으로 제어하는 것은 아니다. 걷는 동안 대퇴사두근이나 장요근의 움직임을 의식하지 않아도 잘 걸을 수 있다. 이는 많은 근육이 각기 따로따로 의식의 명령을 기다리는 톱다운top-down 방식의 '수직적 관계'뿐만이 아닌, 의식의 명령을 기다리지 않고도 어떤 근육의 움직임이 다른 근육의 움직임과 느슨히 서로를 연결하며 묶는 '수평적 연계'가 있다는 점을 시사한다. (그림 1-4, B)

이처럼 많은 근육이 어느 정도 자발적으로 서로의 긴장도를 묶는 연계를 가짐으로써, '걸어라'와 같은 단순한 지시만으로 많은 근육은 서로 협력해 움직임을 수행할 수 있게 된다. 러시아의 운동생리학자 베른슈타인Nikolai Bernstein✤은 이러한 수평적 연계를 '신체 내 협응 구조'라고 명명했다. 인체

✤ 신체 동작의 가변성을 현대 운동과학kinesiology으로 규명한 러시아의 신경생리학자로 운동생리학을 주창했다(옮긴이).

[그림 1-4]

A

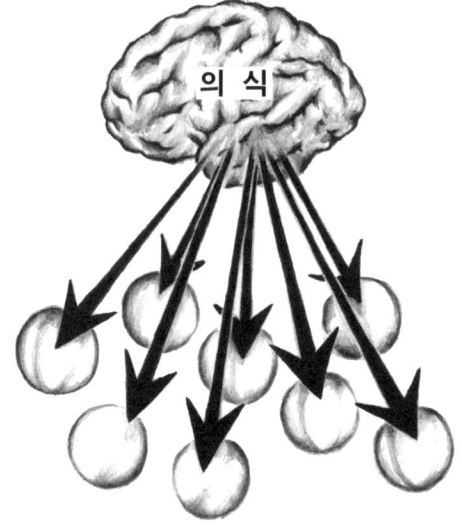

B

에 신체 내 협응 구조가 갖춰진 덕분에, 뇌 의식 쪽에서는 신체운동의 과도한 자유도가 축소되고 운동 제어에 대한 부담이 줄어들게 된다.✼

이 신체 내 협응 구조는 의식이 명령하지 않아도 제멋대로 몸에 차오르는 근긴장으로 느낄 수 있다. 앞서 내가 '몸의 긴장'이라는 말로 표현하고자 했던 바는 신체 내 협응 구조라고 바꿔 말할 수 있을 것이다.

나는 왜 온몸과 온 마음을 다해 컴퓨터 자판을 치는가?

그럼 내 몸에서 이 신체 내 협응 구조는 어떻게 구성되어 있을까?

다음 그림은 나와 동일한 유형의 뇌성마비 환자가 취하는 자세의 전형적인 예시이다. (그림 1-5) 양다리는 안짱다리가 되어 무릎이 구부러지고 발뒤꿈치가 떠 있다. 양팔도 마찬가지로 안쪽으로 굽었고, 팔꿈치와 손목은 구부러져 있다. 독자 여러분이 이 모습을 따라해 본다면, 내가 몸 안에서 계

✼ 베른슈타인은 협응 구조coordinative structure란 과도한 자유도의 문제를 극복하기 위해 가정한 요소 간 결합 관계라고 주장했다. 또 베른슈타인은 운동 제어를 '선도 단계'와 '배경 단계'라는 계층 구조로 파악했다. '선도 단계'가 운동 목표의 핵심을 이루는 수의적 제어를 담당하고, '배경 단계'가 협응 구조를 통해 이를 뒷받침하는 무의식적 제어를 자동적으로 수행한다는 것이다. 선도 단계에서 수행하는 제어는 행위 전체가 아니라, 행위 달성에 가장 중요한 일부에만 집중된다. 그 결과 선도 단계에서 다루는 자유도는 극히 적어도 되고, 나머지 조정은 배경 단계에서 맡는다.

[그림 1-5]

속 느끼고 있는 온몸의 긴장감을 체험해 볼 수 있을지도 모르겠다.

운동 목표 없이 그냥 누워 있을 때는 몸의 근긴장을 거의 느끼지 못하지만, 일단 목표가 있는 운동을 시작하려고 하면 즉시 등부터 어깨와 팔까지 몸이 하나가 되어 꽉 굳는다. 동시에 등부터 허리, 다리까지도 경직된다.

즉 내 몸은 '과도한 신체 내 협응 구조'를 지니고 있다고 할 수 있을 것이다. 내 몸의 일상적인 움직임을 돌이켜보면

[사진 1-6]

개별 근육의 긴장도가 각각 분절되어 있지 않고, 어떤 부위를 움직이려고 하면 다른 부위도 함께 움직인다는 것을 확실히 실감한다.✤

✤ 뇌성마비는 수의운동voluntary movement이나 정신적 긴장에 의해 '이상異常 자세나 동작'이 쉽게 유발된다고 한다. 가령 나와 같은 유형은 어깨의 내전adduction(몸의 중심으로 가까워지는 움직임)과 내회전internal rotation(몸통 쪽으로 회전하는 움직임), 팔꿈치 굴곡flexion(굽음), 팔뚝 회내위pronation(엎침[손바닥을 아래로 향한 채 회전하는 움직임]) 즉 월셔Francis Walshe의 연합운동associated movement(수의운동에서 불필요한 움직임이 나타나는 현상으로 가령 걸을 때 팔을 흔드는 등 불필요한 움직임이 주로 멀리 떨어진 근육에 나타나는 현상)이 나타나기 쉽다. 반면 무정위 운동 유형에서는 어깨 외전abduction(몸의 중심에서 멀어지는 움직임)과 외회전external rotation(몸통 바깥쪽으로 회전하는 움직임), 팔꿈치 굴곡, 팔뚝 회외위supination(뒤침[손바닥을 위로 향한 채 회전하는 움직임]) 즉 카밧Herman Kabat의 무정위 방산athetoid irradiation(신경생리학자 카밧이 분류한 현상으로 느린 비틀림의 확산을 가리킨다)이 나타나기 쉽다.

055

예를 들어 컴퓨터 자판을 칠 때 많은 사람들은 손목, 팔꿈치, 손가락 관절 외에는 거의 움직이지 않는 것처럼 보인다. 하지만 나의 경우 손목, 팔꿈치, 손가락 관절 등 말단 부분만 움직일 수 있는 게 아니다. 나의 손목, 팔꿈치, 손가락 관절은 몸의 중심부에 있는 어깨, 등, 허리 관절과 바위처럼 하나의 덩어리로 한 몸이 된다. 그래서 온몸을 총동원하게 되는데, 말 그대로 '온몸과 온 마음을 다해' 자판을 친다. (사진 1-6) 그 탓에 다른 사람들에 비해 어깨나 허리 통증이 비교적 빨리 오는 것 같다.

나는 왜 놀라는가?

내 몸이 지닌 '반사가 강하다'는 특징도 과도한 신체 내 협응 구조의 한 예시일지도 모른다. 대개 유아기에만 나타나는 놀람 반사startle reflex(놀랐을 때 온몸이 움찔하는 반사), 모로 반사moro reflex(균형을 잃었을 때 양팔을 앞으로 뻗는 반사), 힘줄 반사tendon reflex 등이 내 몸에는 여전히 남아 있다.

초등학교 시절, 나는 이 특징 때문에 종종 장난의 표적이 되었다. 장난꾸러기 동급생이 갑자기 뒤에서 큰 소리를 내면, 그때마다 나는 의자에서 떨어질 것처럼 몸을 크게 움찔했다. 몇 번이고 같은 장난을 당해도 그랬다. 이때 내 마음은 딱히 놀라지 않았는데, 과도하게 놀라는 몸과 매우 냉담한 마음이 서로 괴리된 듯한 느낌이 들었다.

대부분의 사람은 큰 소리로 인해 고막이 진동하더라도 나처럼 바로 온몸이 움찔하지는 않을 것이다. 고막의 진동과 온몸의 근육 간에 나만큼 강한 수평적 연계가 없고 서로 분리되어 있기 때문이다. 즉 내가 지닌 반사의 강도는 고막 같은 감각기관의 움직임과 근육 같은 운동기관의 움직임 사이의 과도한 신체 내 협응 구조라 볼 수 있다.

내 몸을 통해 알 수 있듯, 신체 내 협응 구조는 강하면 강할수록 좋은 것이 아니다. 그 이유 중 하나는 의식과 독립된 감각기관과 운동기관 사이에 있는 수평적 연계가 지나치게 강하면 의식에 의한 운동 제어 범위가 작아지기 때문이다. 신체 내 협응 구조가 강하면 곤란할 때가 많다.

놀이가 없어서 외부에 대응할 수 없다

또 한 가지 잊지 말아야 할 사실은 운동이 신체 내부에서만 이루어지는 것은 아니라는 점이다. 예를 들어, 걷기는 땅과 중력이 있어야 비로소 할 수 있는 운동이다. 두 발로 걸을 때 땅바닥의 굴곡은 한 걸음 한 걸음 내디딜 때마다 예상할 수 없는 환경 조건이다. 걷기를 하려면 이러한 조건에 유연하게 대응해 중력 축과 몸의 축을 일치시키는 신체운동을 계속할 수 있어야 한다. 만약 땅이 울퉁불퉁해서 하체 균형이 흐트러지고 그것이 몸 전체의 흐트러짐으로 이어진다면, 몸은 하나의 덩어리 바위처럼 되어서 땅바닥을 데굴데굴 뒹굴게 될 것이다. 그렇게 되지 않으려면 근육 간의 분리가 필요하다.

걷기를 계속하려면 각기 근육이 분리되어야 할 뿐만 아니라, 땅의 높낮이로 생긴 하체의 흐트러짐 같은 정보가 다른 신체 부위에도 전달되어야 한다. 즉 온몸이 적절히 응답할 필요가 있다. 다시 말해, 신체 외부에 있는 사물과 조화를 이루며 운동을 이어가려면 감각기관과 운동기관 사이에 '적당한 분리'와 '적당한 연계'가 모두 필요하다.

내 몸에 존재하는 과도한 신체 내 협응 구조는 주변 사물과 조화로운 운동을 계속하는 데 방해가 된다. 아마 대부분의 사람은 내 몸에 비해 신체 내 협응 구조가 느슨한 편이므로 각 신체 부위 사이에 근육이 느슨하게 묶여 있는 관계, 말하자면 '놀이'가 있다. 그리고 이러한 놀이가 있어서 몸 밖에 있는 땅의 울퉁불퉁함 같은 조건과 운동을 어우러지게끔 할 수 있다. 반면 나의 과도한 신체 내 협응 구조에는 놀이가 없어서 신체 외부의 환경에 어울리도록 운동을 조절하기 어렵다. 더욱이 운동 목표에서 벗어나면서 생기는 초조함 때문에

※ 이 책에서 저자는 자신이 자신의 신체 특성(뇌성마비), 신체나 세계(외부 환경)과 사이에 맺고 있는 관계에 대해 직관적으로 전달하고자 '놀이'라는 고유한 용어를 썼다. 본문에는 "놀이가 적다", "놀이가 없다", "놀이가 생긴다", "놀이가 가능하지 않다" 등의 표현이 등장한다. 운동학의 관점으로 풀면 '놀이'는 운동(움직임)을 수행하기 위해 신체에서 만들어지는 여유(적절한 근긴장도나 근육 간의 관계, 관절의 가동 범위 조절, 움직이기 전 최적화된 자세 등)를 뜻한다(옮긴이).

과도한 신체 내 협응 구조는 더욱 세지고, 나의 운동은 점점 더 목표에서 멀어지게 된다.❧

❧ 이 책에서 나는 내 몸의 특징을 베른슈타인이 제시한 '협응 구조' 개념을 가져와 '과도한 신체 내 협응 구조'라 표현했다. 하지만 이 표현이 일반적인 용어는 아니다. 보통 임상신경학에서는 '경축痙縮, spasticity(근육의 과도한 긴장)'이나 '경직성 하지마비痙性痲痺, spastic paraplegia' 등의 용어를 쓴다. 경축은 일차운동피질에 장애가 발생함에 따라 일차운동피질 아래에 있는 척수의 운동회로(뉴런[신경세포]의 전기 신호를 통해 뇌의 명령을 근육으로 전달하고 반사적인 움직임을 조절하는 척수 내부의 신경회로)가 통제를 잃고 오배선을 일으켜 생긴다. 그러나 동물실험 결과 일차운동피질 절제만으로는 경축이 발생하지 않는다는 사실이 밝혀졌으므로, 다른 뇌 영역도 관여하고 있을 것으로 추정된다. 따라서 이 책에서는 병의 기전이나 원인 등을 살피는 병리학적 관점에서 나온 '경축'이라는 용어를 사용하지 않고, 운동과학에서 사용하는 '협응 구조'라는 용어를 쓰기로 했다.

3
접칼 현상의 쾌락

갑자기 부드러워지는 몸

지금까지 나는 과도한 신체 내 협응 구조라는 개념을 사용하여 딱딱한 덩어리처럼 변하는 내 몸의 특징을 이야기했다. 그런데 한편으로 내 몸에는 독특한 '유연함'이 드러나는 상황도 공존한다.

나와 같은 유형의 뇌성마비 신체의 특징 중 '접칼 현상 clasp-knife response ✽'이라는 것이 있다. 이 현상이 내 몸이 가진 '유연함'을 설명하는 데 도움이 될 것 같다.

예를 들어 스트레칭을 할 때, 트레이너가 내 몸의 어느 관절을 강한 힘으로 힘껏 늘린다고 가정해 보자. 근육에는 억지로 늘리면 늘린 속도에 비례한 힘으로 늘려지지 않으려 저항하는 '신장 반사 stretch reflex ↫'가 있다. 내 경우, 신장 반사도 예외 없이 강하기 때문에 트레이너는 강한 저항을 느끼게 된다.

✽ 경련성 근육에 급격한 저항(긴장)을 일으켰다가 갑작스럽게 근긴장을 잃어버리는 반사. 비장애인도 태어날 때부터 갖고 있는 원시반사지만 성장하면서 없어진다. '접칼 반사'라고도 한다(옮긴이).

↫ 근육 신장에 대한 반응으로 나타나는 근육 수축 반사. '뻗침 반사'라고도 한다(옮긴이).

그런데 트레이너가 계속 힘을 준 채 잠시 그대로 버티면, 점차 그 저항력이 약해지면서 서서히 관절이 늘어나기 시작한다. 그러다가 어느 정도까지 관절이 늘어나면 거짓말처럼 저항이 사라지고 순간적으로 완전히 펴지게 된다. 팔씨름에서 졌을 때를 떠올린다면 이해하기 쉬울 것이다. 이러한 반사가 '접칼 현상'이다.

흐물흐물한 쾌감

접칼 현상은 내게 포옹과 비슷한 기분 좋은 느낌을 준다. 스스로는 어찌할 도리가 없는 긴장이 타인의 큰 힘으로 풀릴 때와 비슷한 편안함을 동반한다.

앞서 말했듯 내 몸은 놀이가 적은 과도한 신체 내 협응 구조로 인해 신체 외부 사물과의 연계가 잘 이루어지지 않고 항상 긴장 상태에 놓여 있다. 그런데 이 접칼 현상이 일어날 때는 큰 힘이 다소 거칠게나마 과도한 신체 내 협응 구조를 풀어줌으로써 긴장이 풀린다. 이때 내 몸은 협응 구조가 일어나기 전의 많은 자유도를 가진 흐물흐물한 몸이 되어 상대의 몸 형태form에 맞춰 굴곡이 변한다. 과도한 신체 내 협응 구조가 풀림으로써 각 신체 부위 사이에 근육이 느슨하게 묶여 있는 관계, 즉 놀이가 가능해지고 내 몸이 타인의 몸과 어울릴 수 있게 된다. 여기에는 쾌락이 있다.

나와 똑같은 뇌성마비 당사자 가운데 경직이 심해 팔이

굽은 사람은 활동지원사에게 팔을 끈으로 묶어 달라고 부탁해 일부러 펴는 경우가 있다. 그렇게 하면 온몸의 긴장이 풀려서 말하기가 쉽다고 한다. 나는 알 것 같다. 몸의 어느 한 곳이 경직되면 강한 신체 내 협응 구조에 의해 온몸의 긴장으로 이어진다. 그러나 반대로 한 곳의 긴장이 풀리면 몸 전체가 이완된다. 그렇게 생긴 놀이를 통해 몸은 외부세계로 열린다.

이렇듯 내 몸은 스스로 어쩌할 수 없는 '딱딱함'에 사로잡혀 있다가 큰 힘으로 유연해지는데, 아무래도 외부와 연결되기를 바라는 것 같다.

몸을 맡겨 수동적으로 열릴 때 감도는 색기

접칼 현상과 비슷한 현상이 비장애인의 몸에도 일어난다. 예를 들어 집중해서 일하다가 지쳐 휴식을 취할 때, 흔히 양손을 들어 올리거나 허리를 뒤로 젖히는 등 '기지개를 켜는' 동작을 한다.

이 기지개 또한 접칼 현상과 비슷한 쾌락을 주는 운동인 것 같다. 기지개를 통해 사람들은 몸에 쌓인 과도한 신체 내 협응 구조를 깨고$_{break}$, 축적된 탄성 에너지를 외부로 방출함으로써 휴식$_{relax}$을 얻는다. 그렇게 신체의 자유도를 높여 다시금 원래의 상태로 되돌릴 수 있는 게 아닐까?

나는 늘 뇌성마비의 움직임에 색기$_{色氣}$ 같은 것이 있다고 생각해 왔다. 그 색기의 근원은 기지개나 접칼 현상과 관련이 있는 듯하다.

뇌성마비를 지닌 몸에서는 어떤 목표를 갖고 운동하려 할 때 목표에 반하는 긴장이 필연적으로 온몸에 넘쳐난다. 그러므로 운동을 할 때 그런 긴장, 즉 과도한 신체 내 협응 구조를 풀기 위해 자신의 몸에 어떤 암시를 준다.

내 경우 그 암시의 이미지는 큰 힘에 몸을 맡기는 듯한, 가령 가위바위보의 '바위'가 된 몸을 '보'로 바꾸며 여는 듯한 이미지다. 목표에 대한 과한 집중이 오히려 긴장을 강화시켜 원하는 대로 움직이지 못하게 되므로, 나는 목적의식을 완화해서 몸을 외부세계에 맡기듯 움직인다. 타인이 큰 힘으로 내 몸을 열 때 나타나는 접칼 현상처럼, 나는 이미지 속에서 타인을 대신할 큰 힘을 상정하고 몸을 맡기는 것이다.

몸을 능동적으로 열려고 애쓰면 점점 더 닫힌다. 그러므로 큰 힘에 수동적으로 맡겨야 한다. 그렇게 해야만 몸이 열리고 운동이 가능해진다. 내가 뇌성마비의 움직임에서 색기를 느끼는 이유는, 각 신체 부위 사이에 근육이 어찌할 도리 없이 단단히 묶여 있는 몸과 이를 <u>스스로 수동적으로</u> 열고자 하는 모습 사이에서 생긴 갈등에서 비롯된 것이 아닐까?

4
움직임을 받아들여 사람을 다루다

왜 나는 꿈속에서는 걸을 수 있나

지금까지 나는 내 몸에 과도한 신체 내 협응 구조가 있으며, 이로 인해 움직이는 데 특정한 어려움을 갖고 있다고 이야기했다. 그러나 다른 한편으로, 나는 잠들어 꿈을 꾸는 동안에는 자유롭게 걷거나 달릴 수 있다. 바람을 가르며 달릴 때 느끼는 몸의 약동과 날아오를 듯한 상쾌한 기분도 꿈속에서는 맛본다. 실제로는 한 번도 경험한 적이 없는데도 말이다.

꿈속에서 걸을 수 있다는 사실은 다음과 같은 사실을 알려 준다. 내가 내 몸을 사용해 한 번도 걷거나 뛰어본 적이 없더라도, 주변 사람들이 움직이는 모습을 찬찬히 보고 기억해서 그 시각적 이미지를 나의 근육의 운동 정보로 변환함으로써 걸을 때의 근육의 약동을 재현할 수 있다는 점이다.

물론 내가 멋대로 추체험追體驗(비장애인의 움직임 이미지를 따라 움직임을 재현하는 것)하고 있다고 믿는 것일 뿐인지도 모르겠지만, 나는 어린 시절부터 '정상적인 몸의 움직임'이라는 이미지를 상상 속에서 받아들여 '정상적인 몸과 그 몸에서 느낄 수 있는 외부세계'에 대한 내부 모델을 키워 왔다. 그래서 나는 경직되기 쉬운 실제 내 몸과의 상호작용이 끊긴 꿈속에서는 아무런 방해도 받지 않고 내부 모델 가운데 자유로이 움직일 수 있다.✣

내가 실행할 수 없는 타인의 움직임을 상상 속에서 받아들인 예시로, 중학생 때 텔레비전에서 열중해서 본 브레이크댄스가 생각난다. 예상을 뒤엎는 신기한 몸동작이 솜씨 좋게

✣ 사람은 남의 행동을 관찰하고 모방해서 새로운 운동을 효율적으로 익힌다. 모방은 운동 학습에서 중요한 역할을 하는데, 사람의 뇌 속 일부 신경세포군(거울 뉴런)이 모방을 담당하고 있다는 사실이 밝혀졌다. 이탈리아의 신경과학자 리졸라티Giacomo Rizzolatti를 중심으로 한 연구팀은 원숭이의 배쪽 전운동피질ventral pre-motor cortex이 '특정한 행동(예를 들어 먹이를 손으로 잡는 행동)'을 할 때만 활성화되는 게 아니라, 같은 행동을 하는 타자(원숭이 혹은 인간)를 봤을 때도 신경세포군이 활성화된다는 점을 발견했다. 그 후 인간의 뇌 하전두회下前頭回, inferior frontal gyrus 변개부弁蓋部, pars opercularis에서도 유사한 신경세포군이 확인되었다. 이러한 신경세포군을 '거울신경계mirror neuron system'이라 하는데, 거울신경계는 외부에서 얻은 감각 정보를 내부의 운동 정보로 통합하는 네트워크를 형성하며, 관찰한 행동의 배경에 있는 의도를 이해하는 작용과 관련이 있다고 알려져 있다. 또 하전두회 변개부는 해부학적으로 도피질inular cortex(내장 감각(신체 내부의 상태를 감지하는 감각)과 정동(감각자극에 대한 생리적 반응을 수반하는 감정)을 받아들이고 처리한다)을 통해 대뇌변연계limbic system(정동과 자율신경을 조절하는 중추)와 신경연락(신경세포 간의 전달)을 하는데, 이 사실은 거울신경계가 타인의 표정을 관찰하고 모방함으로써 타인의 감정을 고려하고 추측하는 데 기여한다는 점을 시사한다.

운동의 결과로 유발된 '감각 정보'로부터 그 운동 프로그램을 도출하는 거울신경계의 예측 방향은 이 책 1장 첫 번째 챕터에서 내가 언급한 '운동 프로그램으로부터 감각 피드백을 예측하는 두정엽의 내부 모델'과 반대 방향이다. 최근에는 거울신경계와 두정엽 사이에 네트워크가 형성된다는 사실이 밝혀졌다. 따라서 내가 거울 신경계를 통해 받아들인 비장애인의 움직임 이미지가 나의 내부 모델에 전달되므로, 내가 꿈에서 걷기를 추체험한다고 하더라도 이상하지는 않다.

연달아 펼쳐지며 나를 사로잡았다. 놀라고 감탄했던 내 안에는 댄서들의 움직임이 강렬히 각인되었다.

당시 나는 내가 받아들인 브레이크 댄스 동작을 상상 속에서 때때로 백일몽처럼 재생하곤 했다. 시각적으로 재생한다기보다는 나의 몸을 사용해 운동 정보로 재생하는 느낌이었다. 쉽게 말해, 관객 시점이 아닌 공연자performer 입장에서 이미지를 떠올린 것이다. 그러는 동안 나는 무의식중에 갑자기 팔다리를 움직이기도 했는데, 주변 사람들이 신기하게 여겼다.

틀림없이 나의 움직임은 댄서의 움직임과 아주 달랐을 것이다. 아마도 진짜 댄서라면 거울을 보면서 외부에서 본 자신의 동작을 자신의 내부 이미지와 일치하도록 조정해 나갈 것이다. 하지만 내 경우 그게 잘 되지 않았다.

네 살 여동생에게 문워크를 가르쳐 봤다

백일몽으로 만족할 수 없던 나는 다른 사람의 몸을 빌렸다. 춤을 춰본 적 없는 친구나 네 살배기 여동생을 붙잡고 문워크moonwalk 같은 테크닉에 대한 이미지를 전하기 시작했다.

"양발을 가지런히 하고 똑바로 선 상태에서 한쪽 발뒤꿈치만 들어 올려. 발뒤꿈치를 올린 발의 무릎을 자연스럽게 약간 구부려. 허리는 수평을 유지하고. 응, 그렇게. 그다음은 발뒤꿈치를 든 쪽 다리는 움직이지 말고, 발뒤꿈치가 바닥에 닿아 있는 쪽 다리를 뒤로 미끄러지듯 움직이고, 응, 좋아. 이제 반대로 발뒤꿈치를 올린 발의 뒤꿈치는 붙이고, 다른 한 발은 발뒤꿈치를 든 상태로 다시 미끄러지듯 움직여."

말로 운동 이미지를 전하는 일은 어려웠다. 설명에 따라 친구나 동생이 몸을 움직이는데 내가 생각한 시각 이미지와는 달라서, 어디가 다른지를 녹화해 둔 영상과 비교해 보았다. 무게중심이 좀 더 뒤쪽에 있어야 한다는 것을 알게 된 나는 그 다음에는 "미끄러지는 발 쪽에 마찰이 생기니 힘들겠지만, 무게중심을 더 뒤로 해. 안 그러면 문워크의 독특한 느낌이 안 나와"라고 또 지시했다. 그렇게 하다 보니 나의 운동 이미지도 무게중심을 뒤로 옮긴 모습으로 수정됐다. 신발과 바닥의 마찰이 상당히 중요하다는 점도 알게 됐다.

지금 생각해 보면, 내 욕망을 위해 춤에 별로 관심도 없는 사람들을 붙잡아 춤추게 했으니 미안하다. 하지만 내게는 친구나 동생이 댄스 초심자였다는 점이 의미가 있었다. 다름 아닌 나 자신이 브레이크 댄스 초보자였기 때문이다. 동생에게 지시한 말과 같은 시행착오 과정을 거치면서 내 안의 운동 이미지가 점차 정교해졌는데, 그게 즐거웠다. 그러려면 초

※ 다리를 번갈아 미끄러지게 해 마치 앞으로 걷는 듯한 착시 효과를 주면서 실제로는 뒤로 이동하는 스트리트 댄스 기법. 백 슬라이드 backslide라고도 한다. 뮤지션 마이클 잭슨이 라이브 무대 등에서 선보이며 전 세계적으로 큰 화제를 불러일으켰다.

심자의 몸이 필수적이었다.

자신의 몸을 사용한 시행착오와 달리 타인의 몸을 사용한 시행착오는 신체 외부에서 실시간으로 관찰하기 쉽다. 피겨 스케이팅이나 가라테를 배우는 자녀를 둔 부모 중에서는 자신은 해당 스포츠 경험이 없는데도 자녀에게 말로 정확히 조언하는 이들도 있다. 아마도 나와 비슷한 회로를 통해 성장하고 있는 자녀를 본보기 삼아 자신의 뇌 속 운동 이미지를 키워왔던 게 아닐까 상상해 본다.

움직임을 받아들여 활동지원 방법을 가르치다

이러한 수용의 과정은 현재 나와 활동지원사* 간에도 계속되고 있다. 활동지원사에게 처음 활동지원을 받을 때면, 활동지원사는 내 몸을 어떻게 다뤄야 할지 모르기 때문이다.

활동지원사는 내게 "어떻게 활동지원을 해야 할지 알려주세요"라고 묻는다. 하지만 나도 활동지원사 입장이 된 적은 없다. 그러니까 나는 활동지원 행위를 경험한 적이 없는데도 활동지원 과정에서 운동을 지시하는 입장에 놓이게 되는 것이다.

타인에게 활동지원을 받아본 경험이 적었을 무렵, 나는

* 장애인의 신체활동·가사지원·이동 등을 지원하는 이. 원서에 쓰인 단어는 '개조자介助者'이며, 이 책에서 맥락에 따라 활동지원사, 조력자, 돌보는 이 등으로 번역했다(옮긴이).

지시를 잘 내리지 못했다. 하지만 그 후로 활동지원이 처음인 이들을 포함해 많은 활동지원사와 관계를 맺으며 활동지원사의 다양한 신체운동을 관찰하고, 나 스스로 활동지원 행위의 움직임 이미지를 따라 움직임을 재현해 왔다. 그와 동시에 활동지원을 받는 입장에서도 편함과 불편함을 느끼는 경험을 거듭하는 동안 활동지원사의 움직임과 이에 수반하는 쾌감과 불쾌감을 비교할 수 있게 돼서, '이 방법은 좋아, 하지만 이건 싫어'와 같이 나만의 대응 목록을 완성할 수 있게 됐다.

이제는 활동지원사의 몸을 한번 보면 그 사람이 할 수 있는 신체운동의 범위를 짐작할 수 있다. 새로운 활동지원사를 만나면 그러한 추측을 바탕으로 서로에게 편안한 활동지원 방법을 말로 전달한다.

이렇게 나는 어릴 적부터 스스로 실행할 수 없는 '정상적인 움직임'에 대한 이미지를 내면화해 왔다. 그렇게 산출된 '정상적인 움직임'의 이미지와 실제 내 몸의 운동 사이에는 당연히 간극이 있다. 이 틈을 메우고 싶어 하는 주변의 바람 때문에, 나는 어릴 적부터 십수 년에 걸쳐 '비장애인의 움직임'을 실행할 수 있도록 재활을 받아야 했다.

2장

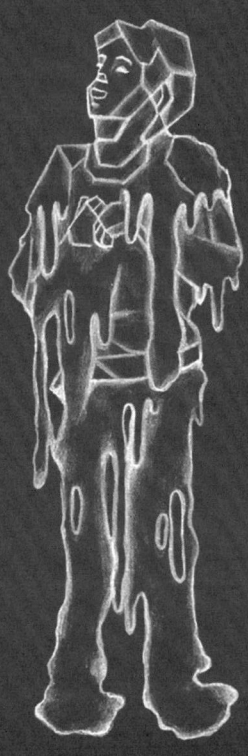

트레이너와 트레이니

어렸을 적에는 아침에 일어나면 아버지는 침대 옆에서 나를 팔로 안아 일으키고, 내 뒤에서 나를 안고 계단을 내려왔다. 아버지가 몸을 받쳐준 채로 나는 우편함까지 걸어가 조간신문을 집었다.

내가 매일 아침 여덟 시 반까지 초등학교 교실에 들어가야 했기에 어머니는 아주 바빴다. 부엌에서 어머니는 전투 전에 각성제라도 먹듯 큼지막한 컵에 가루가 다 녹지 않았을 정도로 진한 인스턴트 커피를 들이붓고 쭉 들이킨다. 나와 여동생이 아침을 먹는 동안 어머니는 아버지의 도시락을 싼다. 어린이집에 가야 하는 동생은 "오빠, 이건 필요 없으니까 줄게"라며 내 접시에 브로콜리를 덜어 놓는다. 어머니가 "애, 신이치로! 빨리 먹어야지" 하고 다그치고 나는 허겁지겁 먹는다.

식사가 끝나면 아버지는 나를 안고 화장실로 데려가서 변기에 앉힌다. 변기 위에서 교복으로 갈아입히고 나서 치약을 바른 칫솔을 내게 건넨다. 내가 양치질을 하면서 볼일을 보는 동안, 어머니는 아직 어린 동생을 어린이집에 보낼 준비를 하고 현관에서 신발을 신겨 기다리게 한다. 먼저 출근하는 아버지가 화장실까지 와서 "다녀올게"라고 말하면 나는 변기에 앉은 채 "다녀오세요" 하며 배웅한다.

학교에서 실금失禁할까 봐 두려운 나는 항상 시간이 촉박할 때까지 변기에 앉아 있었다. 정말로 출발해야 할 시간이 되면 어머니가 화장실까지 와서 "슬슬 가야지, 괜찮지?" 하고 묻고, 나는 다시 어머니 등에 업혀 자가용 뒷좌석에 앉는다. 동생은 조수석이다. 우리는 동생을 어린이집에 내려주고 나서 초등학교로 향한다.

어머니가 나를 업고 숨을 헐떡이며 교실로 들어갈 때는 왠지 항상 아슬아슬했다. 담임 선생님의 눈빛은 매섭고, 나는 어머니 등에 업힌 채 어머니와 함께 고개를 숙이며 죄송하다는 듯 인사했다. 어머니는 나를 의자에 앉히고서 다시 인사를 하며 교실을 나갔다.

이것이 가족과 함께하는 나의 '매일 아침 풍경'이었다. 그리고 학교에 도착한 후에는 많은 비장애인 동급생들에게 둘러싸여 '매일의 초등학교 생활'을 했다.

수업 중에는 다른 친구들과 별 차이가 없었다. 교과서나 공책을 넘기거나 글씨를 쓰거나 지우개로 지우는 등 책상 위에서 하는 일이라면 속도는 좀 느려도 어떻게든 해낼 수 있었다. 쉬는 시간에 나는 책상 위에 연습장을 놓고 그림 그리기를 좋아했다. 나는 그림을 잘 그리는 편이었다. 친구들이 내가 그린 그림을 보고 싶어서 내 책상으로 몰려오면 반가워서 나는 모두의 요청에 응해 그림을 많이 그렸다. 친구들이 교정으로 나가면 조금 외롭기도 했지만, 가끔은 어릴 적 친구 M군이나 어머니가 나를 업고 교정으로 데리고 나가 줬다.

당시 나는 친구들이 전혀 알지 못하는 또 다른 세계를 갖고 있었다.

8월이 끝나가고 쓰름매미가 울어댈 즈음, 초등학생이었던 나는 매년 간몬 해협을 건너 산속 깊은 곳에 있는 시설로 갔다. 일주일 동안 재활 강화 캠프에 참가하기 위해서였다. 그곳은 초등학교와 전혀 다른 세계였다.

시설에 있는 어른들은 나의 몸짓 하나하나를 유심히 보았다. 나를 본다는 느낌이 아니었다. 나의 기분이나 상태와는 다른 지점에 초점을 맞춘 듯한, 내 쪽에서는 전혀 관여할 수 없는 듯한 눈길이었다. 틀림없이 그들은 '긴장이 심하네, 어떻게 재활하면 좋으려나' 같은 걸 생각하면서 내 움직임을 보고 있었을 것이다. 그런 시선 앞에서 나는 몸의 긴장이 더욱 강해지고 '장애아'가 되었다.

내가 지닌 나에 대한 이미지는 처한 환경에 따라 많이 달라졌다. 이 시설에 오면 초등학교 교실에 있었을 때 품었던 나 자신에 대한 이미지는 사라지고, 대신 잠재되어 있던 '장애아'라는 이미지가 끌려 나왔다.

초등학생 시절 나는 재활 캠프에 갔을 때만 장애를 갖고 있는 타인을 만날 수 있었다. 주위를 둘러보면 시설에 온 다른 아이들 또한 나처럼 작아져 있었고, 외부세계 어디에도 눈길을 두지 못하는 사람 특유의 공허하고 불안한 눈빛을 하고 있었다.

그 모습은 마치 그때의 나를 거울에 비춘 것 같았다. 어디를 봐도 나다. 나와 그 아이들은 어른들의 시선에 의해 '우리'가 된다. '우리'는 그런 어른들의 시선을 피하려 어른들이 없고 다다미✱가 깔린 휴게실로 기어 갔다.

✱ 일본에서 쓰는 전통식 볏짚 압축 바닥재(옮긴이).

1
풀리는 몸

큰 손이 나를 녹인다

내가 받은 재활에서는 재활을 알려 주는 사람을 '트레이너', 재활을 받는 사람을 '트레이니'라고 불렀다. 재활은 한 세션에 한 시간 반 정도, 하루에 서너 번을 반복했다.

세션의 내용은 트레이니 개개인의 상태에 따라 달랐다. 내 세션 전반부에는 트레이너가 스트레칭 같은 방식으로 과도한 신체 내 협응 구조로 인해 경직된 내 근육과 관절을 풀어 줬다. 그리고 후반부는 풀어져 흐물거리는 내 몸에 트레이너가 개입하여 비장애인의 자세나 움직임을 알려 주는 시간이었다.

세션 전반부에 스트레칭을 할 때는 앞서 언급한 접칼 현상과 똑같은 현상이 일어난다. 스트레칭 중에는 성인인 트레이너의 신체가 평소보다 더욱 크고 강해 보인다. 크고 가까우니 트레이너 신체의 전체상을 한눈에 볼 수가 없고, 신체 부위가 '큰 손', '큰 허벅지', '크고 둥근 무릎', '크고 벌어진 입' 등으로 각각 나뉘어 눈에 들어온다. 그리고 그중 하나, 예를 들면 '큰 손'이 내게 다가와 긴장해서 딱딱하고 뻣뻣한 몸을 천천히 풀기 시작한다.

큰 손이 내게 닿는 순간 내 몸은 뻣뻣해지고 굳지만, 큰 손이 망설이지 않고 그대로 버티며 계속 내게 힘을 가하면 나의 신체 내 협응 구조가 서서히 풀린다. 비유하자면 얼음에 열을 가함으로써 결정 구조가 서서히 풀려 물이 되는 것 같다. 신체 내 협응 구조가 풀리면서 내 몸 안에 놀이(각 신체 부위 사이에 근육이 느슨하게 묶여 있는 관계)가 생기고, 주변에 익숙해진다.

이렇게 긴장에서 이완으로 변화하며 트레이너의 몸과 내 몸 사이에 있던 따끔따끔한 벽 같은 것이 서서히 얇아지고, 두 몸이 서로 어울리기 시작한다.

"앗! 아~"와 패배 도식

이러한 '긴장 → 이완 → 융화' 과정은 추운 겨울 일을 마치고 지쳐 집에 돌아와 뜨거운 욕조에 몸을 담글 때 "앗! 아~" 하는 반응과 비슷한 형태일 것이다. "앗!"은 뜨거운 물에 몸이 둘러싸이는 순간 느끼는 '긴장'이다. 내 경우 멀리 있던 트레이너의 신체 일부가 가까이 다가와 접촉하기 시작한 순간에 해당한다. 이어지는 "아~"는 서서히 풀리는 근육의 '이완'과 이완된 근육이 뜨거운 물과 '융화'할 때의 반응이며, 이는 스트레칭을 통해 몸이 풀리고 점차 느슨해져 가는 과정과 비슷하다.

느슨하게 풀어지는 쾌락 속에서, 나는 브레이크 댄스 동작에 몰두했던 때처럼 트레이너의 손의 움직임을 좇아 내 몸을 오버랩했다. 트레이너가 내 손을 만지면, 트레이너의 손 쪽으로 나를 겹칠 때는 내 손은 '만져지는 쪽'으로 대상화되고, 반대로 내 손 쪽으로 나를 겹칠 때는 트레이너의 손이 '만져지는 쪽'으로 대상화된다. 왔다 갔다 하는 이 운동 속에서 나는 좋든 싫든 두 손을 비교할 수밖에 없다.

이때 나는 '손'이라는 같은 부품을 갖고 있는데도 그 크기와 힘에 압도적인 비대칭성이 존재한다는 사실에 가슴이 미어지는 듯했다. 나와 다른 신체와 대비됨으로써 비로소 외부에서 내 몸을 보게 되고, 같은 부품을 가졌는데도 그것이 같지 않다는 점, 상대방의 입장이 될 수도 있었지만 지금 여기 있는 나는 작고 약한 입장이라는 점…… 이러한 '패배 도식'을 그 상황에 대입했다.

큰 손이, 큰 힘으로, 반쯤 억지로, 그러나 정중하게, 나의 움직임을 주우며 딱딱하게 굳어 있는 내 몸을 천천히 열어준다. 그리고 신체 내 협응 구조에 놀이가 생겨난 내 몸은 점차 그 큰 손에 익숙해진다…….

2
응시당하는 몸

아, 여기가 허리였나

스트레칭이 끝나고 내 몸이 트레이너의 몸에 익숙해져 융화하기 시작할 무렵, 갑자기 트레이너의 몸이 내게서 멀어진다. 지탱할 곳을 잃은 내 몸은 바짝 겁에 질린 것처럼 신체 내 협응 구조를 순간적으로 강화하는데, 이내 바닥으로 자리를 옮겨져 축 늘어져 눕는다.

트레이너는 그의 몸 전체가 내 시야에 들어올 정도로 나로부터 멀리 이동해서, 내가 취해야 할 자세와 동작의 시범을 보여 준다. 나는 화면 속 브레이크 댄서를 따라할 때와 같은 요령으로 트레이너의 움직임을 상상으로 받아들이려고 노력한다.

이때도 나는 트레이너의 몸을 부분별로 나누고 물끄러미 관찰하며, 각 부분의 움직임과 그 사이에 있는 신체 내 협응 구조에 주목한다. 동시에 각 부분에 해당하는 근육이나 관절 부위가 어디인지 내 몸 내부를 탐색하고, 트레이너의 동작을 내 몸으로 재현할 이미지에 집중한다. 이렇게 하다 보면 내 의식은 외부세계에서 신체 내부로 향한다.

……트레이너의 모습은 안 보인다. 의식은 내면을 향한다. 내 몸을 외부에서 시각적으로 응시하는 시선이 아니라 시각도 청각도 아닌 근육의 긴장도나 힘줄의 신장도伸張度 같은, 말하자면 체성體性 감각에 의해 의식이 점유된다. 이때 나의 시각은 외부세계를 향하지 않는다. 아까 본 트레이너의 움직임을 기억 속에서 끌어내서 재생해 본다.
　그러던 중, 모습이 안 보이던 트레이너의 목소리가 들린다.

"좀 더 허리를 일으켜."

　상대방의 모습이 안 보이는 목소리는 저항할 수 없는 힘을 지니고 있다. 내가 시선을 둘 수 없는 곳에 있는 목소리의 주인은 일방적으로 나를 응시하고 있다. 나는 조바심을 내며 내부에서 '허리'를 탐색한다.
　'이것일까? 이게 허리일까? 허리를 일으킨다는 건…… 이런 걸까?'
　나는 자신 없이 허리를 일으키려 몸을 움직여 보지만 금세,

"아니야! 여기잖아, 여기!"

　큰 목소리가 들리고, 몸의 한 부분에 손가락으로 콕콕 찔

리는 점상자극點狀刺戟, punctate stimuli 이 느껴진다. '아, 여기가 허리였나' 싶고, 손가락으로 찔린 부위로 의식이 향한다. 허리가 어디일까 싶어서 내 몸 내부를 샅샅이 찾을 때는 발견할 수 없던 곳에 허리가 있었다. 허리는 예상치 못한 곳에서 갑자기 그 모습을 드러냈다. 그것은 타자다. 나와 허리는 서로의 움직임을 느끼는 사이가 아니고, 서로의 움직임에 영향을 주고받는 관계가 아직 성립되지 않았기 때문에 허리가 내 몸의 일부라고 말하기 어려운 상황이다. 그래서 내가 어떻게 하면 허리가 어떻게 되는지 전혀 알지 못한다. 나는 그 허리라는 부분을 조작할 수 없다. 허리를 일으켜 세우라고 해도 어떻게 해야 할지 모르겠다. 목소리는 계속된다.

"등도 일으켜! 여기!"

다시 점상자극이 느껴진다. 그리고 '등'이라는 타자가 또 하나 나타난다. 쿡쿡 찔릴 때마다 예상치 못한 곳에서 내 몸의 일부가 하나씩 모습을 드러낸다. 그럴 때마다 나는 내가 내 몸을 지배하고 있다는 감각을 잃어버리고, 하나로 통합된 몸이 각각 제멋대로 움직이는 부분 부분으로 흩어진 듯한 느낌에 휩싸인다.

 피부의 특정한 곳에 주는 압력, 온도 등의 자극(옮긴이).

명령을 따르려 몸부림치면 칠수록 내 몸은 의도대로 안 된다는 사실이 드러나게 되고, 결국 내 몸은 뿔뿔이 흩어진다. 아까는 분명히 없었던 타자가 나의 신체 내부에서 태어나고, 그로 인해 내 몸이 잘리어 나뉜 듯한 감각. 내 몸은 내 것이 아니게 되고 말았다.

거울 속에 있는 나 같은 무언가

이제 더는 어떻게 해야 할지 몰라서 몸을 움츠리고 있으니, 내 앞에 문득 경대 하나가 놓여 있다. 시야가 갑자기 외부세계를 향하고, 어느 정도 제정신으로 돌아온 느낌이 든다. 시각을 외부세계로 되돌려 보니 거울 속에는 외면하고 싶을 정도로 이해할 수 없는 자세를 취한 내 모습이 있다.

아마도 트레이너는 궤도를 수정할 나침반을 주려고 내게 거울을 가져왔을 것이다. 그러나 상상한 것보다도 시범 자세와 동떨어진 내 몸을 보고, 대체 어디서부터 어떻게 해야 할지 알 수 없어서 나는 더 기가 막혔다.

이럴 때 내 의식은 시각도, 체성 감각도 내 몸을 향하고 있다. 그리고 목소리와 점상자극의 주체인 트레이너 역시 내 몸을 응시하고 있다. 나의 시선도 트레이너의 시선도 모두 내 몸을 향하고 있는 가운데, 나는 최대한 트레이너와 시선을 같이하려 고군분투한다. 내 몸은 일방적으로 시선을 받는다. 트레이너는 내게 모습을 거의 드러내지 않고, 나는 시선을 되받아칠 수가 없다.

'이것이 올바른 움직임이다'라는 강하고 확고한 명령과 눈길을 따끔하게 느끼며 초조해하면 초조해할수록 그 명령에서 벗어난 내 몸의 움직임이 또렷이 드러난다.

이 재활의 장소에서도 운동 목표를 벗어나게 되리라는 초조함, 야기되는 패배에 따른 치욕스러움. 이런 감정은 고조된 신체 내 협응 구조가 에너지로 바들바들 방출되는 듯한 쇠락의 관능을 동반했다. 여자애들과의 포복 전진 시합에서 막 지려던 순간과 비슷하게.

3
버려진 몸

짜증 내는 트레이너

그 후로도 재활 캠프의 트레이너는 나의 서툰 움직임을 용납하지 않았다. 어디를 어떻게 움직여야 할지 몰라서 움직일 수 없는 내게 트레이너는 점점 화가 쌓여 갔다.

그러다 방금까지 모습이 안 보이던 트레이너가 갑자기 내 앞에 거대한 몸을 드러내고, 과제 훈련 전에 했던 것처럼 다시 내 몸을 바닥에 깔아 눕힌 후 스트레칭을 시작한다. 그러나 이번에는 과제 훈련 전과 달리, 원하는 대로의 형태가 되지 못한 내 몸에 물리적으로 개입해서 마치 점토를 빚듯 올바른 형태로 만들려고 한다. 트레이너의 몸짓 하나하나에서 내 몸에 대한 짜증이 전달돼 나는 몸이 더 뻣뻣해진다.

세션 초기 스트레칭 때는 과도하게 뭉치고 굳은 나의 신체 내 협응 구조가 접칼 현상에 의해 서서히 풀리면서 점차 트레이너의 몸에 익숙해지는 듯한 느낌이 들었다. 하지만 짜증 난 트레이너의 개입은 아까와 달라서 내 몸은 전혀 풀리지 않고, 트레이너의 몸에 익숙해지는 느낌도 들지 않는다. 그저 작게 몸을 굳혀 공격에 견디려 할 뿐이다. 내 몸과 트레이너의 몸은 융화되지 않고, 그 사이에는 뚜렷한 경계선이 있다. 통각이 과민해져서 살짝 건드리기만 해도 "아파!" 소리가 나온다. 그런 내게 트레이너는 더 짜증이 나고, 그는 이제 폭력적으로 내 몸을 쭉쭉 밀고 당긴다.

여기에 쾌락은 없다. 고통, 공포, 분노뿐이다.✤

몸을 부분별로 떼서 넘겨 주다

과제 훈련 전에 몸을 풀기 위해 하는 스트레칭, 과제 훈련을 제대로 못 해냈을 때 짜증과 함께 하는 스트레칭은 신체에 억지로 개입한다는 점에서는 동일하다. 하지만 앞의 스트레칭에는 풀림과 융화가 있는 데 비해, 뒤의 스트레칭에는 굳음과 공포만 있다.

> ✤ 비슷한 자극이 맥락이나 정도에 따라 쾌락이 될 수도, 고통이 될 수도 있다는 사실을 뒷받침하는 뇌의 메커니즘이 점차 밝혀지고 있다. 뇌의 도피질이라는 곳에서는 내장 감각(배고픔, 갈증, 입 마름, 산소 결핍 등)과 진화적으로 오래된 감각으로 분류하는 체성 감각(체온, 통증, 가려움, 근육통, 성적 흥분, 거친 촉각(확실히 어떤 곳을 만졌는지 모르는 촉각), 관능적 감촉)이 재현된다. 이러한 감각은 신체의 항상성homeostasis을 유지하는 데 필수적인 정보다.
> 도피질에 항상성이 흐트러졌다는 정보가 전달되면 목표나 동기 부여를 담당하는 '보상계reward system' 회로의 중추(전대상피질, 안와전두피질 등)에서 의미를 해석한다. 그 결과 인간의 행동을 유발하는 '아프다', '가렵다', '관능적이다' 같은 감정적 경험이 생긴다. 그래서 비슷하게 항상성이 교란됐다고 해도 당시 목표나 동기에 따라 자극은 쾌락이 될 수도, 고통이 될 수도 있다. 또 '폭력에서 도망가겠다' 같은 마지막 목표를 잃은 순간에는 자극에 대한 의미 해석이 유보되고 고통조차 느끼지 않는 경우도 생긴다.

트레이너의 움직임은 나의 움직임과 전혀 무관하게 수행되고, 내 몸에서 발산하는 두려움이나 아픔의 신호를 트레이너는 줍지 못한다. 트레이너는 타협할 수 없는 타자이며, 강력한 완력을 가진 타자로서 내 몸에 힘을 휘두른다.

이내 내 몸은 적에게 영토를 점점 빼앗기듯, 트레이너의 힘에 굴복한다.

팔이, 다리가, 허리가 하나둘씩 트레이너의 힘에 패배해 긴장이 훅 빠진다.

그러나 이 과정에는 접칼 현상 때와 같은 쾌락은 없다. 오히려 팔, 다리, 허리를 내 몸에서 떼어내 트레이너라는 타자에게 넘겨 주는 느낌이다.

이처럼 트레이너는 내 몸에 '비장애인의 움직임'을 주기 위해 나와 여러 방식으로 관계를 맺었다. 지금까지 언급한 트레이너와 트레이니 관계성의 다양한 양상을 다음과 같이 분류해 정리한다.

A : '풀면서 서로 줍는 관계'. 〈풀리는 몸〉 챕터에서 이야기했다.
B : '응시하고/응시당하는 관계'. 〈응시당하는 몸〉 챕터에서 이야기했다.

C : '가해/피해 관계'. 〈버려진 몸〉 챕터에서 이야기한 대로 내 몸이 발신하는 신호를 듣지 않고 내 몸에 개입하는 관계이다.

2장 후반부에서는 위 세 가지 관계의 차이점을 좀 더 자세히 보기 위해 각각을 비교할 것이다.

4
마음에 개입하므로 몸이 경직된다

'응시하고/응시당하는 관계'란 무엇인가?

1장에서 설명했듯, 다수의 사람들과 비교했을 때 내 몸에는 더 강한 신체 내 협응 구조가 있어 '비장애인의 움직임'을 실행할 수 없다. 그래서 '풀면서 서로 줍는 관계'가 되어 트레이너는 먼저 내 몸을 풀어 준다. 그 결과로 내 몸 안에 생긴 놀이는 자유롭게 움직일 수 있는 선택의 폭을 넓힌다. '응시하고/응시당하는 관계'는 그 선택 범위 안에서 '비장애인의 움직임'에 더 가까운 움직임을 골라 실행하도록 촉진한다.

그러나 내 몸은 운동 목표를 부여받으면, 특히 그 목표가 지나치게 높게 설정되면 초조함으로 신체 내 협응 구조가 강화되는 특징을 갖고 있다. 그러므로 '풀면서 서로 줍는 관계'에서 '응시하고/응시당하는 관계'로 관계성이 변하면, 애써 내 몸에 생긴 놀이(각 신체 부위 사이에 근육이 느슨하게 묶여 있는 관계)를 빼앗기고 다시 몸이 굳고 만다. 이런 특징이 있어서 과제 훈련이 잘 되지 않았고 결국 아무리 노력해도 '비장애인의 움직임'을 내 것으로 만들 수 없었던 것이라고 추측한다.

자발적으로 나를 따르라

과제 훈련 중 종종 트레이너는 "얘, 의존하지 말고 좀 더 주체적으로 움직여!"라고 말을 건네곤 했다. 나는 이 말이 불편했다. 트레이너의 물리적 지지나 구체적인 지시에 의존하지 않고 '자발적으로' 몸을 움직이라는 뜻이었다. 이 말을 듣고 조심조심 몸을 움직여 보면 곧바로, "틀렸어!"라는 말을 듣는다.

이것은 '응시하고/응시당하는 관계'에서 트레이너가 내게 쏟는 눈길이 모순을 내포하고 있음을 시사한다. '자발적으로'라는 말에는 트레이니가 자신의 자유의지에 따라 운동하라는 뜻이 담겨 있지만, 동시에 단순한 자발성을 넘어 자신의 지시를 따르라는 트레이너의 명령도 들어가 있다. 즉 트레이너는 "자발적으로 나를 따르라"라고 말한 셈이다. 따라서 여기서 내세운 '주체적'이라는 말은 트레이너의 명령에 '종속'되는 것과 한 세트이다.

이런 관계에서는 내 몸뿐만 아니라 내가 노력하는 방식이나 주의를 기울이는 방식 등 내면까지 모조리 트레이너에 의해 감시를 받는다. 즉 몸뿐만 아니라 마음에도 개입을 당하는 것이다.

이렇게 '응시하고/응시당하는 관계' 상황에서는 잘 움직이지 못하는 것이 내 탓인 듯해서 초조함이 생기게 된다. 그리고 이 초조함이 나의 신체 내 협응 구조를 강화하고, 악순환으로 빠지게 한다.

운동 목표를 주기 위해 의지와 주의집중력과 같은 영역에 개입하려는 재활이 도리어 내 운동을 탈선시킨 경험을 바탕으로 생각해 보면, 우리는 '응시하고/응시당하는 관계' 속에서 이루어지는 재활의 한계를 고민해 볼 필요가 있다. 이에 대해서는 5장 이후에 자세히 다룰 것이다.

나는 단숨에 홀로 부서진다

몸을 맡기듯 해서 푸는 '풀면서 서로 줍는 관계'와 달리, '응시하고/응시당하는 관계'와 같은 상황에서는 초조함을 느끼고 몸이 서서히 뻣뻣해진다. 그러나 이 과정이 언제까지나 지속되는 것은 아니다. 초조함과 경직의 악순환은 포복 전진 시합 때와 비슷하게 곧 나를 패배의 관능으로 이끄는데, 나의 움직임은 점점 무질서하고 방향성을 잃은 것으로 변한다. 그리고 내 안에 초조함과 경직으로 쌓인 에너지는 어느 선을 넘으면 온몸이 주기적으로 부들부들 떨리는 경련이 되어 허공으로 소멸하고, 나의 신체 내 협응 구조는 단숨에 풀려 몸이 흐물흐물해진다.

이처럼 '풀면서 서로 줍는 관계'든 '응시하고/응시당하는 관계'든 결국 나의 신체 내 협응 구조는 풀리게 되지만, 그 풀림의 방식은 다르다.

'풀면서 서로 줍는 관계'에서는 트레이너라는 타자가 물리적으로 개입하여 몸이 수동적으로 '천천히' 풀리는 반면, '응시하고/응시당하는 관계'에서는 초조함이 심해진 나 스스로 부서지듯 몸이 '단숨에' 풀린다.

'풀면서 서로 줍는 관계'에서는 트레이너가 풀린 내 몸을 지탱해 주는 바닥 같은 존재이지만, '응시하고/응시당하는 관계'에서는 풀린 내 몸이 트레이너의 지지 없이 홀로 무너져 떨어진다. (그림 2-1)

'풀면서 서로 줍는 관계'에서 몸이 풀리는 방식은 풀린 이후에도 나를 지탱해 줄 타인에 대한 신뢰 속에서 몸을 맡겨 발생하는 반면, '응시하고/응시당하는 관계'에서 몸이 풀리는 방식은 타인의 명령에 스스로 '주체적으로' 따르려 하다가 홀로 부서지듯 발생한다. ✼

이 두 가지 몸이 풀리는 방식에는 모두 어떤 종류의 관능

✼ '응시하고/응시당하는 관계'에서 설정된 운동 목표와 실제 운동의 피드백 정보 사이에 괴리가 생기면, 나의 내부 모델은 수정이 불가피하다. 내부 모델의 예측 기능이 저하되면 운동 제어 모드가 숙련된 유형인 '예측적 제어'로부터 초심자의 유형인 '피드백 제어'로 전환되고 신체의 긴장(신체 내 협응 구조)이 세진다(1장의 두 번째 챕터를 참고하라). 이에 따라 운동 목표와의 괴리가 커져 악순환에 빠진다.

나의 추측이지만, 내 안에서 일어난 과정은 마치 점토를 반죽하는 도중에 점토가 부드러워지다가 액체처럼 녹아버린 것과 같다. 내부 모델이 수정을 되풀이하다가 마침내 융해되는 동시에 목표를 잃은 신체 내 협응 구조도 스스로 부서진 것이라 할 수 있을 것이다. 1장의 첫 번째 챕터에서 썼듯 내부 모델로 예측할 수 없는 자극은 선명하고 강렬하므로, 내부 모델의 실조失調에 체성 감각이 점점 예민해져서 자극을 느끼기 쉬운 몸이 된 것일지도 모르겠다.

[그림 2-1]   **'풀면서 서로 줍는 관계'**

'응시하고/응시당하는 관계'

이 깃들어 있는데, 앞의 방식이 편안한 기분 좋음인 것에 비해 뒤의 방식은 두려움이 섞인 생생한 관능이다. 또 뒤의 방식은 그 상태에 도달한 후에 '아, 벌을 받겠구나' 하고 오싹 공포심에 휩싸여 바로 다시 몸이 경직된다. 그러고 나면 걱정했던 대로 역시나 '가해/피해 관계'가 뒤따른다.

5
신체에 대한 개입이 폭력으로 변할 때

'응시하고/응시당하는 관계'에서 마음에 대한 개입이 문제인 이유는 그 감시 자체로 인해 몸이 경직되고 도리어 운동 목표에서 더 멀어질 수 있기 때문이다.

하지만 마음에 대한 개입이 문제라고 해서 몸에 대한 개입은 무엇이든 허용된다는 뜻은 아니다. 신체에 대한 개입은 쉽게 폭력으로 변질될 수 있다. 따라서 신체에 대한 개입이 폭력이 되지 않을 조건이 무엇인지 질문해야 한다.

트레이너와 나 사이에 있는 '풀면서 서로 줍는 관계', '응시하고/응시당하는 관계', '가해/피해 관계'라는 세 가지 관계 가운데, '풀면서 서로 줍는 관계'와 '가해/피해 관계'는 트레이너가 내 몸에 물리적으로 개입한다는 점에서 공통점이 있다. 그러나 내 안에서 일어나는 일은 전혀 다르다. 이 두 관계가 어떻게 다른지 설명해 보겠다.

상대방 몸에 들어가 시선을 공유하다: 연결되는 신체적 개입

가령 '풀면서 서로 줍는 관계'에서 트레이너가 내 팔을 펼 때, 트레이너의 '팔을 잡아당기는' 움직임과 나의 '팔이 펴지는' 움직임은 한 세트다. 여기서 '팔을 잡아당기는' 움직임은 능동적 운동이고, '팔이 펴지는' 움직임은 능동적 운동으로 일어난 수동적 운동이라고 여기기 쉽다. 틀린 말은 아니지만, 그렇게 단순하지만은 않다.

트레이너는 내 팔이 어느 정도로 펴지는지, 근육이 얼마나 긴장되어 있고 뻣뻣한지 감지하면서 '팔을 잡아당기는' 힘의 세기를 조절한다. 그런 면을 보면 나의 '팔이 펴지는' 움직임이 능동적이고, 트레이너가 '팔을 잡아당기는' 움직임이 수동적이라고 할 수도 있다. 이처럼 나의 팔 움직임과 트레이너의 팔 움직임 사이에는 서로 정보를 주고받으며 영향을 미치는 관계가 성립한다.

이럴 때는 나의 움직임으로 트레이너의 움직임을 어느 정도 통제할 수 있다. 예를 들어 트레이너가 내 팔을 잡아당기기를 원한다면, 내 팔을 트레이너 쪽으로 살짝 내밀고서 답답하고 부자연스럽게 팔을 펴려고 하면 된다. 그렇게 하면 트레이너는 최면에 걸린 듯 내 팔을 펴기 시작한다.

이처럼 서로 팔 움직임을 탐색할 때, 나의 팔과 트레이너의 팔은 두 사람의 의식 속에서 앞으로 관계를 맺으려는 접점이 된다. 이렇게 두 사람의 몸이 조화를 이루고 있을 때, 두 사람이 눈길을 두는 곳이 일치한다.

눈길을 둔 곳이 일치할 뿐만 아니라, 눈길이 나오는 곳인 두 신체도 융합한다. 왜냐하면 '풀면서 서로 줍는 관계'에서는 내가 브레이크 댄스에 몰두했던 것과 비슷하게 '상대방의 움직임을 상상해서 받아들이는 작업'을 통해, 나는 트레이너의 움직임을 좇아 트레이너의 몸속으로 들어가기 때문이다. 그리고 그 연장선에서 트레이너의 몸에서 어떤 풍경이 보일지 상상하며 받아들이게 된다. 재치 있는 트레이너라면 그에게도 똑같은 일이 일어나서, 내 몸속으로 들어와 나의 운동과 내게 보이는 풍경을 경험할 수 있을 것이다.

이처럼 조화를 지향할 때는 서로의 몸속으로 들어가서 시선을 공유하게 된다. 연결되고 있는 두 사람이 공유하는 '하나의 대상을 향한 복안複眼'✤을 '융화하는 시선'이라고 해보자. '융화하는 시선'은 나 한 사람의 몸과 그 몸에서 비롯된 단안單眼에 그치지 않고 다층적인 다른 시선을 가진다는 점에서 객관성을 갖춘 시점이라 할 수 있다. (그림 2-2)

지루한 영화를 보고 있는 관객: 멀어지는 신체적 개입

조화를 지향하지 않는 폭력적인 스트레칭 상황인 '가해/피해 관계'에서도 어떤 면에서 객관적인 '나'는 존재한다. 내

✤ 곤충이나 갑각류 등이 갖고 있는 수백에서 수만 개의 복안(겹눈)은 인간의 단안(한 눈으로 정밀한 시각을 조절하고, 두 눈의 협응으로 거리를 감지하고 입체적 공간을 인식함)과 달리, 전체를 동시에 보는 광시야로 초고속 반응을 보이는 일종의 환경 변화 감지 시스템이다. 이 책에서 저자는 협응 구조의 다층적인 관점 공유를 은유하는 말로 '복안'을 썼는데, 복안의 시야로 세계를 바라보는 방식에 대해서는 5장 네 번째 챕터에서 상세히 설명하고 있다(옮긴이).

[그림 2-2]

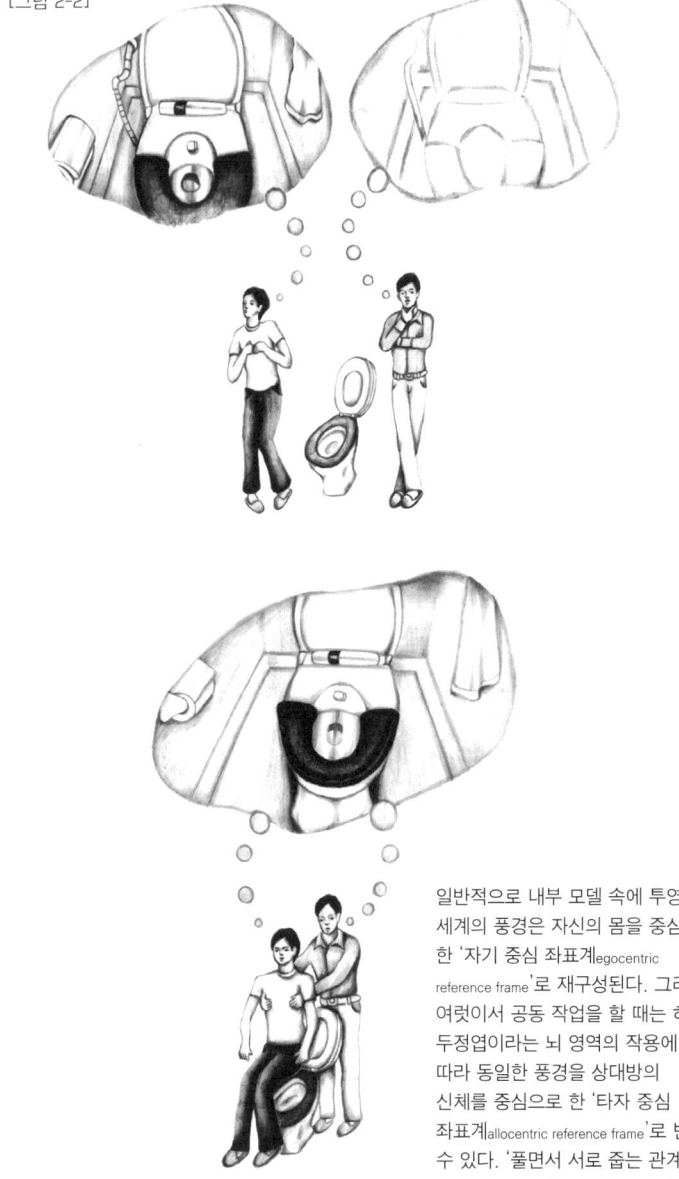

일반적으로 내부 모델 속에 투영된 세계의 풍경은 자신의 몸을 중심으로 한 '자기 중심 좌표계egocentric reference frame'로 재구성된다. 그러나 여럿이서 공동 작업을 할 때는 하부 두정엽이라는 뇌 영역의 작용에 따라 동일한 풍경을 상대방의 신체를 중심으로 한 '타자 중심 좌표계allocentric reference frame'로 변환할 수 있다. '풀면서 서로 좁는 관계' 속에서 나오는 '융화하는 시선'은 이러한 변환 과정에 해당한다.

몸을 벗어나 공중에 떠서 상황을 내려다 보는 '나'이다. 그렇지만 서로 몸속으로 들어가 시선을 공유하는 '융화하는 시선'과 몸을 빼앗겨 공중에 떠 있는 '나'는 완전히 별개로 생각해야 한다.

과제 훈련 후에 하는 스트레칭 같은 '가해/피해 관계'에서 내 몸이 방치될 때는 신체 부위가 하나씩 분리되어 통일성을 잃는다. 통일성을 잃어가는 느낌은 '2차원의 세계'에 있을 때 책상이나 책장이 나와 아무런 관계가 없는 사물이 되어 내가 나의 신체 부위를 버리는 과정과 같다.

그런 과정에서는 신체 각 부위가 점점 줄어드는 느낌이 들고, 신체의 통일성에 대한 감각을 잃게 된다. 분리된 팔과 다리 같은 신체 부위에서 발생하는 아픔을 더는 내 것으로 느끼지 못한다. 분명 내 몸과 트레이너의 몸 사이에는 자타의 경계가 있었지만, 신체 부위가 하나씩 약탈당하면서 경계가 점점 내 쪽으로 밀려온다. 결국 신체 대부분을 트레이너에게 빼앗기고, 나는 몸을 갖지 못한 채 공중에 뜬 존재가 된다.

몸을 빼앗기고 공중에 떠 있는 나는 내 몸에서 온 정보도, 트레이너의 몸에서 온 정보도 거의 받지 못하는 상태이다. 체성 감각이나 정동의 움직임을 느낄 수 없고, 나와 무관한 시청각 정보만 흐를 뿐이다.

공중에 떠서 사태를 내려다보는 나는 지루한 영화를 보는 관객과도 같다. (그림 2-3)

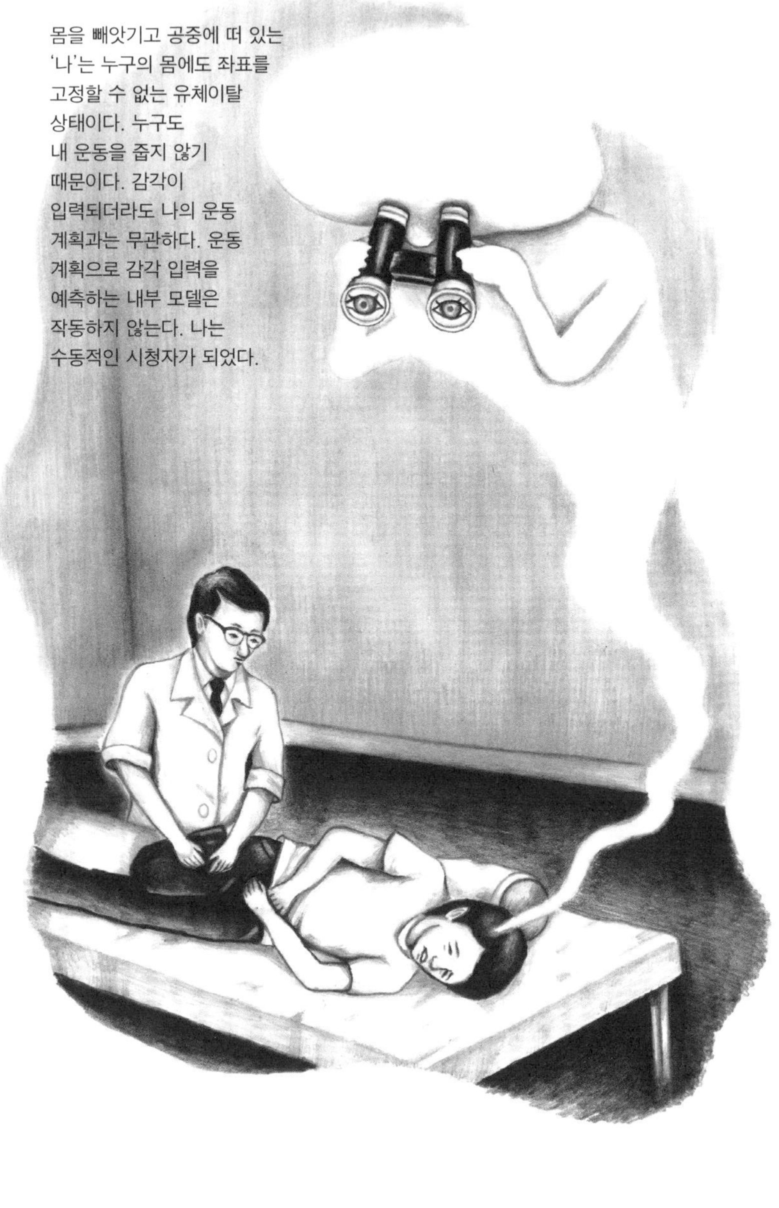

[그림 2-3]

몸을 빼앗기고 공중에 떠 있는 '나'는 누구의 몸에도 좌표를 고정할 수 없는 유체이탈 상태이다. 누구도 내 운동을 줍지 않기 때문이다. 감각이 입력되더라도 나의 운동 계획과는 무관하다. 운동 계획으로 감각 입력을 예측하는 내부 모델은 작동하지 않는다. 나는 수동적인 시청자가 되었다.

만지듯 만져질 수 있게

감각 입력을 예측하는 내부 모델이 작동하지 않는 '가해/피해 관계'에 비해, 앞서 언급한 서로의 몸속으로 들어가 시선을 공유하는 '융화하는 시선'에서는 트레이너의 신체 정보가 말 그대로 '손에 잡힐 듯' 내게로 들어온다. '융화하는 시선'으로 연결되어 있다면 상대의 몸짓 하나하나의 배경에 어떤 의미가 담겨 있는지 느낄 수도 있다.

방금 쓴 단어인 '배경'은 '숨겨진 의미를 읽어낸다'는 인상을 주므로 적절하지 않을 수도 있다. 왜냐하면 상대방이 하는 '운동의 의미'가 꼭 존재한다고 할 수 없기 때문이다. 상대방의 운동에 응답해서 나오는 나의 운동은 운동이 일어난 후에 사후적으로 그 의미가 부여될 때가 많다. 내가 팔 펴기를 거부한다면 트레이너가 내 팔을 잡아당기는 운동은 의미를 잃는다. 어떤 상황에서 나는 상대방의 운동에 의미를 부여한다. 즉 내가 상대방의 운동의 의미를 알아차린다기보다는, 상대방의 운동에 의미를 주고 있다고 할 수 있을 것이다.

두 사람의 관계에서 안심하고 안전을 약속하는 데 필요한 조건은 상대방의 운동의 의미를 이해하거나 의미를 조정할 수 있는 재량이다. '가해/피해 관계'처럼 '융화하는 시선'이 되지 못하고 예기치 못한 타이밍에 이해할 수 없는 자극이 덮쳐 오는 것만큼 두려운 것은 없다. 상대방이 다음에 어떤 행위를 할지 전혀 알아차릴 수 없는 상황은 나를 지나치게 긴장하게 하고 내 몸을 굳게 만든다.

스트레칭뿐만 아니라 신체 개입이 따르는 관계에서는 '만짐'과 '만져짐'이 반복된다. '만지는' 경험과 '만져지는' 경험은 이물질이 살갗에 접촉한다는 점에서는 동일하지만, '만져지는' 경험은 '만지는' 경험과 달리 앞으로 들어올 감각의 양과 질, 타이밍을 예측하기 어려우므로 놀라기 쉽다. 따라서 겁먹지 않고 '만져지는' 경험이 가능하게 하려면, 상대방 속으로 들어가 '만지는' 쪽과 시선을 공유해 앞으로 들어올 감각의 양과 질, 타이밍을 예측해 둘 필요가 있다. '만지듯 만져질 수 있게' 궁리해야 한다고 하면 될까.

'융화하는 시선'의 유무에 따라 두 사람의 관계가 달라지는 양상은 물리적 신체 개입이 학대로 변하는 경계를 분명히 보여준다.

6
대학생 트레이너와 함께한 춤

 재활 캠프 동안 트레이너는 '풀면서 서로 줍는 관계', '응시하고/응시당하는 관계', '가해/피해 관계'라는 세 가지 관계성을 바탕으로 내게 다가왔다. 나는 트레이너가 지금 어떤 입장에서 나와 관계를 맺고 있을지 늘 신경 썼다. 재활실 밖에서 트레이너를 만나면 트레이너는 세 가지 관계성을 번갈아 띠며 내게 다가왔다.

 그때가 초등학교 고학년 때였을까.
 재활 캠프 마지막 날 밤에 트레이너와 트레이니, 부모님들이 모두 모여 캠프파이어를 한 적이 있었다. 높이 타오르는 큰 모닥불 주위에 빙 둘러서서 "타올라라, 타올라라~"라는 가사로 시작하는 노래를 부르고 나서, 당시 유행하던 정열의 곡 〈람바다〉에 맞춰 모두 자유로이 춤을 추었다.
 어떤 대학생 여자 트레이너가 내게 다가와 손을 잡고 내 주위를 빙글빙글 돌기 시작했다. 그런 사람이 가진 위선은 기름기가 돌아 번드르르해서 눈에 띄었고 금방 알아볼 수 있었다. 캠프파이어 불꽃이 그 얼굴에 넘치는 위선의 기름기를 지글지글 태웠다. 이미 비뚤어지기 시작했던 나는 그녀에게서 '장애 어린이와도 춤을 추는 나'라는 자의식 과잉을 알아차렸고 그것이 아니꼬웠다.

그러나 동시에, 사춘기 직전이던 나는 여대생들이 내뿜는 터질 듯한 거친 생명력에 매료되어 조금 기쁘기도 했다. '위선이라 해도 어쨌든 재활할 때와는 다른 방식으로 나와 춤추고 있는 건 틀림없잖아.' 그렇게 생각하며 나는 방심하고 있었다. 그리고 리듬에 맞춰 춤을 살짝 추고 말았다.

그때, 내 손을 잡은 그녀의 손이 순간 움찔하며 내 손에서 떨어졌다.

내게서 약간 떨어진 곳에서 그녀의 자세와 표정은 순식간에 딱딱하고 차가운 태도로 바뀌었다. 그리고 아니나 다를까, 그 트레이너는 "좀 더 손을 펴는 게 좋아"라고 말하고서 내 손을 잡아당기기 시작하는 것이었다!

갑자기 그녀는 나와의 관계성을 '풀면서 서로 줍는 관계'에서 '응시하고/응시당하는 관계'로 바꾸었다.

어쩌면 그녀는 내가 춤을 출 거라고는 생각하지 않았을 것이다. 장애를 가진 아이가 춤을 추지 않을 것이라는 불문율과 같은 지레짐작 가운데 그녀는 마음을 놓았던 것일지도 모르겠다. 그런데 예상과 달리 춤추기 시작한 나를 보고서, 그녀는 겁을 먹고 '진짜로 춤을 추게 하면 안 돼' 하고 갑자기 트레이너의 탈을 쓰고 관계를 '응시하고/응시당하는 관계'

로 바꾼 것일지도 모른다.

    나는 방심하고 춤을 춘 나 자신을 원망했다. 그리고 춤을 멈추고, 트레이너 너머로 보이는 불꽃을 멍하니 바라보았다.

칼럼

뇌성마비 재활의 사회사

'장애'라는 경험은, 한 사회 내에서 다수와는 다른 신체적 조건을 가진 소수가 다수를 위해 만들어진 사회의 (물리적·사회문화적) 구조와 어울리지 못함으로써 발생하는 생활상의 어려움을 뜻한다. 이 어려움은 소수자와 사회 사이에서 생긴 불일치에 기인하므로, 그 발생 원인을 일방적으로 소수자에게만 돌릴 수 없다.

하지만 과거를 되돌아보면, 소수자의 신체를 포용할 수 있도록 사회구조를 바꾸는 대신 소수자에게 과도한 적응을 강요한 역사가 있다. 그러한 개입의 공세는 소수자의 몸과 마음에 두루 영향을 미친다. 2장에서 쓴 '비장애인의 움직임에 가깝게 한다'는 동화同化적 재활 일화도 사회가 장애인에게 과도한 적응을 요구하는 방식을 반영한 역사적 맥락이 담긴 에피소드 중 하나라 할 수 있다. '응시하고/응시당하는 관계'는 재활 현장에서 장애인의 과도한 적응을 실천시키기 위한 보편적 장치이다.

소수자에게 과도한 적응을 강요해 다수자와 같아지길 바라는 동화적인 재활은 옛것이 되지는 않았다. 지금은 오히려 전보다 더 교묘한 형태로 현장에 살아남아 있다고 할 수 있겠다. 방심하면 언제든 곧 재활 현장으로 침입해오는 과도한 적응 압력에 민감해지기 위해서라도, 나는 지금까지의 재활의 역사를 살피려 한다.

현대 일본에서 뇌성마비에 대한 재활 방법을 둘러싼 논의는 우여곡절을 겪었다. 이 책에서는 네 시기로 나눠 정리해 보겠다.

제Ⅰ기: 여명기

대증요법✢을 둘러싼 논쟁: 수술 vs 물리치료

1950년대에는 장애인이 사회에 조금이라도 더 적응할 수 있는 몸을 만들기 위해 대증요법의 방식을 두고 외과수술에 의한 개입이 좋은지, 이학요법✦에 의한 개입이 좋은지 의견이 대립했다. 가장 유명한 사례는 국립신체장애센터✧에서 같이 근무하던 당시 의무과장 와다 히로오和田博夫와 심리판정

✢ 대증요법對症療法, symptomatic therapy은 증상을 완화하는 치료를 말한다(옮긴이).

✦ 이학요법理學療法, physical therapy은 운동, 마사지, 전기, 온열, 도수치료 등을 이용하여 신체 기능을 회복하는 방법을 말한다(옮긴이).

✧ 현재 국립장애인재활센터国立障害者リハビリテーションセンタ(옮긴이).

원 다나카 유타카田中豊 ※ 사이에 벌어진 논쟁으로, 둘은 신체장애인의 치료법을 놓고 격렬히 다투었다.

와다는 "뇌성마비나 소아마비 환자는 오직 정형외과 수술로 치료할 수 있다"고 주장한 데에 비해, 다나카는 "정형외과 수술에는 한계가 있으며, 물리치료로 신체 자세를 조정해야 한다"고 주장했다. 와다는 많은 뇌성마비나 소아마비 환자에게 정형외과 수술인 '족관절 고정술'과 '구축muscular contracture ↳ 제거술'을 시술했고 '정형외과의의 신'으로 불리며 마쓰오 다카시松尾隆를 비롯해 많은 후배를 배출했다. 그러나 치료효과는 한계가 있었고, 와다의 시술을 받은 당사자 가운데 장애가 전보다 더 심해졌다고 고발한 경우도 적지 않았다.

뇌성마비 장애인을 중심으로 자립생활운동이 싹트다

1957년 일본 최초 공립 지체장애아 학교인 고메光明 양호학교 졸업생이 결성한 '푸른잔디회青い芝の会'는 동창들의 친목 단체로 출발하여 점차 전국적인 뇌성마비 장애인 모임이 되었다. '푸른잔디회'는 장애가 있는 아이를 살해한 어머니의 감형 탄원을 비판하는 운동을 벌이고, 장애인 처우 개선을

※ 장애인의 신체 상태, 직업 능력 등을 상담 및 판정하여 장애인수첩(장애인복지등록증)을 교부하는 직원(옮긴이).

↳ 수축 등으로 운동이 제한된 상태의 근육, 힘줄, 건막(옮긴이).

요구한 후추府中요육센터 투쟁[1]에 나서는 등 장애인에게 과도한 적응을 요구하는 비장애인 중심 사회에 이의를 계속 제기했다. 동시에 자신들 안에 있는 주입된 사고방식이나 상식과 싸우며 있는 그대로의 자신의 모습을 되찾으려 했다. 또 이러한 사상적인 운동뿐만 아니라, 온정주의에 저항하고 부모나 시설에서 벗어나 지역에서 협력해 줄 이를 찾으며 탈시설 생활을 만들어내는 자립생활운동을 전개했다.

미국의 장애 수용론

1950년대를 정점으로 미국에서는 '장애 수용론[2]'이 대두되었다. 나구모 나오지南雲直二[3]에 따르면 미국의 장애 수용론은 인생의 어떤 시기에서 사고나 질병으로 장애를 입은 사람들이 어떻게 다시 자신의 몸과 사회에 적응할지를 주로 다룬 논의이며, 아래 두 가지 물음에 답하려 했다.

> [1] 1972년 도쿄도 후추시에 있는 요육센터療育センター, 중증장애인 시설에서 시설 측이 입소자의 뇌 일부를 절제하는 수술을 하거나 여성 입소자의 자궁을 적출하는 등 인권 침해 사건이 일어났다. 장애인 입소자들과 푸른잔디회는 도쿄도청 앞에서 연좌농성을 벌였다. 이후 도쿄도에서는 요육센터를 장애인과 공동으로 운영하게 되었다(옮긴이).
>
> [2] 1950년대 미국의 심리학자 그레이슨Morris Grayson 등이 주장한 '장애 수용acceptance of disability'은 재활을 중심으로 한 신체장애 지원에 중요한 개념으로 제기되었다. 그레이슨은 신체장애를 인지하고 수용할 때 신체적·사회적·심리적 측면을 고려해야 한다고 지적했다(옮긴이).
>
> [3] 1950년생. 일본 국립장애인재활센터연구소에서 일했으며, 저서에서 '장애 수용론'을 고찰하고 비판적으로 살폈다(옮긴이).

① 사람은 자신(의 몸)이 전과 다를 때 어떻게 대처하는가?
② 타자는 자신과 다른 몸에 어떻게 대처하는가?

①은 소수자가 자신의 신체에 어떻게 관여하는지를, ②는 사회가 소수자의 신체에 어떻게 관여하는지를 묻고 있다. 장애 수용론은 장애의 수용에 이르는 심리적 변화를 몇 가지 단계로 분류한 '단계 이론'[1]과 당사자의 가치관 변화에 의해 수용이 생겨난다고 본 '가치전환론'[2]이라는 두 가지 접근법으로 물음에 답하려 했지만 ②에 대한 논의는 충분히 검토되지 못해 장애인 당사자의 과도한 심리적 적응을 강제하는 결과가 되고 말았다. 이후 ②에 대한 질문은 사회학자 어빙 고프먼Erving Goffman의 '낙인stigma 이론'[3]으로 이어지게 된다.

'단계 이론'은 초기에 이미 반증이 제시되었다. 장애 수용 과정에서 '적응' 단계에 이르지 못하는 사람이 있다는 것이었으며, 1980년대에 '우울 단계'가 일부에게서만 나타난다는 반증이 연달아 나오면서 과거의 명성에 그늘이 드리워졌다.

---

[1] 충격, 부정, 우울, 현실 인식, 적응의 단계로 장애 수용의 과정을 설명한 이론(옮긴이).

[2] 장애인이 장애를 입은 후 심적 고통을 극복하는 데에 자신의 가치관 변화, 시야 확대 등이 필요하다고 본 이론(옮긴이).

[3] 어떤 사람이 다른 사람들과 다르다는 점을 나타내기 위해 바람직하지 못하다고 간주한 특성을 들어 구별하는 것을 '낙인을 찍는다'고 한다. 고프먼은 사회규범을 수행하는 인간의 상호행위 속에서 이러한 낙인 찍기가 일어난다고 보는 '낙인 이론'을 제시했다(옮긴이).

제 II 기: 완치에 대한 열광

신경발달학적 접근이 석권하다

1970년대 초반이 되자 기존의 이학요법 및 정형외과적 수술의 한계가 드러나기 시작했다. 이 무렵부터 신경발달학적 접근방식이 획기적인 효과를 가져온다고 주목받았고, 세계적으로 한 시대를 풍미하였다. 일본의 물리치료사들도 직접 외국으로 건너가 PNF Proprioceptive Neuromuscular Facilitation, 고유수용성 신경근 촉진법※, 브룬스트롬 Brunnstrom 법♪, 보바스 Bobath 법 같은 치료 이론과 기술을 배우고 일본에 보급했다. 1970년대 중반에는 에어즈 Ayres ♪, 보이타 Vojta, 페토 Peto ♣ 등의 치료법이 일본에 소개되었다. 이 시기에 유행했던 운동 발달과 운동 조절 이론은 '반사와 중추신경계의 발달에 기반한 신경 계층

※ 미국의 신경생리학자이자 의사인 카밧 Herman Kabat이 물리치료사 놋 Maggie Knott과 함께 고안한 재활 기술로 신경, 근육 등이 작용하도록 감각수용기관을 자극해 신체기능을 향상시키는 방법이다(옮긴이).

♪ 스웨덴의 물리치료사 브룬스트롬 Signe Brunnström이 개발한 재활 기술로 중추신경마비 특유의 운동 패턴을 테스트해 회복 과정을 단계로 나누어 평가하고 각 단계에 맞춰 재활하는 방법이다. 뇌졸중 환자의 편마비 평가와 치료로도 알려져 있다(옮긴이).

♪ 미국의 물리치료사 에어즈 A. Jean Ayres가 고안한 감각 통합 sensory Integration 치료 이론(옮긴이).

♣ 헝가리의 의사이자 교육가 페토 Andras Peto가 뇌성마비 장애아를 대상으로 교육적 접근을 시도한 재활 기술. 유도교육 conductive education 프로그램이 알려져 있다(옮긴이).

및 성숙 이론'이었다. 그 대표적 예는 보이타법과 보바스법인데, 나도 세 살 무렵까지 보이타법을 경험했다.

보이타법은 정상적인 발달을 유도하기 위해 자동적 자세 반응automatic posture response과 평형 반응equilibrium reaction을 활성화하려는 치료법이다. 그러나 이 치료는 무척 힘들어서 아이들이 종종 울곤 한다. 유럽과 아시아에서 시행되었지만 미국에서는 인기가 별로 높지 않았다.

보바스법은 경험에서 얻은 지식과 신경과학의 효과 있는 최신 연구결과를 바탕으로 이론과 치료 기술을 계속 새롭게 바꾸고 있다. 보바스 치료의 원칙에는 체중 이동, 체중 부하, 근긴장 정상화❋가 포함된다. 운동 조절에 관한 지식이 발전함에 따라 보바스 치료의 이론과 실천은 지금도 계속 변화하고 있다. 그래서 이론과 실천에 일관성이 부족한 보바스 치료는 평가하기 어렵다.

이 시기에 언론에서는 "뇌성마비는 낫는다"며 선정적으로 치료법에 대해 보도했는데, 이에 현혹된 부모와 자녀도 있었다. 많은 부모(특히 어머니)는 거의 모든 것을 희생하며 자녀의 훈련에 매진했다.

❋ 비정상적인 근긴장도를 보이는 운동 양상을 관절 운동, 자세 잡기 운동 등을 통해 정상으로 회복시킨다는 뜻이다(옮긴이).

꿈의 끝: 과학적 근거에 기반한 평가

그 후로는 재활이 자칫 경험주의와 권위주의에 빠지기 쉬우니만큼 통계학적인 과학적 근거에 기반해 정확히 평가해야 한다고 보는 분위기가 고조됐다. 그리고 일련의 임상연구 결과, 신경발달학적 접근방식의 치료 효과에 통계적으로 충분한 과학적 근거가 없다는 사실이 알려졌다. 현재 과학적 근거가 거의 확립된 치료법은 '경직痙性, spasticity을 증가시키지 않고 근력을 증강하는 점진적 저항 근력 트레이닝', '균형 능력 향상, 골밀도 증가, 근긴장 감소를 촉발하는 자세 밸런스 트레이닝', '관절 가동범위를 개선해 경직을 감소시킬 수 있는 지속적 스트레칭' 등에 한한다.

제III기: 신체에서 사회로

장애 수용론의 수입

장애 수용론은 1980년에 이르러 우에다 사토시上田敏* 등에 의해 뒤늦게 일본에 소개되었다. 이는 완치를 목표로 하는 동화적인 재활을 향한 열광에 전문가 내부에서 의문을 제

---

* 물리치료사였던 우에다는 장애 수용 단계를 충격, 부정, 혼란, 해결 노력, 수용으로 나누어 재활 의료의 핵심 개념으로 장애 수용을 재구성했다(옮긴이).

기했다는 점에서 획기적이다. 또한 장애운동이 재활과 합류할 기반을 마련했다는 측면에서도 장애 수용론의 도입을 긍정적으로 평가할 수 있다.

하지만 '장애 수용' 개념이 현장에서 운용되는 방식에는 문제도 많았다.

작업치료사 다지마 아키코田島明子는 '장애 수용'이라는 말이 일본의 재활 현장에서 어떻게 사용되고 있는지에 대해 지적했다. 다지마에 따르면 클라이언트가 '기능 회복을 고집할 때', '(복직 지원 시기 등에) 자신의 능력이나 적성에 대한 인식이 (치료사 쪽에서 보기에) 적절하지 않고 과도한 기대를 나타낼 때' 이 두 가지 경우에 치료사는 클라이언트를 두고 "장애 수용이 되지 않았다"고 표현한다.

그 배경을 살피면, 재활 초기에 정상적인 신체를 목표로 '회복 접근'을 하다 회복이 막히면 신체의 정상화를 포기하고 자립생활을 목표로 '대체 접근'으로 노선을 변경하는 현장의 경험이 있다고 한다. 노선 변경에 적응시키기 위해 클라이언트에게 장애 수용 과제가 부여된다. 즉 치료사 중심의 재활 과정에 클라이언트를 과도하게 적응시키고 다루기 쉽도록 하기 위한 방편으로 '장애 수용'이라는 말을 사용한다는 것이다.

나구모 나오지는 '장애 수용'이라는 단어의 세 가지 문제점으로 '장애 수용이 갖고 있는 (치료사에 의한) 전제성專制性', '장애가 미치는 영향에 대한 과소평가', '사회에 대한 과소평가'를 들며 다음과 같이 말했다.

"패러다임이란 한 시대를 지배하는 사고방식이다. 일본의 재활 심리학은 1980년을 경계로 장애 수용 패러다임의 시대로 들어섰다고 해도 과언이 아니다. '신체 이미지를 잃어도 자신을 믿어야 한다, 결국 새로운 신체 이미지가 형성된다', '신체는 가치를 잃었을지도 모르나 포기해서는 안 된다, 인간은 새로운 가치를 발견하는 존재이다', '한탄, 슬픔, 잃은 것에 대한 집착을 끊어내려면 장애 수용밖에 없다, 상실은 새로운 획득의 첫걸음이기도 하다' 이런 말들은 얼마나 힘찬 인간 예찬인가. 얼마나 단순명쾌한 구원인가. 그리고 또 얼마나 무책임하며, 더군다나 돈도 들지 않는 구원인가. 장애 수용은 장애를 가진 이들보다 전문가들에게 더 받아들여졌고, 또 많은 전문가들을 매료시켰다. 그 본질은 단순한 위로와 격려에 지나지 않음에도 불구하고."

세계 장애인의 해를 계기로 미국형 자립생활 운동을 수입

한편 일본의 재활 현장 밖에서는 해외의 장애인에 대한 정보가 들어오기 시작했다. 1981년 세계 장애인의 해가 시작되기 조금 전이다. 1981년에는 DPI_{Disabled Peoples' International, 국제장애인연맹}✼ 제1회 세계회의가 싱가포르에서 열리는 등 단숨

✼ 1981년 결성된 장애인 운동의 국제 네트워크 조직으로 본부는 캐나다 오타와에 있으며, 현재 130개국이 가입돼 있다. 한국에도 한

에 세계로 향하는 창구가 크게 열리기도 했다. 또한 1981년부터 재단법인 '넓혀가자 사랑의 고리 운동기금広げよう愛の輪運動基金'에서 장애인 리더 양성 미국 연수 프로그램을 시작해 매해 다양한 장애를 갖고 있는 이들로 구성된 10팀이 한 달에서 일 년까지 활동희망 주제에 따라 연수를 받을 수 있도록 지원했다. 장애인 대부분은 미국 최초의 자립생활운동 중심지 버클리 자립생활센터에서 연수를 받고 이를 일본으로 들여왔다.

1983년 뇌성마비 장애인을 중심으로 한 실행위원회에서 미국의 자립생활IL, Independent Living운동의 리더를 일본에 초청해 일본 전국 여러 곳에서 자립생활 세미나가 열렸다. 그런데 일본방문단 미국인 리더 중에는 뇌성마비 장애인이 없었고, 경추손상이나 소아마비 등 비교적 경증인 장애를 가진 이들이 중심이었다. 당시 미국의 운동과 일본의 운동 차이가 명확히 드러났는데, 미국의 운동은 장애인이 노동에 참여할 수 있는 권리를 주로 요구했고 일본의 운동은 노동보다는 지역에서의 기본적인 생활을 추구했다. 하지만 한편으로 미국

국DPI(한국장애인연맹)가 있다(옮긴이).

✲ '넓혀가자 사랑의 고리 운동기금'은 1999년부터 공익재단법인 '더스킨 사랑의 고리 기금ダスキン愛の輪基金'으로 바뀌었다. 일본의 젊은 장애인들을 해외에 파견하고, 아시아 태평양 지역의 장애인들을 일본에 초빙하는 리더 양성 프로그램 '더스킨 리더십 트레이닝Duskin leadership training'을 운영하고 있다(옮긴이).

의 자립생활운동은 일본의 척수 손상, 소아마비 등 뇌성마비가 아닌 장애를 갖고 있는 이들에게 큰 영향을 미쳤다.

그 후 일본에서 미국형 장애인 자립생활센터는 1986년 도쿄 하치오지八王子시에서 휴먼케어협회ヒューマンケア協会를 시작으로 전국으로 확산했고 자립생활센터 전국조직 결성의 움직임도 일어나기 시작했다. 당시 자립생활센터라는 이름으로 활동하던 장애인 당사자 조직들 가운데 주요 조직이 모여 전국자립생활센터협의회JIL, Japan Council on Independent Living Centers가 발족한 해가 1991년이다.

장애인 당사자 운동과 재활이 화합하다

1989년 도쿄도 장애인복지센터와 일본사회사업대학 등 장애인 복지 전문가를 중심으로 자립생활문제연구전국집회自立生活問題研究全国集会, 약칭은 자립연이며 이후 '자립생활연구전국집회'로 명칭 변경가 열렸다. 연구자로부터 제안을 받고 장애인 당사자가 참여하는 형태였다가, 전국자립생활센터협의회 발족 후에는 장애인이 중심이 되어 기획하고 연구자와 연계하는 형태가 마련됐다. 전국자립생활센터협의회는 국내에 머무르지 않고 국제 연대도 모색해 미일 자립생활 세미나(1996년), 아시아 지원 국제 자립생활 포럼 개최(1998년) 등 국내외에서 크게 성장했다. 또 이와 병행하여 '전문가 주도가 아닌 당사자 중심의 재활'과 '비장애인에 가까워지기 위해서가 아닌 사회참여의 평등을 목표로 한 배려'를 강조하는 사상적 흐름이 확립됐다.

세계보건기구WHO에서는 1980년에 '국제장애분류ICIDH, International Classification of Impairments, Disabilities and Handicaps', 2001년에 '국제장애분류'의 개정판 '국제기능장애건강분류ICF, International Classification of Functioning, Disability and Health'를 채택했다. 이는 기존에 장애인 당사자의 신체로 책임을 돌리는 장애 개념을 재검토하고, 구성원의 신체적 다양성에 제대로 대응하지 못하는 사회의 부족함을 드러냈다. '국제기능장애건강분류'는 기존에 하나로 묶인 장애 개념을 다음과 같은 세 가지 수준에서 나누고, 각각의 목록을 작성했다.

1. 신체기능body functions 및 신체구조body structures 수준에서 발생하는 장애(예: 경직).
2. 활동activities 수준에서 발생하는 장애(예: 걷지 못함, 목욕하지 못함).
3. 참여participation 수준에서 발생하는 장애(예: 영화관에 못 들어감, 투표를 못 함).

동적 시스템 이론의 제창

이러한 배경 가운데, 재활의 개입 포인트도 '기능function'과 '구조structure' 수준에서 점차로 '활동activities'과 '참여participation'

수준으로 초점이 옮겨졌다. 최근에는 아동과 그 가족이 스스로 자신의 재활 목표를 설정하고 가족의 니즈에 따라 그 프로그램을 지휘하는 '가족 중심 기능 훈련family-centered functional therapy', '기능적 치료 프로그램functional therapy program', '생태학적 접근ecological approach' 등의 접근법이 주목받고 있다.

이런 접근법은 동적 시스템dynamic system 이론에 근거를 두고 있다. 이는 발달 과정을 설명하기 위해 신경성숙이론[※]을 대신해 최근에 나온 이론이다. 동적 시스템 이론에서는 과제나 상황에 대응하는 운동 행동이 의욕이나 뇌·체중·관절 가동범위·근력 등 신체 내부 조건, 중력 등 다양한 신체 외부 조건, 과제의 특성 등 여러 '서브 시스템subsystem'과의 상호작용에 따라 형성된다고 설명한다. 그리고 각각의 서브 시스템을 조율하면 가장 효율적인 운동 행동을 달성할 가능성이 있다고 본다. 정상적인 운동 패턴을 유도하는 기존의 훈련법과 달리, 장애인 본인과 관련된 조건이나 신체 외부 조건을 바꾸거나 실제로 행동하는 반복적인 실천을 중시한다. 아직 충분한 과학적 근거가 확립됐다고 하기 어렵지만 보바스 치료나 보이타 치료를 하는 경우와 비교해서 통계적으로 유의미한 효과가 있는 결과를 얻었다는 보고도 있다.

[※] 신경계의 성숙이 운동 발달의 요소라 보는 이론(옮긴이).

제IV기: 열광 재점화 조짐

 '회복 접근'의 재활에서 드러나는 한계, 그리고 이로 인해 발생하는 클라이언트의 불만을 '장애 수용'이라는 말로 억압하려는 현장의 독단은 지금도 계속되고 있는 듯하다. 이는 '장애를 수용할 수 있는 환자가 우수하다'는 규범 아래 클라이언트를 재단하는 '응시하고/응시당하는 관계'의 일환이므로 용인해서는 안 된다. 더욱이 장애인 운동의 논리가 장애 수용을 하지 못 하는 클라이언트를 궁지로 몰아넣는 권력으로 동원된다면 매우 불행한 일이다. 최근 들어 그러한 현상에 의문을 품은 양심적인 치료사들이 등장하고 있다. 이들은 마치 기계적인 작업처럼 유명무실해진 재활 현장의 침체에 저항하며, 뇌과학의 급속한 진보를 이론적 기반으로 삼아 다시금 '기능과 구조' 수준의 회복을 목표로 삼고 있다. 이들의 열정은 높이 평가할 만하지만, 동시에 과거의 완치를 꿈꾸던 집단적 열광이 재연될까 우려스럽다. 보바스 치료의 역사를 봐도 알 수 있듯, 최신 과학의 진보를 탐욕스럽게 받아들이는 태도는 언뜻 보면 임상 의사의 성실함처럼 보이지만, 뒤집어 보면 일관된 이론과 실천이 없다는 것이므로 접근방식이 계속해서 바뀔 우려가 있다.

 더욱 염려스러운 점은 뇌성마비를 '극복해야 할 몸'으로 간주하고 이를 극복하는 데 열정을 불태우는 동화적인 사고

방식이다. 2장에서 나는 내 개인적 경험을 통해 이러한 '응시하고/응시당하는 관계'의 위험성을 이야기했다.

뇌과학의 진보를 어떻게 임상에서 적용해 실천해 나갈지 물을 때 빼놓을 수 없는 점은 임상 치료사나 의사가 재활에 적용한 기법의 효과를 검토하고자 하는 과학적 태도, 신체와 움직임의 다양성을 인정하는 관용적이고 유연한 태도, 이 두 가지라 할 수 있을 것이다.

3장

재활의 밤

그날은 재활을 마치자 다른 세계가 펼쳐졌다. 낮 동안 우리에게 쏟아지던 트레이너의 눈길은 해가 저물자 점점 희미해졌다. 마치 트레이너의 눈길이 닿지 않는 밤의 어둠이 나를 숨겨 주는 것 같았다.

트레이너의 눈길에서 해방되자, 밤의 어둠 속에서 내 몸의 경직이 서서히 풀렸다. 그 과정에는 접칼 현상과 비슷한 쾌락이 있었다. 중력과 바닥에 맞서서 몸을 일으키고 앉고 서고 기라는 요구를 받으며 몸이 계속 뻣뻣해졌던 낮의 세계와는 다르게, 밤이 깊어질수록 내 몸은 점점 부드러워진다. 그렇게 흐트러지기 시작했던 바닥, 중력과의 연결을 회복하고서 내 몸을 바닥과 중력에 맡기기 시작한다.

나는 다시 2차원의 세계로 되돌아온 것이다.

바닥의 감촉을 확인하면서 나는 팔다리를 움직인다. 바닥은 그런 나의 움직임을 주워 의미 있는 '이동'으로 바꿔 준다. 나의 운동을 모조리 의미 없고 틀렸다고 판단하는 트레이너와 달리, 바닥과 나의 관계에서 바닥은 내 운동을 확실히 받아 준다.

바닥과 중력이 든든하게 나를 받쳐 주니, 빛 비추는 낮에는 자신감 없이 겁먹었던 내가 어스름한 세계 속에서 점점 강해진다. 그리고 나 나름대로 움직임을 서서히 되찾아 간다.

아마 트레이너들은 그런 나의 숨소리를 외면하고 싶었을 것이다. 낮에 그토록 열심히 재활했는데도 그 노력이 허사가 된 듯 바닥에 축 늘어져, '정상적인 움직임'과 전혀 닮지 않은 방식으로 몸을 꿈틀대며 움직이니 말이다.

있는 그대로 생생한 내 움직임을 비난하는 눈길을 받더라도, 밤에 나는 더는 겁나지 않았다. '지금은 내 시간이니까'라고 말하는 듯 타인의 개입을 허락하지 않겠다는 내 태도에는 망설임이 없었다.

신기하게도 트레이너 쪽에서도 어쩐지 그런 내 태도를 알고 있는 듯했고, 밤에는 낮의 재활 때처럼 무작정 움직임에 개입하는 일은 드물었다. 밤에 가끔 스쳐 지나가던 트레이너는 낮처럼 정신을 바짝 차린 모습이 아니라 우리처럼 여유로운 모습이었다. 트레이너라는 역할을 간신히 벗어던지고서 안도한 듯한 모습이었다.

그렇다. 밤은 트레이니인 우리의 무거운 갑옷만 벗겨주는 게 아니라, 트레이너도 어울리지 않는 역할에서 해방시켜 준다. 빛은 우리를 트레이니, 그들을 트레이너로 만들었다.

1
석양

재활 캠프 동안 재활 세션은 하루에 서너 번 정도 진행되었다. 그날의 마지막 세션을 마치면 열이 오른 몸이 서서히 풀리는 듯한 해방감, 축 늘어져 팔다리가 무거운 듯한 피로감이 몸을 감싼다. 그렇게 나는 재활실 매트 위에 뒹굴며 누워 있다.

부드러워져서 여유가 생긴 내 몸이 바닥에 익숙해져 가는 것을 나는 등으로 은은히 느낀다. 재활 시설의 높은 창문으로 비치는 붉은 노을빛은 나를 위로하고 용납하는 듯하고, 나는 수줍게 의지하고 싶은 마음이 든다. 눈을 가늘게 뜨고 그 붉은 빛을 바라보니 그리운 곳으로 돌아온 듯한 향수에 눈물이 날 것 같았다.

시간이 빠르게 흐르는 낮과 달리 해질녘 시간은 멈춘 듯 천천히 흘러가기 시작한다. 나는 내 몸을 누이고 빛을 쬐고 있는 바닥과 석양에 나를 맡기고, 또 가을 기운이 묻어나는 공기에 그저 몸을 맡긴다. 살짝 열린 창문을 통해 때때로 시원한 바람이 들어와 달아오른 몸을 부드럽게 쓰다듬어 준다.

이 시간대에 내 살갗은 아주 민감해진다. 바람에 간지럽혀져 저절로 얼굴에 미소가 번진다. 그리고 한순간 나는 꾸벅꾸벅 졸고 있다.

잠시 후 저녁 식사 시간이 되자, 어딘가에서 쉬고 있던 트레이너들이 다시 재활실로 돌아온다. 그들은 항상 이 시간이 되면 싱글벙글 기분 좋은 표정을 짓고 있다. 왠지 술이라도 한잔한 것처럼 들뜬 느낌이었다. 그들 중 한 명이 성큼성큼 내 쪽으로 다가와 나를 들어 올린다. 식당까지 나를 데리고 가기 위해서다.

휑한 식당에 들어서니 긴 테이블이 몇 줄 놓여 있고 조별 좌석이 정해져 있었다. 각자의 자리에는 색 도화지를 오려 만든 간소한 이름표가 놓여 있다. 나는 내 이름이 적힌 자리에 앉았다. 트레이니와 담당 트레이너 한 쌍이 "잘 먹겠습니다"라고 선창한다.

이 역할은 돌아가면서 했는데, 상당히 부담스러웠다. 괜히 기발한 척하며 과하게 나서는 젊은 트레이너와 짝이 되면 어처구니없는 장기자랑 같은 것을 시킬 때도 있어서 더욱 마음이 무거웠다. 하지만 가뜩이나 재미없는 장기자랑을 억지로 하면 더 재미없다는 것쯤은 알고 있어서 나는 차라리 과감하게 했다.

늘 하던 대로 "맛있는 음식, 감사합니다~"로 끝나는 노래를 다 함께 부르고 나면, 그날 짝이 된 트레이니와 트레이너가 "손 모아 감사히 잘 먹겠습니다"라고 선창하고 나머지 모두가 "잘 먹겠습니다"라고 말하면서 식사를 시작한다.

나는 보통 식판 위에 놓인 보리차를 먼저 마셨다. 캠프에서 주는 보리차는 잘 식어 있었다. 내 몸속에서 출구를 찾지 못한 에너지가 정체된 열이 되어 고여 있는 곳으로 보리차가 시원하게 흘러 들어가면 나는 어느 정도 정신을 차릴 수 있었다. 나는 그 보리차에서 선의善意 같은 것을 느꼈다.

저녁 식사는 아침이나 점심, 간식보다도 더 맛있었다. 저녁 식사가 하루 중 가장 푸짐하기도 했지만 단지 그런 이유만은 아니었다. 역시 해방감이 큰 영향을 미쳤던 것 같다.

모두가 밥 먹는 모습을 조리실에서 항상 웃으며 지켜보던 아주머니는 소박한 친절함을 가진 사람이었다. 그 아주머니와 말을 주고받은 적은 없지만, 일주일간의 캠프에서 유일하게 변함없이 내게 너그러움을 보여 주던 것은 그 아주머니의 미소와 차가운 보리차 정도였던 것 같다. 나는 보리차를 꿀꺽꿀꺽 마시며 무심결에 아주머니의 미소를 확인하는 저녁 시간이 좋았다.

2
걷지 않는 아이의 방

저녁 식사를 마치면 목욕 시간이었다. 캠프에 온 아이들은 대체로 목욕하는 데 시간이 걸리기 때문에 손이 덜 가는 아이부터 차례로 목욕탕에 갔다. 나는 대개 마지막 순서였다. 목욕을 기다리는 동안에는 주로 다다미가 깔린 휴게실에서 뒹굴며 멍하니 있었다. 배도 부르고 점점 졸음이 와서 늦은 순서로 목욕하러 가는 건 귀찮다고 생각했다.

나는 걷지 않는 아이들이 모인 방에 있었기 때문에 내 가까이에는 나처럼 목욕 순서를 기다리며 누워 있는 아이들이 몇 명 있었다. 나처럼 배를 깔고 엎드려 움직이는 아이도 있고, 손발로 기어 다닐 수 있는 아이, 거의 움직이지 않는 아이도 있었다. 걸을 수 있는 아이들은 대부분 다른 방에 있었다. 소등 시간까지는 모두 자유로이 시간을 보낸다. 말은 그다지 주고받지 않았다.

기어 다니던 한 아이는 집에서 같은 가수의 테이프를 늘 가져와서 커다란 은색 카세트에 넣고 작은 소리로 들으며 이

따금 노래를 흥얼거렸다. 나는 그 애의 넋 나간 표정을 자주 바라봤다. 하지만 물끄러미 쳐다보면 실례일 것 같아 흘끗흘끗 곁눈으로 봤다.

그 애는 아주 조용해서 진심으로 화내는 모습을 본 적이 없었다. 또 말수가 적고 천천히 움직였다. 낮에 재활실에서 트레이너에게 꼼짝 못 하고 깔려 눌려 있을 때 나는 간혹, "아파, 아파" 하고 외치며 고통으로 얼굴을 일그러뜨린 그 애를 보곤 했다. 하지만 그 애는 트레이너가 압박하던 손을 풀면 아무 일도 없던 듯 평소의 무표정으로 되돌아갔다. 그 애는 최소한의 에너지로 자신을 지키고 있었다. 나는 그런 그 애를 보고 슬픔과 강함이 내 안에 차오르는 것을 느꼈다.

재활에서 해방된 밤, 그 애가 낮에는 보여 주지 않는 넋 나간 표정으로 남몰래 음악에 몸을 맡기고 있었다. 그것은 매우 관능적으로 보였다. 나는 그 애의 마음을 훤히 알 것 같았다. 그런 그 애를 보고 있는 것만으로도 나도 몸이 느릿느릿 풀리는 것 같은 쾌락을 느낄 수 있었다. 그래서 나는 몇 번이나 그 애를 쳐다봤다.

거의 움직이지 않는 그 애는 쾌활한 성격이었다. 말을 하지는 않았지만, 정말 즐거워 보일 때는 만면에 웃음을 띠었다. 웃을 때는 입을 크게 벌렸다. 몸은 경직이 심해 곧은 막대기처럼 뻗어 있었고 팔은 비틀린 듯한 모양이었다. 팔다리는 가늘었지만 결코 연약한 느낌은 아니었고 골격이 좋아 힘줄과 근육이 돋보였다. 그 애의 근육은 작은 생물처럼 끊임없이 움직였지만, 몸 전체가 하나의 통일된 운동을 하는 경우는 좀처럼 없었다

"좀처럼 없었다"는 것은 가끔 있었다는 뜻이다. 그 애는 감정의 기복이 컸다. 평소에는 기분이 좋은 편이었지만 가끔 화를 낼 때면 아주 무서웠다. 화가 났을 때는 갑자기 빠른 속도로 몸을 뒤집어 빙글빙글 돌면서 이동하곤 했다. 내 배밀이와 속도가 비교가 안 될 정도로 빨랐다. 화를 낼 때 말고도 무언가 흥미로운 대상이 생겨 흥분했을 적에도 그 애는 맹렬한 속도로 뒤집기를 했다. 그리고 누군가에게 다가가기 전에

얼굴을 가만히 쳐다보는 버릇이 있었다. 문득 정신을 차리면 가만히 내 얼굴을 쳐다보고 있어서 섬뜩할 때가 많았다.

우리는 서로에게 보이는 형태로 교류하지는 않았지만, 곁눈으로 서로의 존재를 느끼며 바닥에 붙어 있었다. 그리고 마음이 내키면 상상 속에서 서로의 내면으로 들어가기도 하고 간혹 서로의 눈길을 느끼기도 하면서, 행복하지는 않지만 애틋한 시간을 보냈다.

3
걷는 아이의 방

 어느 날, 걸을 수 있는 아이들 가운데 한 아이가 일찍 목욕을 마치고 내가 있는 방으로 왔다. 걸을 수 있는 아이가 우리 방에 오는 일은 드물었다. 그 애의 몸에서는 비누 냄새가 났다. 그 냄새를 맡고서야 비로소 나는 나를 포함해 우리 방에 있는 아이들이 땀 냄새를 풍긴다는 사실을 깨닫고 깜짝 놀랐다. 걸을 수 있는 아이의 움직임은 어지러울 정도로 연달아 바뀌어서, 어쩐지 그 애 가까이에서는 시간이 빠르게 흐르는 것 같았다.

 "우리 방으로 놀러 와."

 걸을 수 있는 아이가 말했다. 나는 거절할 이유가 없다고 생각했다. 하지만 어떻게 걸을 수 있는 아이의 방까지 가면 좋을지 몰라서 "응, 좋아. 그런데……"라고 애매하게 답했다. 그러자 그 애는 "잠깐 기다려, 불러올게"라는 말을 남기고 자기 방으로 돌아갔다.

 잠시 후 걸을 수 있는 아이가 누군가의 형제인 비장애인 남자애를 데리고 왔다. 두 아이는 각자 내 한쪽 팔을 살살 잡

더니 내 몸을 끌기 시작했다. 나는 '아, 이렇게 하면 되는구나' 하고 그 애들의 행동을 묘하게 이해하며 끌려갔다. 그렇게 순식간에 걸을 수 있는 아이들의 방 앞까지 갔다.

방 입구에는 벗어 놓은 슬리퍼가 널브러져 있었다. 걷는 아이들의 빠르게 움직이는 발자국 같은 그 널브러진 슬리퍼들은 걷지 않는 아이들의 방에는 없는 광경이었다. 우리 방에는 애초에 슬리퍼가 없었다.

끌려서 방 안에 들어가니 그곳은 내가 있던 방과 완전히 다른 세계였다. 시간의 흐름부터 달랐다. 빠르게 움직이는 몸과 표정, 끊임없이 이어지는 말들. 저쪽에서 함성이 터지는가 싶으면 이쪽에서는 작은 다툼이 시작된다. 밝고, 크고, 빠른 곳.

학교 교실에 있었을 때는 나도 분명히 이런 곳에 줄곧 있었다. 그리고 나도 어떻게든 그 속도를 따라갈 수 있었을 것이다. 하지만 걷지 않는 아이들의 방을 거처로 삼은 지금의 나는 이 방의 시간 흐름이나 일어나는 일의 속도에 도저히 따라갈 수 없었다. 한꺼번에 많은 정보가 들어와서 나는 그것을 처리하지 못하고 움츠러들고 말았다. 그러다 보니 왠지 멀미가 나고 멍했다. 그리고 어렴풋이 내 방으로 돌아가고 싶다는 생각이 들었다.

잠시 후 어머니가 "뭐야, 여기 있었어? 목욕할 시간이야" 하며 방으로 들어왔다. 나는 내심 다행이라고 생각했다. 그리고 어머니는 내 몸을 일으키고 업고서 그대로 목욕탕으로 향했다.

4
여자 목욕탕

나처럼 엄마의 도움 없이는 목욕할 수 없는 애들은 캠프 기간에 여자 목욕탕을 쓰게 되어 있었다.

내가 초등학교 고학년 정도의 일이었던 것 같다.

여느 때처럼 엄마 등에 업혀 여자 목욕탕 탈의실에 들어가니 낯선 젊은 여성의 떠들썩한 목소리가 들려왔다. 어디서 나는 소리인가 싶어 주위를 둘러보니 대학생 트레이너 두 명이 눈에 들어왔다. 한 명은 까무잡잡하고 건강해 보이는 사람이었고, 다른 한 명은 피부가 하얗고 귀티 나는 분위기의 사람이었다. 두 사람은 방금 목욕을 마친 듯 머리가 젖어 있었고, 티셔츠와 스웨터 같은 편안한 차림이었다.

둘은 낮에도 상당히 눈에 띄는 행동을 하는 사람들이었다. 트레이너라는 위치에서 종종 벗어나 상황에 어울리지 않는 학생 같은 장난을 치곤 했다. 그러다가도 갑자기 성실한 트레이너처럼 행동했다가, 지위가 높은 중년 남성 트레이너에게는 아첨을 하는 등 일관성이 없는 모습이 눈에 띄었다. 당연하게도 트레이니의 부모들 가운데 그런 모습을 달가워하지 않는 이들이 많았다. 낮의 빛은 트레이너는 트레이너, 트레이니는 트레이니, 부모는 부모로서 역할을 계속 연기하기를 요구한다. 거기서 벗어나면 규칙 위반이다. 둘은 그런 질서를 흔드는 존재였다.

밤이 가진, 사람들을 더욱 해방적으로 만드는 힘은 두 사람을 더욱 자유롭게 만들었다. 그렇지 않아도 규정을 벗어난 행동을 하던 둘은 이제 선을 넘어 도가 지나친 행동을 하고 있었다.

두 사람은 나와 같은 방을 쓰는, 나보다 한 살 아래인 작은 남자애를 에워싸고 까르르 웃으며 놀고 있었다. 그 애는 혼자서는 걷지 못하지만 기면서 천천히 이동할 수 있었다. 자세히 보니 그 애는 성기를 드러낸 상태였는데, 아무래도 그 성기를 보고 그 애를 놀리는 듯했다. 그 애는 이미 목욕을 마치고 탈의실에서 어머니가 목욕을 끝내고 나오기를 기다리던 중에 둘에게 붙잡힌 것 같았다.

두 사람에게는 악의가 없었다. 그들은 자기들이 자주 하는 장난처럼 트레이너와 트레이니라는 벽을 넘어 자유로운 교류를 즐기고 있다고 여길 것이었다. 그리고 실제로 그 애도 복잡한 표정을 짓고는 있었지만, 싫어하지 않는 듯한 기색이었다.

나는 진작부터 작은 체구의 그 애도 나와 비슷하게 '패배의 관능'을 가지고 있지 않을까 추측했었다. 자기보다 어린 여자애가 그 애를 안아서 들어 올리거나 제압할 때 그 애의 표정에서 나는 관능의 면모를 간파했다. 그 애에게 직접 물어보고 확인하지는 않았으니 내가 지나치게 생각했을 수도 있다. 내 판타지를 투영한 착각일지도 모른다. 하지만 어쩐지 그런 직감이 들었다.

두 사람이 뭐라고 하는지는 잘 알아듣지 못했지만, 까무잡잡한 쪽은 좀 짓궂은 표정으로 "음, 귀엽다"라고 말하는 것 같았다. 그리고 하얀 피부 쪽에게 동의를 구하자, 그녀는 부끄러운 듯 웃으며 고개를 끄덕였다. 두 사람은 자기들의 노골적인 장난을 즐거워하는 것처럼 보였다. 하지만 까무잡잡한 쪽의 거침 없는 모습도 하얀 피부 쪽의 부끄러워하는 모습도 주어진 트레이너 역할에서 벗어나 자유로워 보인다기보다는 평소보다 더 심하게 연극을 하는 것 같은 느낌이었다.

나는 그런 두 사람의 존재에 불안을 느꼈다. 옷을 벗고 알몸이 된 내 모습을 두 사람이 눈치채지 않기를 기도할 뿐이었다. '패배의 관능을 가지고 있으면 남이 알몸을 보는 게 좋지 않냐'고 의아해할 독자가 있을지도 모르겠지만, 두 사람의 캐릭터는 나의 판타지와 맞지 않았다. 두 사람은 패배의 관능을 이해하지 못하는 것으로 보였기 때문이다.

어머니는 그런 내 마음에 아랑곳하지 않고 재빨리 내 옷을 벗기기 시작했다. 어머니의 손놀림에서 평소에 느끼지 못한 짜증이 느껴졌다. 점점 맨살이 드러나자 나는 정신이 아찔해졌다. 어머니는 담담하게 내 옷을 벗겼다. 그리고 나의 성기가 드러났다.

'쳐다보지 마, 쳐다보지 마, 쳐다보지 마.'

나는 계속 빌었다. 그러나 내 바람은 헛수고였다. 까무잡잡한 쪽이 나를 알아차리고는 큰 소리로 "아하하하!" 하고 내 쪽을 가리키고 웃었다. 곧 하얀 피부 쪽도 알아차리고 "꺄악!"

하며 두 손으로 얼굴을 감쌌다. 아, 모든 게 억지스러웠다. 역시 저 사람들이 패배의 관능을 알 리가 없었다. 그 순간 나는 갑자기 정신이 번쩍 들고 두 사람의 모든 행동이 죄다 엉터리 연극처럼 느껴졌다. 그러자 방금까지는 겁이 났는데, 거짓말처럼 당당한 마음이 되었다.

어머니는 자신도 알몸인 채 표정 하나 변하지 않고 벌거벗은 나를 안아 평소보다 빠른 걸음으로 욕탕으로 들어갔다. 나는 그 품에 안겨서, 어머니로부터 조용하고 강한 분노를 느꼈다. 나는 마음속으로 어머니에게 동의했다. 어머니에게서 전달되는 그 분노는 나를 점점 더 강하게 만들어, 그 두 사람 옆을 지나칠 때 나는 내가 할 수 있는 가장 큰 경멸의 눈빛을 보냈다.

5
자위에 열중하는 소년

목욕을 마치고 나오면 곧 소등 시간이 되어 나는 다다미에 깔린 이불 위에 누웠다. 집에서 가져온 담요로 몸을 감싼 채 두서없이 여러 가지 생각에 잠긴 채로 시간을 보냈다. 그리고 밤 아홉 시가 되면 전기가 꺼졌다.

어느 날 불이 꺼진 후 어둠 속에서 천이 스치는 소리가 들렸다. 주기적인 마찰음과 함께 박자에 맞춰 끼어드는 작은 한숨 소리로 나는 무슨 일이 벌어지고 있는지 바로 알아차렸다. 누군가 자위를 하고 있었다. 캠프에서 불이 꺼진 후 자위를 하는 것은 결코 드문 일이 아니었고 오히려 당연한 일상이었다. 별다르게 놀라지는 않았지만, '오늘은 누가 하는 걸까'라는 생각이 스쳤다. 어둠 속에서 눈을 부릅뜨고 주위를 둘러보니, 나보다 한 살 어린 작은 체구의 그 애의 담요가 꿈틀거리고 있었다.

나는 '앗' 하고 놀랐다.

그 애가 자위를 한다는 사실을 알게 된 건 이때가 처음이었다. 다른 애도 아닌 그 애가 자위하는 모습은 내게 특별한 의미가 있었다.

낮에 나는 자주 그 애의 몸속으로 상상해 들어갔다. 그 애는 나보다 더 가냘팠는데, 트레이너나 트레이니의 형제자매가 종종 장난삼아 그 애를 들어 올리거나 깔아 눕히곤 했다. 내 몸으로는 실현할 수 없을 그런 대우를 보면서 나는 그 애의 입장을 추체험하며 패배의 관능을 맛보았다.

처음으로 그 애의 자위를 알게 된 날 낮에도 그 애는 자기보다 어린 비장애 여자애에게 놀림을 당하고 있었다. 그 모습을 나는 침을 꿀꺽 삼키며 가만히 지켜보았다. 그 애는 평소처럼 천천히 기어서 어딘가로 가려 했다. 몇 미터를 움직였을 때, 여자애는 그 애의 몸을 번쩍 들어 올려서 그 애가 기어가기 시작한 지점으로 되돌려 놓았다. 그 애는 연약한 목소리로 "이제 그만해~"라고 말했고, 여자애는 짓궂은 표정을 지으며 즐거운 듯 웃었다. 그러자 그 애는 다시 움직이기 시작했다. 잠깐의 시간이 지나고 여자애가 또다시 그 애를 들어 올려서 그 애가 출발한 곳으로 끌어다 놓았다. 여자애와 그 애는 그런 행위를 몇 번이고 되풀이했다.

처음부터 끝까지, 그 과정을 나는 몸이 굳은 채 몰입하듯 지켜보았다. 몸이 흥분하고 경직되는 와중에 내 의식은 '왜 쟤는 넌더리를 내지 않고 몇 번이나 기어가는 걸까? 어차피 여자애가 다시 들어 올려 원래 자리로 되돌려 놓을 텐데'라고 의문을 품었다. 그리고 마음속으로 이런 결론에 이르렀다.

'아, 어쩌면 쟤도 이동하는 게 아니라 되돌려지는 게 목적이라서 기는구나. 일부러 지기 위해 포복 전진 시합을 반복하던 나처럼.' 그러자 묘하게 그 애의 행동이 이해가 되었다.

그런 그 애가 오늘 밤 자위를 하고 있다. 나는 마치 나 자신이 자위를 하고 있는 것 같은 기분이 들었고, 내 아랫배가 충혈되며 서서히 성기가 뻣뻣해지는 것을 느꼈다. 그리고 나는 눈을 감고 탐색하듯 그곳에 손을 내밀었다.

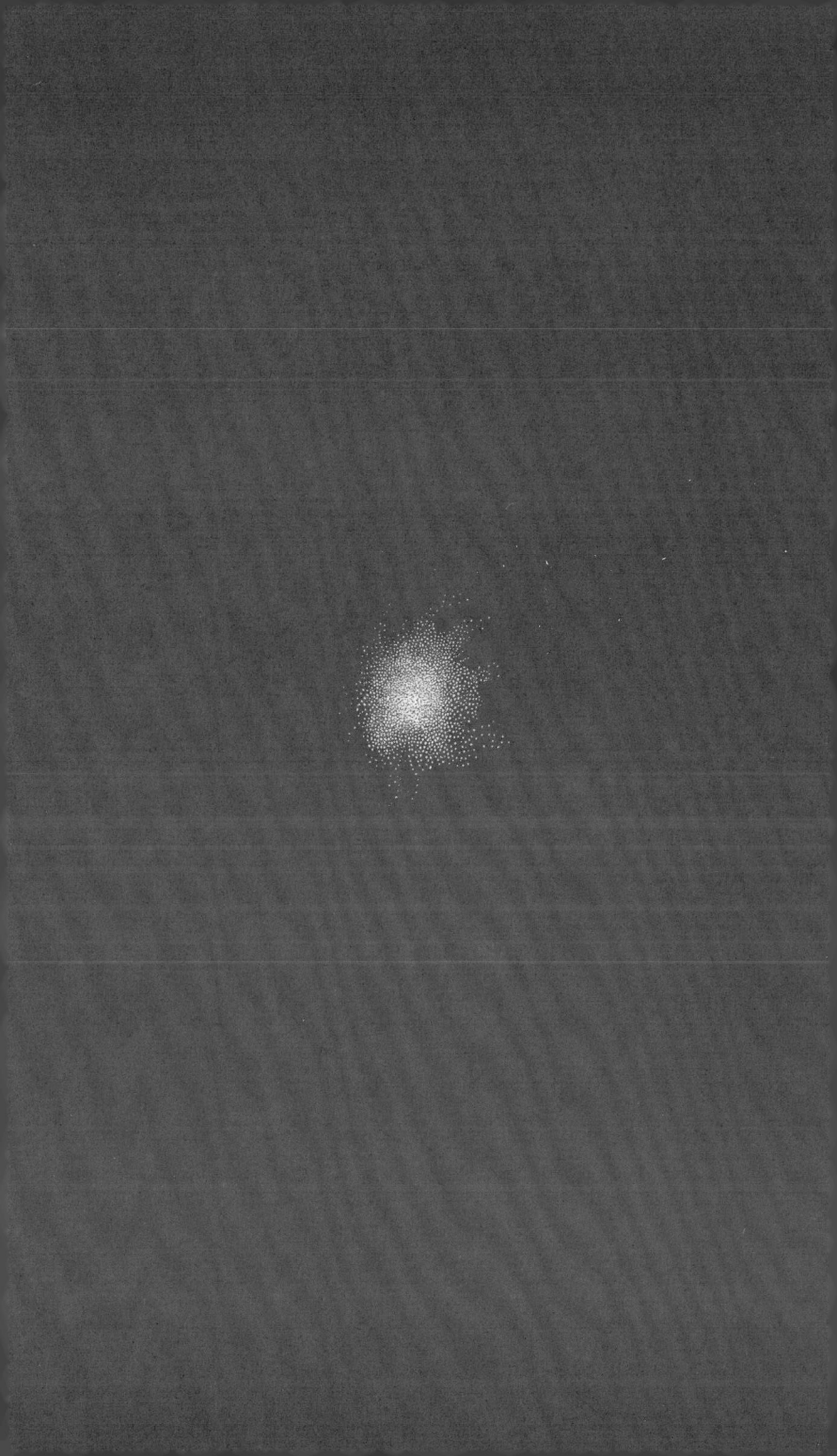

4장

탐닉

옷 밖으로 드러난 둥글고 큰 여자의 무릎에서 윤이 난다. 무릎을 꿇고 앉아 있어서인지 여자의 탄탄한 허벅지는 서 있을 때보다 더 팽팽하다. 커다란 허벅지 사이에 파묻힐 수 있도록 나는 여자에게 등을 기댄 채, 웅크리고 앉혀져 있다. 내 무릎은 조그맣고 뾰족해서 여자의 큰 무릎에 비하면 같은 인간의 몸이라고 믿기 어려울 정도다.

이런 대비對比를 보면 내 몸에 순간적으로 긴장이 흐른다. 심장이 고동치고, 목이 타고, 숨을 제대로 쉴 수 없게 된다. 의식은 하얀 안개가 끼듯 흐려지고, 힘이 서서히 빠져나간다. 몽롱한 의식 속에서 여자는 커다랗고 강력한 양팔로 내 무릎을 부드럽지만 단단하게 감싼다. 그 팔은 내 허벅지만큼이나 존재감이 있고, 나는 또 한 번 압도당하며 흥분한다.

내가 완전히 몸을 맡기고 있었던, 미동 없던 여자의 커다란 몸이 갑작스레 움직이기 시작하자 나는 기우뚱 휘청인다. 느린 동작으로 여자는 내 몸을 한 손으로 부드럽게 들어 올리면서 살짝 뒤로 젖혀 눕히고, 다른 한 손의 손바닥으로 내 뒷머리를 받쳐 들고 있다가 더욱 부드럽게 바닥에 내려놓는다.

희미한 의식의 안개 속에서 시야를 잃은 채, 나는 여자의 몸이 내 위로 덮쳐 오는 것을 느낀다. 크고 깊은 여자의 숨소리, 내 어깨를 단단히 누른 손, 몸을 휘감은 열기— 큰 힘에 내 몸을 맡기고, 천천히 녹는다…….

어릴 적부터 반복해서 이런 상상에 자신을 맡기며, 나는 온몸이 뜨겁게 달아오르며 굳곤 했다.

여성의 큰 몸에 나의 몸을 맡기는 환상의 모티브는 어쩌면 유년기부터 하루에 몇 시간씩 했던 재활의 기억이 파편화되었다가 연결되면서 나온 결과일지도 모르겠다. 실제로 나는 재활을 하던 당시부터 상대의 몸에 제압당하거나 내 팔과 굵기가 전혀 다른 상대방의 팔이 나란히 놓였을 때처럼 나와 상대의 힘이나 체구의 차이를 확실히 깨닫게 해주는 '대비'를 접할 때마다 강렬한 관능을 느꼈다.

1
대비에 빠져들다

패배의 관능에 가슴이 찢기다

재활한 날 밤에 전등이 꺼지면 외부세계로부터 정보가 거의 들어오지 않았다. 그러면 반쯤 강제적으로 의식이 몸 안쪽에서부터 온 체성감각, 기억, 사고로 향했다. 낮 동안 내 몸이 받은 재활의 흔적은 어깨, 등, 허리, 고관절 곳곳에 근육통 같은 간헐적 통증으로 남았다. 동시에 과제를 앞에 두고 계속 실패해서 느낀 초조와 치욕이 빛바랜 기억처럼 떠오른다. 그런 정서적 기억에 포개지듯, 몇 가지 시각적 기억과 촉각적 기억이 어렴풋이 되살아난다.

2장에서 자세히 썼듯 낮에 재활을 하며 트레이너와 내가 '풀면서 서로 줍는 관계'일 때, 우리의 의식은 주로 '내 팔'이나 '트레이너의 팔'처럼 연계해 함께 움직이는 접촉점을 향했다. 이러한 '내 팔'과 '트레이너의 팔' 두 몸의 접촉점은 밤이 되면 기억 속에 깊이 저장되기 때문에, 전등이 꺼진 후 떠오르는 시각적·촉각적 기억 또한 이러한 몸의 접촉점과 관련된 것이 많았다.

담요와 옅은 어둠 속에서 '내 팔'도 아니고 '트레이너의 팔'도 아닌, 그 두 팔의 '관계'가 서로 닿은 촉각과 두 팔이 대비되는 시각적 장면이 떠오른다. 그리고 그 기억에는 '정상적인 움직임'을 몸에 새기지 못한 데서 기인한 부끄러움과 굴욕감과 더불어, 타자의 신체가 내 몸을 풀고 주워 준 데서 느낀 상쾌함과 유대감이 겹겹이 쌓인다.

여태까지 이야기한 대로, 이것은 '패배의 관능'이라고도 말할 수 있다.

재활 캠프 동안 나는 매일 밤 패배의 관능에 가슴이 찢어지고, 몸이 뻣뻣해졌다가 이완되며 경련하다가 결국 잠이 들었다. 성기중심적인 쾌락을 알기 전부터 내 몸에는 초조와 치욕, 개방과 융화에 이르는 관능의 감각이 있었다.

야, 나도 좀 빌려 줘…….

나는 언제부턴가 내 작은 몸과 나약함을 눈에 띄게 드러내는 대비를 직면할 때마다 패배의 관능에 사로잡히게 되었다. 그리고 이런 대비가 재활 때로 한정되지는 않았다.

비교하는 대상의 성별과 상관없이, 내 몸이 약하고 작다는 사실이 대비되는 장면을 접할 때마다 마치 뜨거운 물에 몸을 담근 것처럼 서서히 긴장이 풀리면서 몸에 힘이 들어가지 않았다. 어느 정도 나이가 들기까지 그랬다. 머리가 멍해지고 약간 숨이 막히는데도 계속 그런 장면을 보고 싶다는 갈망이 생겼다. 그런 장면에 직면하면 신체 내 협응 구조가 풀리는 회로가 내 몸에 생기고 말았는지도 모른다. 조건반사 실험을 하는 실험실의 동물처럼.

유치원 시절, 근처에 살던 한 살 아래 남자애와 게임기 쟁탈전을 벌인 적이 있다. 나는 싱거울 정도로 쉽게 깔려 눕혀 게임기를 빼앗겼고, 그 애는 내 배 위에 올라탄 채 게임을 하며 뽐냈다. 억울하고 비참하고 울고 싶은 기분이 들고 몇 초 뒤, 관능의 물결이 나를 덮쳤다. 그 애가 올라탄 내 허리뼈 부근에서 뜨거운 것이 치밀어 올랐고 등에서 옆구리로 전기가 흐르는 듯한 쾌락이 느껴지기 시작했다. 숨이 거칠고 머리가 멍했다. 눈물이 글썽이는데, 입은 말라왔다.

쾌락을 더 얻으려고 일부러 가냘픈 목소리로 "야, 나도 좀 빌려 줘……"라고 말하니, 그 애는 "안 돼!" 하고 단호히 거절했다. 그 순간 다시금 커다란 쾌락의 물결이 밀려 왔다.

여자애에게 호되게 당하는 남자애

초등학교 2~3학년 정도가 되자 동성애 혐오 규범을 세뇌당한 탓인지, 관능적 대조를 불러일으키는 대상이 여성으로 한정되기 시작했다.

예를 들어 초등학교 시절, 같은 반에는 남자애를 이길 수 있는 여자애가 대개 몇 명 있어서 싸움을 하면 여자애들이 남자애들을 제압하는 광경이 벌어졌다. 나는 그런 광경을 숨죽여 지켜보곤 했다. 발기나 사정 같은 남성의 성기를 중심으로 한 관능의 자극을 모르던 시절부터 '여자아이에게 호되게 당하는 남자애'의 풍경은 나의 시선을 사로잡았다.

그런 장면을 보면 공포를 느낄 때와 마찬가지로 거친 호흡과 갈증에 더해 손바닥이 축축하게 젖거나 등이 오싹해졌다. 그러나 동시에 공포와 분명히 다른 감각, 그러니까 몸의 경직이 안쪽부터 풀리는 것 같은 감각이나 간지러움과 비슷한 감각도 느껴졌다. 공포를 느끼면 몸이 확 쪼그라들어 움츠러드는 느낌인데, 여자애에게 호되게 당하는 남자애를 볼 때는 몸의 곳곳이 뿔뿔이 흩어지는 감각, 몸이 쪼그라든다기보다는 열리는 느낌이었다.

남자애가 여자애한테 혼쭐 나는 모습을 보며 그 남자애에게 나 자신을 겹쳐서 흥분할 뿐만 아니라, 실제로 여자애한테 그런 일을 당하기도 했다. 초등학교 저학년 시절 음악이나 체육 수업을 하러 다른 교실로 이동하기 위해 반 애들이 내 몸을 옮겨 줄 때가 그랬다.

보통 남자애가 나의 이동을 돕지만, 힘에 자신 있는 여자애가 가끔 도와주곤 했다. 나의 뒤에서 내 연약한 팔의 두 배는 될 것 같은 묵직한 팔이 겨드랑이 밑으로 들어온다. 두툼한 팔이 내 가슴 앞으로 깍지를 껴서 나를 번쩍 들어 올려 옮긴다. 이동하던 도중에 여자애는 장난삼아 "걷는 연습을 할래?" 하며 말을 걸었고, 내 발이 바닥에 닿을 정도로 내려놓고서 "자, 오른발 내밀어 봐"라고 명령했다. 그러자 나는 머리가 멍해져서 제대로 생각을 할 수 없게 됐다. 몸에서 힘이 빠져 내 체중을 제대로 지탱할 수 없었다. 의식이 옅어지는 가운데 '이 큰 몸에 내 몸을 맡기고, 명령에 내 움직임을 내맡길 수 있다면 얼마나 기분이 좋을까' 싶어 몸이 덜덜 떨렸다. 그리고 힘이 들어가지 않는 몸을 명령받은 대로 움직여 본다. 잘 움직일 수 없다는 사실은 이미 알고 있다. 잘 움직이지 못하니까 패배의 관능이 생긴다. 그래서 나는 더욱 기대에 차서, 명령받은 대로 오른발을 앞으로 내밀려 하는 것이다. 나의 서투른 움직임에 기다리다 지친 여자애가 어쩔 수 없다는 듯 나를 안아서 들어 올리기를 마음속으로 기다리면서.

다이어트로 강렬한 쾌감을 되찾다

이러한 대비에 대한 관능적 집착은 중학생 때 절정에 달했다. 이 무렵부터 나는 단순히 내 몸보다 크고 강한 몸을 찾아 다니는 데 그치지 않고, 내 몸이 대비에 걸맞게 약하고 작은 상태를 유지하고 있는지 스스로를 감시하기 시작했다. 그 계기 중 하나로 초등학교 고학년이 된 내가 살이 찌기 시작했다는 점을 꼽을 수 있을 것 같다.

초등학교 고학년이 되자, 가냘프고 작은 체격이던 나는 어느새 '고니시키小錦'라는 별명을 들을 정도로 변해 버렸다.

※ 커다란 체격의 미국 출신 스모 선수(옮긴이).

그런 변화로 인해 나를 번쩍 들어 올릴 애들이 남녀 할 것 없이 모두 사라져 버렸다. 아마도 나는 이때 처음으로 관능적인 대비에 어울리는 '약하고 작은 나'라는 자아상이 거저 주어지는 게 아니라, 유지하기 위해 스스로 계속 감시하고 조절해야 하는 것이라는 사실을 깨닫게 됐을 것이다.

초등학생 때는 크게 개의치 않았지만, 중학교에 입학하고 나서 다른 사람한테 내가 어떻게 보일지 갑자기 신경 쓰기 시작한 나는 다이어트를 시작했다.

약 5킬로그램 정도 살을 빼자 그간 잠들어 있던 대비에 대한 관능을 오랜만에 경험했다. 의자에 제대로 앉지 못해 넘어질 뻔한 나를 본 뒷자리에 앉은 여학생이 나를 안아서 들어 올려 의자에 앉혀 준 것이다. 그때 맛본 강렬한 쾌락은 다이어트에 박차를 가하기에 충분한 보상이었다.

지금도 계속되는 구토 습관

어느새 나는 집에서 식사할 때 식탁 옆에 언제든 먹은 음식을 토할 수 있도록 세숫대야를 두는 지경에 이르렀다. 당시에는 '섭식장애'라는 말이 거의 알려져 있지 않아서 가족 역시 그다지 큰 문제로 여기지 않았다. 토하고 싶으면 토하라는 식으로 대수롭지 않게 넘어갔다.

가족의 이런 협력이 있어서인지 나는 10킬로그램 가량 감량에 성공했다. 다이어트가 한창일 때 내 키는 156센티미터, 몸무게는 34킬로그램이었다. '음, 이 정도면 괜찮은 것 같다.' 짝이 바뀔 때마다 옆자리에 앉은 여자애들한테 몸무게를 물어보고서 내가 더 가볍다는 걸 확인하고는 흐뭇해하며 웃었다. 여자애들은 아마 싫어했을 것이다.

하지만 그 후로는 다이어트 노력도 허무하게, 기대한 만큼 관능을 맛볼 기회는 찾아오지 않았다. 몇 년이 지나자 다이어트 충동도 그럭저럭 수그러들었다.

하지만 이때 습득한 다이어트 의존 행동addictive behavior은 지금도 가끔 나타난다. 술자리에서 권하는 대로 무심코 과식하고 나면 나중에 혼자 있을 때 화장실로 달려가기를 아직도 계속하고 있다.

화장실에서 토하고 나면 속이 아주 시원하다. 그 개운함은 단지 배의 압박감이 사라졌기 때문만은 아니라, 자기 관리에 실패해 과식했다는 죄책감이 없어졌기 때문에 생긴다.

2
받아들일 수 없는 섹스

성인잡지를 보고 울적해지다

중학생이 되자 사춘기의 열기로 가득 찬 교실에서 남자애들은 날이면 날마다 누군가가 갖고 온 새로운 성적 자극에 몰두했다. 조금씩이긴 했지만 나도 또래 남자애들과 마찬가지로 그런 정보에 서서히 노출되기 시작했다.

하지만 나는 부모님이 학교에 동행했기 때문에 다른 친구들처럼 하굣길에 수상한 서점에 들러 자극적인 책이나 잡지를 구경할 일이 없었다. 그때 남자애들이 할 수 있는 일이라곤 학교에서 누군가 주워온 성인잡지를 보거나, 아버지가 숨겨둔 성인 비디오를 우연히 발견한 친구가 학교에 비디오를 가져와 모두 함께 누군가의 집에 가서 보는 정도여서 나는 그런 것을 제대로 접한 적이 없었다.

그런 나를 불쌍히 여겼는지 남자애들은 쉬는 시간이 되면 이동을 못 하는 나의 자리 근처로 와서는 내 책상 위에 누군가 구해온 수상쩍은 잡지를 펼쳐놓고 여자애들의 눈에 띄지 않도록 내 주위를 벽처럼 둘러싸곤 했다.

덕분에 나는 특등석에 앉은 것처럼 그 잡지를 볼 수 있었지만, 솔직히 말해 별로 즐겁지 않았다. 굳이 표현하자면 내 기분은 울적했다. '내게는 닿지 않을 세계구나' 하는 소외감이 앞섰기 때문이었다.

트레이너와 다를 바 없는 성인잡지 속 남자

애초에 나는 성인잡지에 나오는 남자들처럼 체위를 취할 수 없다. 성인잡지에서 여자 배우는 교태를 부리며 남자 배우를 유혹하고, 남자 배우는 여자 배우 위로 격하게 올라가 몸을 비빈다. 아마도 남자는 격렬하게 허리를 움직일 것이고, 여자는 황홀한 표정을 지을 것이다. 그런 사진 앞에서 나는 밀어붙이는 남자를 보며 '내가 이런 식으로 몸을 움직일 수는 없을 텐데'라고 생각했다.

아마도 남자애들은 잡지 속 남자 배우의 움직임이 지금까지 해서는 안 되는 일로 여기던 규범을 깨뜨린다고 느껴 고양되었을 것이다. 남자 배우는 소년들을 기존의 규범에서 해방으로 이끄는 선구자이자 선망의 대상이었을지도 모른다. 하지만 나에게 남자 배우의 움직임은 걷기나 뛰기처럼 나는 수행할 수 없는 움식임일 뿐이었다. 그렇기에 남자 배우는 나에게 규범에서 해방으로 이끄는 존재이기는커녕, 거꾸로 '섹스 방법'이라는 규범적 움직임을 지도하는 새 선생님에 불과했다. 또래 남자애들이 이내 습득하게 될 '섹스 방법'을 지도하는 남자 배우는 내게 트레이너와 다를 바 없었다.

쉬는 시간을 최대한 활용해 내 책상에서 한바탕 잡지를 공들여 훑은 남자애들은 수업 시작 종이 울리면 순식간에 사방팔방으로 흩어졌다. 잡지를 깜빡 잊고 내 책상 위에 그대로 놓고 간 탓에 반 애들 모두 내가 혼자서 물끄러미 잡지를 바라보는 모습을 보고 말아서 허둥대며 책상 밑으로 잡지를 숨기기도 했다. 그럴 때마다 나는 솔직히 성인잡지가 그다지 좋지도 않은데 나 혼자 선생님에게 혼나거나 여자애들에게 경멸당할 위험을 떠안는 게 부당하다고 생각했다.

'응시당하는 나'를 욕망하는 나

이입할 수 없는 성인잡지 대신 나를 사로잡은 것은, 작고 가냘픈 중학생 정도의 남자애가 같은 학년이나 크고 힘센 연하의 여자애에게 놀림을 당하는 장면이 그려진 책 삽화나 만화였다. 그림으로 표현된 만큼 둘의 체격이나 체력 차이는 과장되게 묘사되어 있었다. 여자애가 자신의 다리 하나 정도 되는 체격의 남자애를 들어 올리거나 깔아 눕히는 장면이 그려져 있기도 했다.

이런 만화를 보면서 나는 남자애와 여자애의 허벅지나 팔뚝 굵기를 꼼꼼히 비교하기 시작했다. 여자애가 남자애를 양팔로 들어 올리는지, 팔로 들어 올리는지, 가볍게 들어 올리는지 등 힘의 차이도 살펴봤다. 바로 이런 대비 장면이 나를 서서히 흥분하게 만들었다.

이 무렵 나는 나처럼 대비를 통해 성적 흥분을 얻는 사람들이 세상에 적지 않다는 것을 알게 되었다. 혼자가 아닌 것 같아 안도하는 한편, 소위 '규범을 벗어난 성적 지향의 소유자'라는 최후통첩을 받은 것 같은 기분이 들어 당황스러움도 느꼈다.

그 후, 그런 내용의 포르노도 있다는 사실도 알게 되었다. 키가 180센티미터 정도인 근육질 여성이 키 150센티미터 미만, 몸무게 40킬로그램 미만인 작은 남성을 들어 올리고 놀리는 내용이었다. 동영상, 그것도 실제 사람이 나온다는 점은 만화와 다른 방식으로 자극적이었지만 반면 만화처럼 자극적인 포인트가 순화되어 있지 않고 노골적이라 흥을 깨거나 방해가 되는 경우도 많았다.

그런 동영상을 보며 나는 남자들이 좀 더 편안히 움직이면 좋겠다거나 좀 더 고운 얼굴이면 좋겠다고 생각했고, 또 좀 더 소극적이면 좋겠다거나 놀림 받기를 싫어하는 모습을 잘 연기했으면 좋겠다는 불만을 품었다.

반면 몸집이 큰 여자 쪽은 얼굴이 보이지 않는 편이 좋겠다고 생각했다. 아무래도 얼굴이 나오면 여자의 내면이 정보로 전달되니까 남자에게 집중할 수 없었다. 나는 화면에 비친 작은 남자에게 나 자신을 겹쳐 보고 있었다. 큰 여자의 시선을 매개로, 나는 투명한 나를 보고 있던 것이다.

3
규범, 긴장, 관능

규범 수용에 실패해 긴장한 몸

내가 거식拒食과 패배의 관능에 열중하게 된 일화는 규범을 받아들이는 데 실패한 사람이 빠지는 전형적인 한 가지 방식일 수도 있다. 재활 현장에서 '어쩔 수 없이 규범을 일탈한 내 몸'을 반복적으로 마주해야 했던 경험과 이러한 탐닉의 계기가 무관하다고 볼 수는 없다.

사람은 누구나 성장 단계에서 타인의 시선 하에 규범을 익힌다. 그럭저럭 규범을 습득하게 되면, 타인이 없더라도 스스로 자신을 감시하게 된다. 또 규범을 몸의 일부인 것처럼 당연하게 여기게 되면 자신이나 타인에게서 나온 감시의 눈길을 의식하지 않아도 되는 상황, 말하자면 '마음 가는 대로 해도 규범을 어기지 않는' 상황이 된다.

즉 자신의 자유의지에 따라 주체적으로 움직이고 있다는 감각을 유지한 채로 규범에서 벗어나지 않은 상태가 될 수 있다는 말이다. 만약 이런 '시선'이나 '규범'이 세상에 대한 예측이나 행동원칙을 구성하는 내부 모델의 다른 형태라고 가정한다면, 규범에서 벗어나지 않은 상태는 타인의 내부 모델을 자신의 내부 모델로 받아들인 상태라고도 할 수 있을 것이다.

그러나 규범을 받아들이는 데 실패한 나는 시선이나 규범에 끝내 동화되지 못했고, 나를 감시하는 불특정 다수의 타인과 나 자신의 시선을 계속 따끔따끔 아프게 느끼게 되었다. (그림 4-1) 이는 1장에서 언급한 '비장애인용 내부 모델'과 '실제 신체의 내부 모델' 두 가지가 일치하지 않는 나의 몸과 같은 경우다.

규범을 받아들이는 데 성공한 몸은 내부 모델의 예측적 제어로 움직이므로 유연하고 부드러우며 몸의 긴장도가 낮다. 반면 나처럼 규범 수용에 실패한 몸은 가뜩이나 경직된 몸을 더 긴장한 채로 움직이게 된다.

나의 움직임을 주워줄 타자가 있는가, 없는가

규범 수용에 실패하여 경직된 내게 패배의 관능이 싹텄다.

패배의 관능이란 '정상적인 움직임' 규범을 내 몸에 새기는 데 실패했을 때 느낀 치욕스러움이고, 경직된 신체 내 협응 구조가 스스로 부서지듯 풀리며 흐물흐물해진 내 몸을 타자가 주워줄 때 느낀 개방감과 유대감이 겹쳤을 때 느낄 수 있다고 앞에서 설명했다.

패배의 관능은 규범을 둘러싼 '응시하고/응시당하는 관계' 속에서 '언제쯤 나의 서툰 움직임을 허용해 주려나', '어서

[그림 4-1]

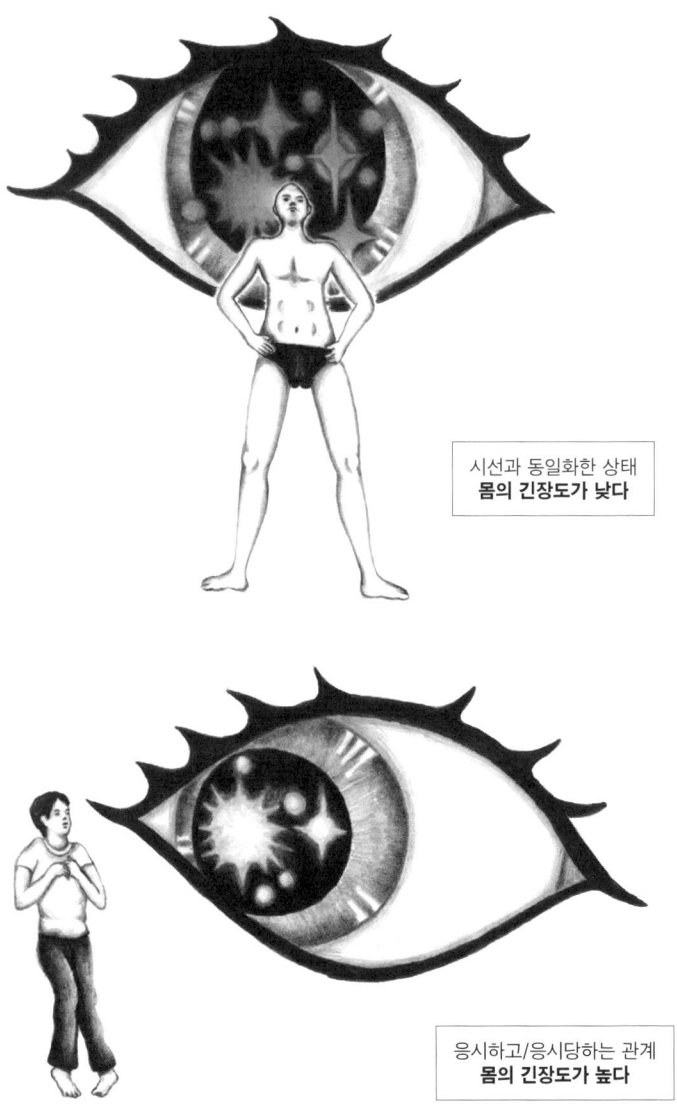

[그림 4-2]

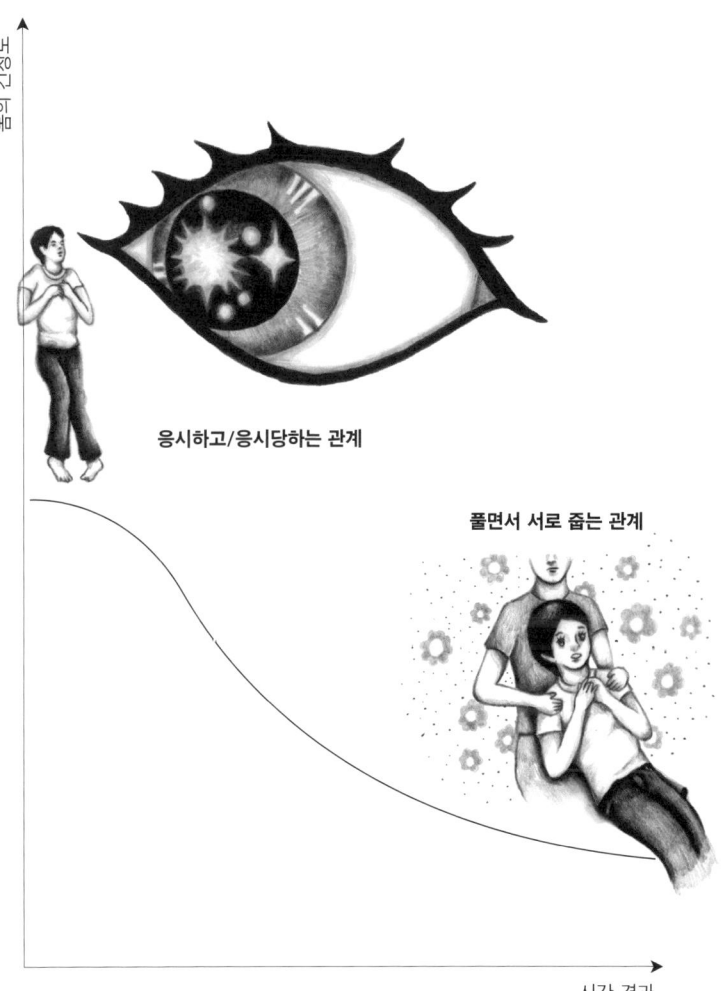

나의 움직임을 주워주면 좋겠다'고 계속 바라던 내가, 마침내 허락을 받고 규범 이전의 '풀면서 서로 줍는 관계'로 변화할 때 북받쳐 올라온 흥분이기도 하다. (그림 4-2)

이 이행을 통해 규범과 내부 모델은 서서히 융해되고, 동시에 경직된 내 몸은 점차 더욱 유연해진다. 그리고 1장에서 썼듯 내부 모델을 잃은 내 몸은 앞으로 어떤 움직임이 올지 예측한 자세를 취할 수 없으므로, 외부세계에서 들어오는 감각에 민감해지게 된다.

이 패배의 관능은 풀린 내 몸을 주워줄 타자가 없으면 끝나지 않는다. 하지만 규범에서 벗어난 내 몸을 주워줄 타자는 대체 어디에 있는 것일까?

내 눈앞에 나타난 타자는 대부분 말없이 나를 응시할 뿐, 무슨 생각을 하는지 알 수 없다. 눈앞의 타자는 과제 훈련 때의 트레이너처럼 내가 움직임을 습득하지 못하는 모습을 보며 마음속으로 판단하고 비난하고 있을지도 모른다. 그 사람이 나를 주워 줄 타자일 것이라는 보장은 어디에도 없다. 그래서 나는 타자에게 몸을 맡기듯 몸을 풀 수 없다. 생각을 읽어낼 수 없는 타자 앞에서 도리어 더욱더 몸이 뻣뻣해진다.

그리고 그 뻣뻣함이 극에 달하면, 포복 전진 시합 때처럼 결국 스스로 부서진다.

이렇게 나는 내 움직임이 주워지기 직전 뻣뻣함과 스스로 무너짐을 되풀이하는 운동의 굴레에 빠진다. 주워지지 않는 그런 반복 운동 자체에도 쾌락은 깃들어 있다. 그러나 타자에게 움직임이 주워지지 않는 한, '또 주워지지 않았구나' 하며 허무함이 남는다. (그림 4-3)

규범 바꿔치기

'정상적인 움직임'이라는 규범에 융합될 수 없던 나는 규범에 끊임없이 응시당하는 재활 상황에서 빠져나와, 타자와 '풀면서 서로 줍는 관계'에 도달하기를 꿈꿨다.

대비에 관능을 느끼는 동안에도 '나의 가느다란 팔'도 '상대의 굵은 팔'도 아닌 그 사이에 있는 '관계'에 대해 한없이 생각했다. 나를 풀어주고 주워줄 타자의 존재를 상상한 것이다. 그러나 현실에서 그런 타자는 영원히 나타나지 않았다.

나는 자신을 객체화하는 데 익숙해졌고, 타자가 나타나지 않는 이유를 다시금 내 몸 탓으로 돌리고 좀 더 약하고 작아진다면 나를 주워줄 타자가 나타날 것이라 기대하며 '다이어트'라는 또 다른 목표를 세웠다. 이 순간, 나는 다시금 스스로 또 다른 감시의 시선에 휘말린 것이었다.

대비에서 비롯된 관능이 다이어트 충동으로 옮겨 가면서, '나의 가느다란 팔'과 '상대의 굵은 팔'을 대비하기보다는 관계성에서 분리된 '나의 가느다란 팔'에 집중하게 됐다고 할 수 있을 것이다. 그 과정에서 '정상적인 움직임' 규범에서 해방되는 대신 '마른 몸'이라는 또 다른 새 규범을 내 몸에 가지

[그림 4-3]

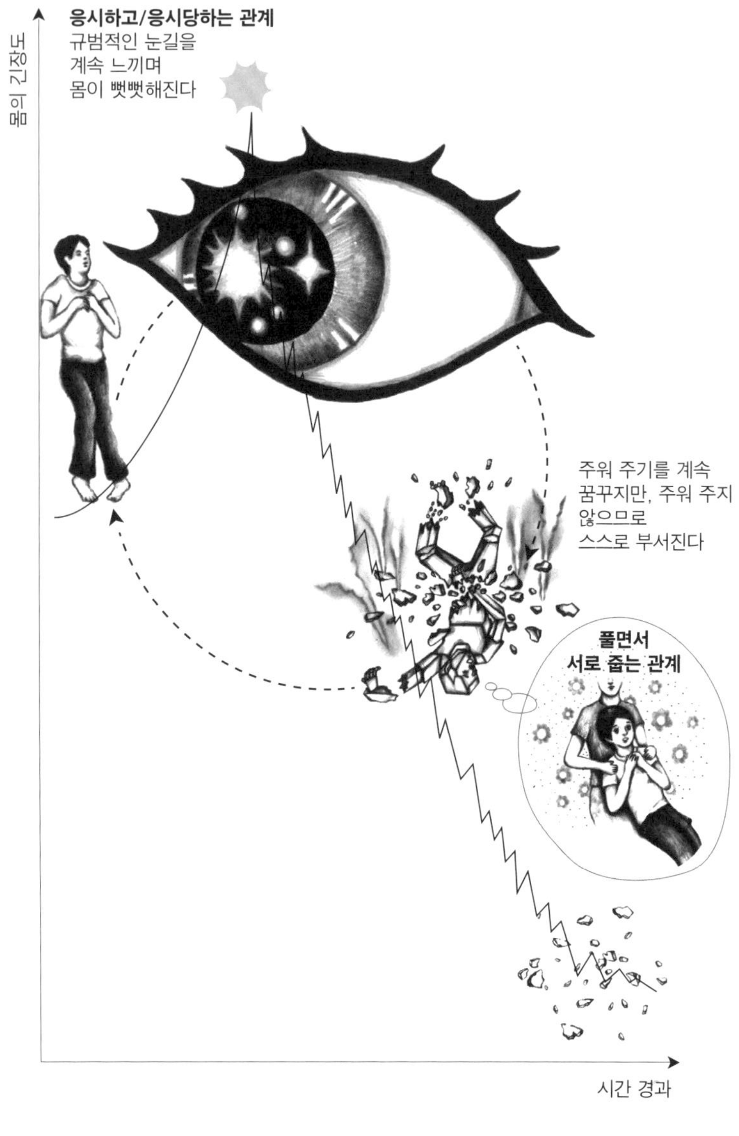

몸의 긴장도 ↑

응시하고/응시당하는 관계
규범적인 눈길을
계속 느끼며
몸이 뻣뻣해진다

주워 주기를 계속
꿈꾸지만, 주워 주지
않으므로
스스로 부서진다

**풀면서
서로 줍는 관계**

시간 경과 →

고 들어왔다. 규범으로부터 '해방'된 것이 아니라, 다른 규범으로 '대체'한 것이라 할 수 있다.

나밖에 없는 세계에 열중하다

2장에서 과제 훈련 중인 트레이너와 트레이니의 관계를 통해 살펴봤듯, 과제 훈련 중의 트레이너는 살아 있는 육체를 지니고 있으면서 나의 움직임을 '풀면서 주워줄 타자'라기보다는 손도 시야도 닿지 않는 높은 곳에서 나를 일방적으로 응시할 뿐인 '초월적 타자'였다. 그리고 그 시선은 오직 나를 향하고 있었다.

이러한 트레이너와 '응시하고/응시당하는 관계'에 휘말린 나는 '풀면서 주워줄 타자'와 관계로는 연결될 수 없었다. 나밖에 없는 닫힌 세계 속에서, 형체가 없고 교섭도 불가능한 규범에 응시당하고 있었다.

거식 때에도 동일한 일이 생겼다. 지금 돌아보면, 마른 체형 규범을 둘러싼 '응시하고/응시당하는 관계' 속에서 다이어트를 열심히 했던 때의 나는 과제 훈련 때와 마찬가지로 대부분의 시간 동안 나 자신만 보고 있었던 것 같다. 패배의 관능은 내 몸을 주워 줄 살아 있는 육체를 지닌 타자의 존재 없이는 완성되지 않을 텐데, 다이어트를 하던 내게 그런 교섭 가능한 타자는 없었다. 여기에서도 나는 나밖에 없는 세계 속에서 보이지 않는 커다란 존재로부터 감시의 눈길을 느끼며 홀로 계속 토하고 있었다.

내가 거식을 통해 경험한 것은 규범을 받아들이는 데 실패한 인간이 규범의 내용을 대체했으면서도 결국 자기를 감시하는 시선에서 도망치지 못하고 나밖에 없는 세계에 홀로 열중하는 일이었다. 그곳에 교섭할 수 있는, 살아 숨 쉬는 타자는 없었다.

나와 포르노 남자 배우: 유사점과 차이점

'정상적인 움직임'이라는 규범을 받아들이는 데 실패한 나는 혼자서 계속 토했다. 한편 또래 남학생들은 대부분 '정상적인 움직임'을 받아들이는 데 성공해, 규범과 본인의 자유의지나 욕망을 구별할 수 없게 되었다. 규범은 무의식적인 운동 프로그램이 되어 1장에서 언급한 운동이 일어나는 1단계 수준(보조운동영역·전 운동피질에서 앞으로 수행할 운동 프로그램을 만드는 단계), 즉 의지가 무의식 저편에서 미리 만들어져 있는 정도로 각인되기 때문에 규범을 외부의 구속으로는 느낄 수 없게 된다. 자기 내부에서 스스로 생긴 것으로 규범을 느끼게 되는 것이다. 이와 동시에 운동의 결과를 예측하는 내부 모델도 완성되기 때문에 또래 남학생들의 움직임은 더욱 유연하고 부드러우며 망설임 없는 것이 되었고, 몸의 긴장도는 점차 약해졌다.

긴장도의 초기값이 높은 나의 몸과 초기값이 낮은 동급

생의 몸을 보면, 관능의 형식도 다를 것이라는 생각이 든다. 예를 들어 전형적인 남성용 포르노의 전개에서 몸의 긴장도 변화 추이를 살펴보면 다음과 같은 궤적을 그린다.

처음에는 이완되어 있던 남자 배우의 몸이 오르가슴을 향해 서서히 긴장을 고조시키다가, 사정에 이르면 스스로 무너지듯 부들부들 떨며 에너지를 방출하고, 이후 불쾌한 느낌의 묵직하고 느슨한 몸으로 되돌아온다.

가로축에 시간 경과, 세로축에 몸의 긴장도를 놓고 궤적을 그래프로 그리면, 오르가슴 전후로 긴장도가 서서히 높아지는 '상승기'와 긴장도가 급속히 사라지는 '급속 하강기' 두 구간으로 나눌 수 있다. (그림 4-4)

이 궤적은 포복 전진 시합에서 졌을 때나 과제 훈련에 실패했을 때, '응시하고/응시당하는 관계'에서 몸이 풀리는 방식과 유사하다. 다만 나의 경우는 긴장의 초기값이 또래 남학생들보다 높았다. 나의 궤적을 보면 목표를 앞에 두고 초조해하며 흥분한 내가 목표에 도달하지 못한 채 스스로 무너지듯 '한꺼번에' 근육의 긴장이 풀리는데, 풀리고 난 후에는 나의 몸을 지탱할 수 없어 홀로 부서져 떨어진다.

반면에 스트레칭을 할 때 느낀 '풀리며 주워진' 관능의 형식은 이와 다르다. 처음부터 긴장하고 있는 내게 관능을 얻

[그림 4-4]

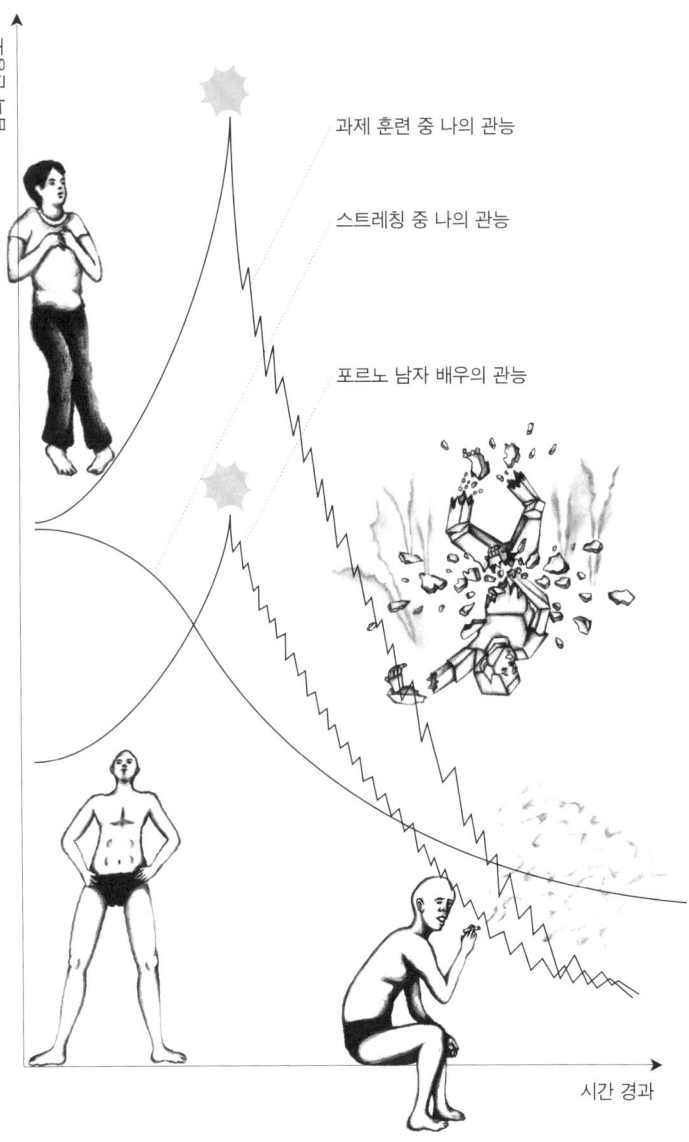

기 위한 '상승기'는 필수적이지 않고, 그저 눈을 감고 몸을 맡기고 풀기만 하면 접칼 현상처럼 긴장에서 이완으로 이르는 관능을 맛볼 수가 있다.

패배의 관능이야말로 쾌락의 조건?

접칼 현상을 설명하며 살폈듯, 관능의 기본적인 모티브가 긴장과 이완의 진폭에 있다고 한다면 규범을 받아들이고 이완된 신체가 관능을 맛보기 위해서는 먼저 긴장도를 높이는 과정이 필요하다. 즉 '상승기'가 이 과정에 해당한다.

나처럼 언제 규범에서 벗어날지 몰라 방심할 수 없는 몸이라면, 초조함과 경직의 악순환으로 인해 '상승기'가 일어나기 쉽다. 그렇다면 규범을 깊이 내면화하여 순조롭게 수행할 수 있는 '정상적인' 신체에 초조함과 경직이 생기는 동기와 원인은 무엇일까?

문화인류학자 오다 히로시小田亮는 "성적 쾌락에는 남녀 구분 없이 프로이트가 말한 '유아 성욕'과 유사한 수동성과 사회적 인격 상실 같은 특징이 있다"고 했다. 그의 의견을 내가 이 책에서 쓰고 있는 말로 바꾸면, "남녀에게 공통된 성적 쾌락의 조건은 좋든 싫든 (수동적으로) 규범에서 벗어나는 패배의 관능에서 비롯된다"는 소리이다. 또 오다는 남성의 경우 이러한 '수동적 일탈' 관능의 기저에 있는 동기가 근대적 금욕주의와 성과주의에 의해 변질되었다고 주장한다.

구체적으로 설명하자면, "근대 사회에서 자위가 '문제시' 되는 한편으로 포르노그래피를 통한 자위의 일반화로 인해서 성sexuality이 성기 중심으로 국소화"되었기 때문에, "남성의 몸 전체의 성감과 수동적 성적 쾌락 인지가 저해"되었다는 것이다. 또 근대 이후 "남자들이 삽입, 즉 목표 달성을 두고 서로 경합하는 공격적·능동적인 성의 자유 경쟁"에 따른 '성과주의'로 인해 남성에게는 상대에게 몸을 맡기는 수동적인 성이 허용되지 않게 되었다.

능동성·공격성 경쟁으로 만들어진 '남성성'과 이에 수반된 수동적 에로스에 대한 억압은 '보는 남자/보여지는 여자'와 같은 성별의 비대칭성을 강화시켰다. 내가 매료된 '응시당하는 남자' 도식은 이 비대칭성이 역전된 결과라고도 할 수 있다.

남자는 자신을 여자 배우에게 동일시하는가?

또 오다는 "현대 포르노에서 여자 배우는 성적 수치심, 엑스터시ecstasy, 순종에 의해 사회적 인격을 잃는 진부한 줄거리를 따르는 데 비해, 남자 배우는 사회적 인격이 바뀌지도 잃지도 않게 그려져 있다"고 지적했다. 이 때문에 남성은 여성에게 수치심을 주고 굴복시키는 것이 쾌감이라 인식하고, 남성 자신도 그렇게 생각하게 된다.

오다는 "포르노를 보는 남성이 포르노에 등장하는 남성

에게 자신을 동일시하며 여성을 굴복시키고 있다는 쾌감을 느끼는 건 아마 아닐 것"이라고 했다. 그리고 "남성이 포르노그래피에 매료되는 이유는 여성이 체현하고 있는 수동성·수용성에 대한 동경에 있다"고 본 호로비츠Gad Horowitz와 코프먼Michael Kaufman의 이론❋을 인용하며, "현대의 포르노는 남근적 섹슈얼리티의 환상을 유지시키는 동시에 포르노 속 여성의 사회적 인격 상실에 자신의 성욕을 동조하도록 하는 특수한 형태로 남성들에게 수동적인 성적 쾌락을 준다"는 가설을 제기했다.

오다의 가설에 따르면, 포르노를 보며 몸을 긴장시키는 남성은 상상을 통한 운동 이미지 수용 작업을 통해 여성의 패배의 관능을 재현하고 있다고 할 수 있다. 남성으로 인해 규범을 침범당한 여성의 관능을 이미지를 따라 재현함으로써 높아진 긴장이 남성의 '상승기'를 촉발한다는 주장이다.

하지만 중학생 때 밖 아이들이 보인 그 격렬한 '상승'을 여성의 수동적·수용적인 움직임 이미지에 대한 상상의 재현만

❋ 캐나다의 정치학자 호로비츠와 사회학자 코프먼은 프로이트의 정신분석학과 래디컬 페미니즘을 바탕으로, 포르노그래피가 '남성은 능동적이고 여성은 수동적'이라는 성별이분법적 고정관념을 강화한다고 주장했다. 또한 남성이 포르노의 수동적 여성상을 통하여 사회적으로 금지된 연약함이나 수동성, 수용성을 대리만족하고 있다고 의견을 제시했다. 이런 논의는 권력과 욕망의 관계를 분석하고 남성성을 재정의했다는 점에서 평가되었으나, 남성을 일반화하고 여성의 성적 주체성을 설명하지 못한다는 등의 비판도 받았다(옮긴이).

으로 과연 설명할 수 있을까? 타인을 상상하는 재현은 그리 간단한 과정이 아니며, 그걸 할 수 있으려면 내가 브레이크 댄스 이미지를 이해하고 학습했던 때처럼 경험과 연습이 필요하다. 오다 역시 "포르노를 보는 행위는 (…) 본능이나 이성애적 욕망만으로 성립하지 않고, 단련이 필요하다. 단련하지 않으면 포르노 속 여성의 수동적인 쾌락에 자신을 동일시해 포르노를 볼 수 없고, 현실에서 하는 성교를 대체하는 지루한 행위로만 포르노를 파악할 수밖에 없다"고 했다.

이제 막 포르노를 보기 시작한 중학생 남자애들이 여성에 대한 동일시를 제대로 수행했을 것이라고는 보기 어렵다. 그런데도 남자애들은 포르노를 보며 몸을 뻣뻣하게 하고 있었다. 그렇다면 남자애들을 상승기로 이끈 동인은 패배의 관능의 재현이 아닌, 다른 무언가가 아닐까?

일부러 하는 일탈과 마지못해 하는 일탈

아마도 남자애들은 '해서는 안 될 일'을 하는 행위 자체로 자신들의 몸을 뻣뻣하게 했을 것이라고 나는 생각한다. 화장실에서 피우는 담배 맛과 같은 이치다.

사춘기가 되면 왠지 종종 '규범을 침범'하며 나쁜 사람인 척 굴려고 앞을 다투고 갖은 방법을 동원해 정해진 규칙을 벗어나려 도전한다. 규범에서 벗어났을 때의 경험은 조마조마한 초조함과 경직을 불러일으키므로 감미롭다. '이렇게 행동하면 이렇게 된다'는 규범에 의해 보장된 질서를 벗어나 내부 모델은 효력이 정지되고, 감각이 점점 예민해진다.

이러한 상승기 과정은 내가 포복 전진 시합 때 느낀 초조함과 경직의 악순환과 비슷해 보이지만, 차이점도 있다. 중학생 남자애들에게 '규범을 침범'하는 일이 나쁜 사람인 척 굴려는 의지에 따라 '일부러 규범에서 일탈하는 과정'인 반면, 포복 전진 시합 때 느낀 나의 패배의 관능은 신체적 한계로 인해 '마지못해 규범에서 벗어나는 과정'이라는 점이다.

전자의 '일부러 하는 일탈'이라는 관능의 형식은 곤란한 문제를 안고 있다. 일탈이 '이 규범은 내가 지킬 게 아니다'라는 형태로만 드러나고, 규범을 대체할 구체적인 움직임이 무엇인지는 알려 주지 않기 때문이다. 따라서 일탈을 '일부러 하는 것'이라고 목표를 설정하는 한, 규범을 일탈하는 이는 어떻게 움직여야 좋을지 모르고 일시 정지되어 있다.

이렇듯 일부러 하는 일탈이 목표라면, 바로 '일탈해야 할 규범'이 새로 생겨난다. 남성의 몸은 '일탈해야만 한다는 규범'에 사로잡혀 버렸기에 긴장되고 뻣뻣해진 게 아닐까?

포르노 속 남자 배우는 (혹은 '동물적 본능'이나 '자연적 욕구' 등의 말을 쓰는 본질주의자들은) 구체적인 내용이 결여된 '일탈 규범' 아래 갈등하는 남성에게 이것이 일탈의 형태라고 모델을 제시한다. 일탈 규범에 사로잡힌 남자들은 포르노에서 제시된 모델이 지닌 강렬함과 새로움에 매료되어 내가 정말 하고 싶은 게 이것이라고 곧이곧대로 받아들이고서, 여성의 가슴을 주무르고 자신의 허리를 움직이며 나쁜 사람인 척 구는 도전에 열중하게 된다.❦

일탈 규범에는 끝이 없다

그러나 '무리한 일탈' 목표가 갖는 무한성은 아무리 허리를 세차게 움직여봤자 채워질 수 없도록 설정되어 있다. 일탈이라는 목표와 남자 배우의 움직임 사이에는 채워지지 않는 간극이 있다. 그래서 '부족하다, 조금 더, 조금 더' 하며 초조함과 뻣뻣함의 순환이 생긴다.

❦ 장애인의 성을 장애 당사자가 이야기한 책에도 '장애인의 성은 억압되어 있으며 더 해방해야 한다'는 식의 이른바 '억압-해방 도식'을 답습한 주장이 있다. 물론 자신의 성을 어떻게 이야기할지는 본인의 자유다. 나는 장애 당사자가 억압-해방 도식에 따라 장애인의 성을 이야기하는 것에 불만은 없고, 그러한 이야기에 공감하는 사람들이 적지 않다는 점도 이해할 수 있다. 그러나 나 개인적으로는 억압-해방 도식으로 자신의 성을 이야기하는 것에 강한 불편함을 느꼈다. 억압 이전에 '자연스러운 성적 욕구'가 존재한다고 가정하는 데서 비롯된 불편함이었다. 그리고 많은 경우 그렇게 가정한 '자연스러운 욕구'의 알맹이가 '여자와 자는 것', '유흥업소에 가는 것' 등과 같이 실망스러울 정도로 진부하고 마초적인 틀에 얽매여 있다는 점도 불만이었다. 나는 과거의 억압되고 폐쇄적인 환경 속에서 나의 고유한 섹슈얼리티가 생겼다고 생각한다. 성적으로 '자연스러운' 욕망이 존재하는 것이 아니고, 또 그 욕망이 권력이나 신체적 제약에 의해 억압된 것도 아니라는 뜻이다. 권력이나 신체적 제약이 야기한 억압 가운데 무언가 감미로운 감각이 생겼고, 그것이 나의 섹슈얼리티를 낳고 기른 원천이라고 보는 편이 타당하게 느껴진다. 소외감과 신체적 제약 없이 나의 섹슈얼리티가 지금과 같은 형태를 띠게 되었다고는 생각하기 어렵다.

초조함과 뻣뻣함이 최고조에 달하면 협응 구조가 스스로 무너지듯 단숨에 풀리고 전신이 경련으로 덜덜 떨리며 에너지를 방출한다. 성취될 수 없는 '일탈이라는 목표' 직전에 스스로 무너지는 남성의 오르가슴은 패배의 허무함을 동반한다.

규범으로부터의 일탈을 추구한 남성의 움직임은 이러한 모델을 제시받으며 역설적으로 더 획일적이고 규범적인 움직임이 된다. 얼마 지나지 않아 남성도 그 점을 알아차리고 익숙함과 싫증을 느낀다. 이제 더는 포르노 남자 배우의 움직임이 일탈을 가져다 주지 않고, 남자는 새로운 일탈 모델을 다시 찾기 시작한다. 일탈 규범에는 끝이 없는 것이다.✤

✤ 오다는 남성이 수동적 관능으로부터 소외된 배경에 근대 이후에 등장한 '자유 경쟁', '성과주의' 가치관이 있다고 주장한다. 그러나 나는 거꾸로 '일탈 규범'이 이러한 자본주의적 가치관 뒤에 있다고 생각한다. 사회학자 오사와 마사치大澤眞幸는 사회구조가 개인의 인식이나 행동에 미치는 제약을 분석하며 특정 사회나 역사적 조건에서 개인이 경험하고 실천할 수 있는 세계의 한계를 '경험 가능 영역', 규범이나 권력 구조에 의해 접근이 차단된 영역을 '경험 불가는 영역'이라 정의했다. 나아가 오사와는 자본주의란 '경험 가능 영역'을 확장해 규범을 더 보편적인 것으로 바꾸는 운동이라 설명한다. '자본주의의 운동 속에서 경험 가능한 영역이 보편적인 것으로 확장된다'는 주장은 경험 가능한 영역이 확장될 때마다 기존에 있던 규범을 부정하고 더 보편적인 새로운 규범으로 기존 규범을 대체한다는 뜻이다. 이러한 자본주의의 운동 가운데 더 보편적인 경험 가능 영역을 미리 선점한 이들과 현재의 경험 가능 영역에 머물러 있는 이들이 존재하며, 바로 이렇게 다른 수준의 경험 가능 영역 사이에서 생긴 '격차'에서 잉여가치가 발생한다. 따라서 사람들은 더 보편적인 경험 가능 영역을 선점하기 위한 경쟁에 동기를 부여받는다. 이 이론에 따르면 자본주의는 "지금의 규범이 그대로 유지되어도 좋은가?"라고 계속 묻는 일탈 규범에 의해 구동된다고 할 수 있다.

그래서 나와 또래 남자애들은 움직임을 주워 줄 타자가 없다는 의미에서 별 차이가 없었다고 할 수 있다. 우리는 모두 자신의 규범과 내적 모델을 풀어 주고 교섭할 수 있는 타자와의 '풀면서 서로 줍는 관계'에서 동떨어져 있었다. 과제 훈련 때 트레이너의 시선처럼 초월적인 타자의 시선, 즉 규범 아래에서 '응시하고/응시당하는 관계'에 똑같이 얽매여 있었다.

규범에서 벗어날 것 같은 때에는 몸이 뻣뻣해지고, 규범에서 벗어나면 몸이 풀린다. 이러한 규범을 둘러싼 경직과 이완의 반복 운동에는 관능이 따른다. 우리는 그런 '나만의 세계'에 갇혀 끝없이 탐닉하고 있던 것이다.

'풀면서 서로 줍는 관계'로 열릴 관능을 가져다 줄 타자, 나의 기묘한 움직임을 받아주는 타자는 어디에 있을까…….

4
내게 맞은 여자애

그런 사춘기를 보낸 나조차 딱 한 번, 혼자 탐닉하는 게 아니라 실제 타인과 관계에서 패배의 관능을 주는 입장으로 바뀐 적이 있다.

중학교에 갓 입학하고 나서 재활 캠프에 갔을 때였다. 초등학생 때보다 여름방학 숙제가 늘어 캠프 시작 전까지 숙제를 못 끝낸 나는 재활 세션 틈틈이 집에서 가져온 숙제를 했다.

그때, 나보다 한두 살 어린 여자애가 내게 다가왔다. 무정위운동athetosis이 강한 여자애였는데 말도 조금 알아듣기 어려웠다. 무정위운동 때문에 입 주위가 늘 좌우 비대칭으로 일그러져 있었는데, 입이 벌어진 부분에서 침이 떨어지니까 목에 깨끗한 천을 머플러처럼 두르고 있었다. 그리고 가끔 그 천으로 입 주변을 닦았다. 그 여자애는 걸을 수는 있었다.

캠프 동안, 특히 낮에는 아이들 모두 '정상적인 움직임' 습득을 목표로 삼았다. 그 탓에 '정상적인 발달'의 시간순에 따라 '누워 있는 아이 → 앉을 수 있는 아이 → 설 수 있는 아이

→ 걸을 수 있는 아이'라는 식으로 암묵적 서열이 생겼다.

이러한 서열이 활개를 치는 공간에서는 표면적으로 '각자의 페이스에 맞춘 재활'을 내세우지만, 그 이면에는 경쟁심, 질투심, 좌절, 원망 같은 감정이 조용히 소용돌이쳤다. 걸을 수 있는 아이와 그렇지 않은 아이 사이에는 깊은 골이 생기고 말았다.

캠프 내내 나도 그 걸을 수 있는 여자애에게 독특한 감정을 품고 있었다. 내가 몇 년씩이나 계속 연습하는데도 익히지 못한 '걷기'라는 운동을 그 여자애는 너무나도 간단히 해낸다. 그 여자애에게 그건 당연한 일이니까 오만한 내색도 하지 않는다. 내게 불쾌함을 안길 제스처를 보인다면 내심 바보 취급이라도 할 텐데, 그마저도 할 수 없을 정도로 그 애는 '착한 아이'였다. 그 여자애에 대한 내 감정은 표출할 길이 막혀, 내 안에서 팽창한 덩어리가 되어 가라앉았다.

나는 숙제를 함으로써 잠시나마 '누워 있는 아이 → 앉을 수 있는 아이 → 설 수 있는 아이 → 걸을 수 있는 아이'라는 기준이 만연한 세계에서 빠져나올 수 있었다. 숙제는 나를 학교생활을 하는 교실로 데리고 간다. 그곳이라면 나는 걸을 수 있는 것에 대한 질투에서 해방되어 숨을 쉴 수 있었다.

그런데 숙제를 하고 있는 내게 그 여자애가 말을 걸었다. 나와 노트 사이에 불쑥 머리를 들이밀고 "뭐, 를- 하, 고 있, 어?"

라고 물었다.

잠시 숨을 쉴 수 있는 교실의 세계에 재활 캠프의 서열을 떠올리게 하는 그 여자애가 성큼 침입하자 나는 짜증이 치밀었다. 그리고 작은 목소리로 퉁명스레 "숙제"라고 대답했다. "으~응" 하고 답한 후에도 여자애는 들이민 머리를 치우려 하지 않았다.

내 안에서 가라앉아 있던, 부풀어 오른 덩어리가 목구멍까지 쑥 올라오더니, 섬광 같은 충격과 함께 터졌다. 나는 내 왼쪽 팔꿈치로 그 애의 머리를 밀쳤다.

그 충격으로, 약간 비틀거리면서도 어떻게든 균형을 잡고 서 있던 여자애의 몸이 뒤뚱거리며 바닥으로 무너져 주저앉았다. 하지만 몇 초 후 여자애는 나를 보며 빙긋 웃었다.

그 순간 나는 등골이 오싹했다. 그래, 싸움을 하면 내가 진다. 운동 능력은 여자애가 나보다 훨씬 위다. 저 애가 진짜 덤비면 틀림없이 내가 뭉개질 것이다. 그런 생각이 들자마자 내 안에서 패배의 관능에 대한 기대감 같은 것이 동시에 끓어 올랐다. 두려움과 관능에 대한 기대감으로 내 머리는 열이 오르고 멍했다.

아니나 다를까, 자세를 바로잡은 그 애는 나를 노리고 맹렬히 돌진해 왔다. 공포와 관능은 더욱 심해져, 내 몸은 이미 신체 내 협응 구조를 잃고 열리기 시작하고 있었다. 그리고 반사적으로 나는 여자애의 머리를 노리고 한 번 더 팔꿈치로 밀치려 했다.

　어차피 저항해 봤자 당할 것을 알면서도 왜 나는 저항한 것일까? 저항했다가 당하는 편이 그대로 당하는 것보다 더 관능을 강하게 느낄 수 있기 때문이었을까? 공포인지 관능인지 동기도 알지 못한 채로 나는 왼쪽 팔꿈치를 휘두르려고 했다.

　그런데 내게 돌진해 오던 여자애는 내 바로 앞에서 딱 멈춰 섰다. 마치 내가 때리기 쉽도록 머리를 내밀고 있는 것 같았다. 나는 거기를 노리고 팔꿈치로 때렸다.

　첫 번째 밀쳤을 때보다 강한 충격이 가해졌다. 여자애는 다시 한 번 휘청, 비틀거리며 바닥에 쓰러졌다. 눈의 초점이 맞지 않게 된 여자애는 천으로 침을 닦고, 다시 나를 노리고 맹렬히 돌진해 오다가 직전에 딱 멈췄다. 그리고 나는 또다시 왼쪽 팔꿈치를 휘둘렀다. 우리는 몇 번이고 그걸 반복했다······.

　나는 지금도 왜 그 애가 몇 번이고 내게 얻어맞았는지 알지 못한다. 어쩌면 그 애는 걸을 수는 있어도 '정상적인 움직임'에서 벗어난 몸에 의해, 나처럼 패배의 관능을 느끼고 있던 것일까?

　그때의 기억은 뒷맛이 개운치 않고, 지금도 내내 의미를 알 수 없는 사건으로 마음에 남아 있다.

칼럼

규율 훈련과 마조히즘

나의 섹슈얼리티를 형성한 신체 부위의 '대비', 그리고 그 안의 '패배 도식'과 같은 모티브는 마조히즘masochism의 일종으로 볼 수 있을 것이다.

마조히즘이란?

'마조히즘'은 19세기 오스트리아의 작가 자허마조흐Leopold von Sacher-Masoch의 문학 작품에서 볼 수 있는 피학적인 관능의 세계에 대해 당시 독일의 정신과 의사 크라프트에빙Richard von Krafft-Ebing이 정신병리학 용어로 명명한 단어이다. 이 말은 당시 사람들 사이에서 급속도로 널리 퍼졌는데, 채찍질을 당하거나 행동을 지배당하거나 불합리하게 힐난을 받으며 성적 쾌감을 느끼는 사람이 있다는 발견이 당시 세간의 호기심을 자극한 것 같다.

마조히즘이 왜 이 시대 유럽에서 개념화되었는지를 살핀 여러 가지 흥미로운 주장이 있다. 그중에 19세기 유럽의 제국주의 국가에서 작동하기 시작한 '규범에 의한 국민 관리' 같은 계획이 마조히즘이 태동하는 데에 영향을 미쳤다고 보는 설이 있다. '규범적 운동 관리'인 재활을 경험한 나는 쉽게 이해가 되는 내용이다.

'정상적 성'이 명확해지다

우선, 이 시기 유럽에서는 기존에 모호했던 '규범'이라는 개념이 명확해지기 시작했다. 예를 들어 1886년에 출간한 《성의 정신병리Psychopathia Sexualis》에서 크라프트에빙은 생식을 수반하지 않는 모든 성행위를 '성도착'이라 정의했다. 또 그는 '과학'의 권위 아래 마조히즘뿐만 아니라 자위 행위, 동성애, 소아성애, 페티시즘 등 다양한 '규범에서 벗어난 성'에 대해 방대히 기술했다. 이는 일탈이 아닌 '정상적 성'의 윤곽을 확실히 정하려는 근대국가적 프로젝트의 일환이기도 했다.

즉 19세기 '성 과학'에 권위가 주어진 배경에는 생식과 연결되지 않는 섹슈얼리티에 '일탈'이라는 낙인을 찍어 사람들의 성적 욕망을 효율적으로 통제하고 이를 통해 인구를 조정하려는 국가 차원의 의도가 있었다.✿

판옵티콘Panopticon 시스템

근대에는 '규범'을 명확히 정할 뿐만 아니라, 사람들에게 규범을 각인시키는 기술장치도 발명되었다. 국가는 국민의

✿ 프랑스 구조주의 철학자 미셸 푸코Michel Foucault의 '통치성' 논의가 대표적이다(옮긴이).

인구와 신체·정신행동·양식 등을 조정하기 위해 개개인의 행동과 사고방식에 대한 다양한 규율 훈련을 제도화했다. 이러한 규율 훈련은 단순히 벌칙을 부과해 신체에 물리적으로 개입하기보다는 신체의 움직임을 관장하는 정신에 규범을 각인시키는 방식이었다.

이 시대의 규율 훈련 현장의 특징은 '판옵티콘'이다. 판옵티콘이란 감옥이나 병원 등 규율 훈련의 현장에서 활용된 건축 양식인데, 중앙에 감시탑이 있고 그 주위를 빙 둘러싸고 원형으로 수용시설이 배치되어 있다. 감시탑에서는 원형 건물 내부에 있는 수감자나 환자를 볼 수 있지만, 수감자나 환자는 결코 감시탑을 볼 수 없도록 고안되어 있다.

감시탑에 실제로 감시하는 사람이 있든 없든 상관없이 항상 감시받고 있다는 점을 수감자나 환자에게 내면화시킴으로써 그들이 복종하도록 만든다. 판옵티콘에서 활용된 시선의 비대칭성에 의한 복종 관계와 규범의 각인은 재활 훈련에서 트레이너가 트레이니를 일방적으로 응시하는 관계와 똑같은 형태라 할 수 있다.

규범을 따르지 못하는 신체성이 떠오르다

위와 같은 규범의 탄생과 사람들에게 규범을 각인시키는 규율 훈련 기술장치가 발명된 시기와 맞물려 사람들 속에서는 마조히즘이 생겨났다. 노이즈John Kenneth Noyes는 저서《마조히즘의 발명The Mastery of Submission: Inventions of Masochism》에서 다음과 같이 말했다.

"마조히즘은 에로틱한 환상을 의도적으로 연기하는 것인데, 그때 주체는 자신의 좌절을 연기하는 것처럼 보인다. (…) 마조히즘은 연기로 반복하여 나타난다. 이는 주체성이 사회적으로 구축되는 과정, 가령 자녀가 부모를 매개로 하여 사회적 권위를 내재화하는 과정을 반복하는 것과 비슷하다."

즉 마조히즘은 '규범적인 것'이 사람들 사이에서 급속도로 퍼져 나갈 때 그 규범에 따르지 못한 신체의 타자성이 반대로 강하게 자각되며 발생한 것이라고 할 수 있다. 대개 마조히즘의 에로스적 공상 소재는 규범이 각인되는 규율 훈련의 현장, 가령 유아기에 경험한 부모의 훈육이나 학교나 병원 같은 교육·교정 시설 등에서의 좌절 경험으로부터 비롯된다.

마조히스트는 규범의 각인 실패를 단지 좌절이나 패배로 연기하는 것이 아니라, 규범 이전의 몸으로 퇴행하게끔 할 수 있는 특정한 관능적인 이야기로 바꾸어 반복해서 재연한다. 내 경우를 예로 들자면 여자애와 포복 전진 시합에서 졌

캐나다의 독일문학 연구자. 저서《마조히즘의 발명》에서 자허마조흐의 작품을 분석하며 마조히즘과 권력 관계 등을 논의했다(옮긴이).

을 때나 재활 과제 훈련을 잘 해내지 못했을 때 느낀, 스러지는 패배의 관능에 가깝다.

5장

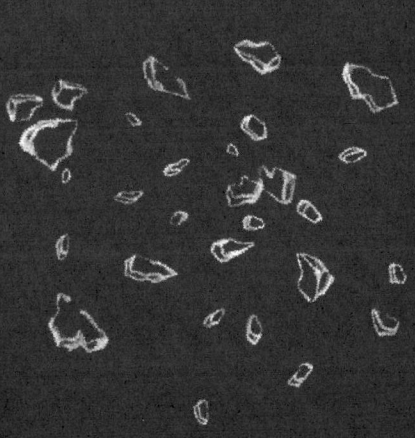

움직임의 탄생

내가 오랫동안 받았던 재활에서는 먼저 '비장애인의 움직임'을 달성하기 위한 규범적인 운동 목표가 설정되고, 트레이너는 훈련을 받는 나의 움직임이 그 목표에 따르는지 아닌지 일방적으로 계속 주시했다. 그리고 나 역시 내 움직임을 감시하는 트레이너의 시선을 점차 내면화하게 됐다.

이러한 규범적인 운동 목표 아래 '응시하고/응시당하는 관계' 속에 놓이며 내 몸의 긴장은 점점 강해졌다. 그리고 그 긴장으로 인해 내 움직임은 오히려 처음 운동 목표에서 더욱 벗어나게 될 뿐이었다. 움직임이 운동 목표에서 점점 벗어나고 있다고 느낀 내게는 초조한 감정이 생기고, 그 초조함으로 더욱 몸의 긴장은 강화된다.

'비장애인의 움직임'이라는 목표 아래 긴장과 초조함이 악순환되는 과정이 단지 나의 움직임을 목표에서 멀어지게 하는 것만은 아니었다. 악순환이 최고조에 달하면 섬광 같은 자극과 함께 초조함과 뻣뻣함은 스스로 부서지고, 바들바들 경련하며 몸 밖으로 방출된다는 것을 나는 알게 되었다. 그리고 그렇게 스스로 부서지는 데 강렬한 쾌락이 있다는 것도.

이리하여 나는 재활 훈련으로 '비장애인의 움직임'을 새기는 대신 패배의 관능을 움 틔웠다. 애초에 '비장애인의 움직임'이라는 운동 목표를 세운 데 문제가 있었을 것이다. 미리 설정된 운동 목표에 내 몸을 맞춰 가는 접근 방식 자체가 처음부터 한계를 안고 있던 것이다.

내가 '나의 움직임'이라고 부를 수 있는 것을 얻으려면, 근본적으로 방식을 바꿀 필요가 있었다.

5장에서는 그 후 내가 실제로 '나의 움직임'을 얻기까지의 과정을 돌아보려 한다.

그 과정 동안 처음으로 되돌아가거나 옆길로 새기도 했고, 지금도 지그재그로 우여곡절을 겪으며 계속되고 있다. 결코 일직선으로 목표를 향해 나아가는 종류의 과정이 아니다. 하지만 그런 내 경험은 위에서 언급한 것처럼 나와 같은 이들이 목표지향적인 재활 과정에서 막막함을 느끼며 여태껏 해 왔던 방식을 전환할 때 실마리가 될 수 있으리라 생각해 기록하기로 한다.

1
사물과 함께 만들어 내는 움직임

혼자 살기 시작했다!

열여덟 살이 된 나는 대학 진학을 계기로 혼자 살기 시작했다.

혼자 살기 전, 부모님은 나를 매우 걱정했다. 어찌 됐건 십여 년간 재활의 성과가 뚜렷이 나타나지 않아서 나는 혼자서는 화장실에 갈 수도, 옷을 갈아입을 수도, 목욕할 수도, 휠체어를 탈 수도 없었기 때문이다. 그런 상태로 혼자 사는 건 상상조차 할 수 없었다. 그러다가 비참하게 죽는 게 아닐까 염려하는 부모님의 우려는 당연했다.

부모님은 혼자 살기 전에 1년간 휴학하고 간토關東 지역 인근 재활 시설에서 훈련을 받는 게 어떻겠냐고 제안했다. 하지만 나는 그 제안을 받아들일 수 없었다. 이미 십여 년씩이나 재활 훈련을 하지 않았던가? 1년을 더 한다고 해서 무슨 의미가 있을까 싶었다.

'언젠가 다른 사람들과 똑같이 사회 속에서 살아가기 위해, 지금은 사회와 떨어져 평범한 사람에 가까워지는 훈련을 하자'. 이러한 사고방식은 장애인이 사회로 나갈 시기를 미루게 만든다. 그리고 시기를 미루어 격리 기간이 길어질수록 '평범한 사람', '만만치 않은 사회' 같은 이미지가 밀실 안에서 망상처럼 부풀어 올라 사회 진입 장벽이 높아진다. 부모는 아이를 사회로 내보내고 싶으면서도 한편으로는 지금 상태로 내보내기를 두려워한다. 자식 사랑에 기인한 갈등이 밀실 안에서 점점 더 고조되면 재활에 대한 열정으로 바뀌어 아이를 옴짝달싹 못하게끔 한다.

자립생활운동에 지지를 받아

당시 내가 혼자 살 용기를 낼 수 있었던 한 가지 이유는 지역에서 활동지원을 받으며 오랫동안 살고 있는 선배 장애인들의 존재였다. 가족이나 시설은 음식 섭취나 배설 등 가장 기본적인 활동까지 돌보는 이들의 편의를 우선한다. 하지만 선배 장애인들은 거기에서 벗어나 스스로 도움받을 인력을 구하면서 지역에서 주체적으로 살아가기를 선택했다. 이런 흐름을 '자립생활운동'이라 한다.

나는 선배들의 자립생활운동의 근간이 된 이념에 깊이 공감하고 격려를 받았다. 자립생활운동은 시설과 가족의 온정주의, 즉 '응시하고/응시당하는 관계'에 대한 저항이다. 자립생활운동이라는 앞선 모델을 참조할 수 있었기에 당시 나는 혼자 사는 삶을 선택지로 떠올릴 수 있었던 것이다.

그러나 동시에 선배들과 너무 거리가 가까워지면 '자립

생활은 이래야 한다'는 규범에 얽매이게 될까 봐 경계심을 갖고 있기도 했다.

같은 신체장애인이어도 천차만별이다. 그 차이를 고려하지 않고 '올바른' 자립생활에 동화된다면, 그건 나를 응시하는 이가 트레이너에서 선배로 옮겨간 것일 뿐 '응시하고/응시당하는 관계'에서 벗어나지 못하고 있는 셈이다. 그것만은 피하고 싶었다. 그래서 나는 선배 장애인들이 살아가는 모습을 참고하면서도 어디까지나 나의 고유한 생활을 만들어 나가기로 마음먹었다.

물론 당시 내게 자립생활에 대한 구체적인 상 같은 건 전혀 없었다. 다만 한 가지 강하게 느꼈던 감정은, 혼자 살기 시작하지 않으면 부모님이 돌아가신 후에는 내가 살아갈 수 없을 거라는 불안이었다.

나는 대학교 근처에서 4평짜리 임대 아파트를 구했다. 집주인은 퇴거 시 원상복구한다면 개조 공사를 해도 괜찮다고 허락해 줬다.

(1) 화장실과 연결되다

나의 혼자 살기는 텅 빈 방바닥에 벌러덩 누운 채 시작되었다. 혹시 모르니까 당시만 해도 흔치 않던 휴대폰을 긴급 연락용으로 머리맡에 두었다. 부모님이 같이 지내면 부모님

집에서 살던 때와 똑같으니, 일단 며칠 동안 부모님은 집으로 돌아가 있도록 했다.

부모님이 아파트 문을 닫은 직후 갑자기 시간이 멈췄다. 소리도 없다. 움직임도 없다. 이토록 닫힌 2차원의 세계는 어릴 적 이후로 처음일지도 모른다.

나는 앞으로 며칠 동안 어떻게 살아야 할지 궁리했다. 하지만 생각해 봐도 구체적으로 어떤 문제들이 생길지 알 수 없었다. 나는 내가 무엇을 할 수 있고, 무엇을 할 수 없는지조차 정확히 알지 못했다. 어릴 적부터 부모님이 내 손발처럼 움직였으니, 부모님이 존재하지 않을 때의 나라는 존재의 윤곽을 전혀 모르고 있었다.

나를 거절한 화장실

잠시 후, 변의가 들이닥쳤다. 나는 제정신으로 돌아온 것 같았고, 동시에 시간도 다시 흐르기 시작했다. 의식도 바깥세상을 향했다. 나는 천천히 몸을 뒤집고서 배를 깔고 바닥을 기어갔다. 어떻게 배설할지에 대한 구체적인 운동 이미지가 있는 것은 아니었다. 막연히 화장실 쪽으로 가려고 그저 기었다. 화장실 앞까지 도착하는 데 2~3분 정도 걸렸을까? 나는 숨이 차서 그 자리에 멈춰 몇 분간 쉬었다.

바닥에 엎드린 상태로 화장실의 형태를 찬찬히 관찰했다. 이토록 정성을 들여 화장실을 관찰하기는 처음인 것 같다. 그리고 여러 가지 접근법으로 변기에 앉을 나의 운동 이미지를 떠올려 보았는데, 실제로 내가 해 본 적 없는 운동 이미지라서 어렴풋했다.

변기의 높이를 눈대중한다. 어쩌면 손을 얹을 수 있을지도 모르겠다. 기력을 모아 변기에 손을 얹고 '얍' 하고 힘을 주어 상체를 들어 올려서 천천히 정좌 자세를 취했다. 여기까지는 어떻게든 됐다.

다음은 일어서서 변기에 앉아야 하는데, 일어서기 위해 손을 얹을 수 있는 데가 안 보인다. 더군다나 화장실이 생각보다 좁아서 움직이기 힘들다. 순간 조바심이 난다. 그 틈을 타 장이 꿈틀거리기 시작하고, 변의가 물밀듯 강하게 밀려온다. 내 의식은 변기에서 장으로 향하고, 조금만 더 참아 달라고 장과 교섭한다. 변의를 가라앉히려고 몸을 흔드는 동안 장은 잠잠해진다.

손잡이도 없는 벽에 시험 삼아 손을 짚고서 일어나려는데, 상체가 잘 들리지 않아 그대로 바닥으로 미끄러져 떨어진다. 그 무엇도 내가 내보낸 운동을 주워 주지 않고, 내 운동은 허공을 가를 뿐이었다.

감미로운 패배

화장실이 나의 운동을 주워 주지 않는 상황은 나를 초조하게 만들었고, 신체 내 협응 구조가 거세졌다. 한편 '안 될지도 모르겠어' 하고 포기하려는 생각이 머리를 스치며 아주 잠깐 신체 내 협응 구조가 약해졌다. 이렇게 발생한 신체 내 협응 구조의 수축과 이완의 파도를 타고 변의가 다시 밀려왔다.

나는 다시 몸을 흔들며 변의를 가라앉힌 후, 아까와 조금 다르게 자세를 바꿔 벽면 다른 데에 손을 짚고 다시 한번 일어서기에 도전한다. 또 실패다. 초조함, 변의, 몸 흔들기, 일어서기, 넘어지기, 그리고 점점 더 초조해진다…….

이 과정을 몇 차례나 반복하는 사이에 초조함도, 변의도, 피곤함도 점차 커져 더는 일어설 수 없어졌다. 그리고 몇 번의 도전을 끝으로 마침내 변의를 억누를 수 없게 되어, 결말이 나고 말았다.

거기에는 어릴 적 포복 전진 시합 때와 비슷하게, 초조함과 뻣뻣함의 악순환이 최고조에 달해 스스로 부서지듯 스러지는 패배의 쾌락이 있었다. 내 몸은 결국 화장실과 연결되지 못했다. 교섭을 벌였던 장과 나는, 내가 지는 형태로 화해하게 됐다. 포복 전진 시합 때와 마찬가지로 점차 초조함과 뻣뻣함이 사그라들었다.

나는 다시 바닥에 벌러덩 누웠고, 꾸벅꾸벅 졸기 시작했다. 시간은 멈추고, 난 조금 잤다.

내게 손을 내밀어 준 화장실

며칠 후, 근처에 사는 업자에게 부탁해 화장실 공사를 했다. 이 화장실에 한 번 완패한 덕분에, 대략 어디를 어떻게 바꾸면 좋을지 감이 잡혔다. 변기를 마주 보고 앉을 수 있는 의자가 있고, 변기 양옆에 손잡이가 있으면 분명 괜찮을 것이다. 업자에게 나의 구상을 전하고 설치 공사를 했다.

개조한 화장실을 본 순간, 내 몸은 서서히 열리는 듯이 움직였다. 마치 내 몸을 새 화장실에 튜닝tuning, 조율하는 것 같은 느낌이었다. 저번에는 나를 패배로 몰아넣은 화장실이 이제 내 움직임을 줍기 위해 손을 내밀고 있었다.

화장실이 내민 손길에 이끌리듯 내 몸은 신체 내 협응 구조를 조금 느슨히 했고, 이에 따라 생긴 놀이가 신체 내 협응 구조의 재구성, 즉 튜닝을 가능하게 했다. 개조 공사로 변모한 화장실에 영향을 받아 내 몸도 변화한 것이다.

나는 새 화장실을 사용해 봤다.

시간이 걸리긴 했지만, 그럭저럭 용변을 볼 수 있었다. 그 순간 화장실과 융화된 감각은 관능이라 해도 좋을 정도였다. 이 감각은 스트레칭 때 형성됐던 '풀면서 서로 줍는 관계'와 매우 비슷했다. 화장실은 내 몸에 맞춰 형태를 바꿨다. 그리고 그런 화장실의 변화에 따라 나는 내 몸 안의 협응 구조를 재구성했다. 화장실과 나의 몸은 둘 다 각자의 몸을 풀면서, 상대방의 움직임을 서로 주워 주며 서로에게 다가간 것이다.

그 후, 화장실을 더 편리하게 사용할 수 있는 개선점이 생기면 업체에 알려 주고 피드백을 받았다. 화장실은 스스로 형태를 바꿀 수 없으므로 반드시 업자가 있어야 한다. 이렇게 주고받기를 반복함으로써 화장실과 나의 움직임 사이의 '풀면서 서로를 죕는 관계'가 깊어졌다.

몸의 윤곽이 보이기 시작했다!

이렇게 해서 나는 화장실과 연결될 수 있었다. 이후에도 조금씩 같은 방식으로 샤워실과 연결되고, 침대와 연결되고, 현관과 연결되었다. 최소한의 생활을 영위하는 데 필요한 사물과 이어지니, 이런 사물들이 내 생활을 저변에서 지지해 주는 만큼 자신감이 생겼다. 그리고 사물과 마주하여 교섭하는 과정 가운데 나는 사물에 대한 정보뿐만 아니라 나의 몸에 대한 정보도 얻게 되었다.

이전에는 할 수 없을 것이라 여긴 운동이 가능하다는 사실을 알게 되거나, 반대로 전에는 할 수 있을 것이라 여긴 운동이 의외로 어렵다는 사실을 알게 되었다. 그동안 흐릿했던 내 몸의 윤곽, 지금까지 쓴 표현을 빌려 말하자면 '있는 그대로의 내부 모델'이 서서히 선명해지는 경험이었다.

(2) 신체 외 협응 구조 아이디어

튜닝 체험

혼자 생활하며 사물과 씨름하던 때에 나는 몇 번이나 패배를 경험했고, 운동 프로그램이나 내부 모델을 수정해야 했다. 한 형태에서 다른 형태로 변화하는 것을 수정이라고 하면, 변화 과정에서는 기존의 형태를 한 차례 풀어내야 한다.

이 내부 모델을 수정하는 과정에서 생기는 '풀림'은 지금까지 내가 '패배의 관능'이라 명명한 현상에 해당한다. 패배에 의해 내 몸과 뇌의 자유도가 높아지면 내 의식이 미처 닿지 못한 곳에서 반자동적으로 화장실과의 튜닝이 시작된다.

이 '튜닝 체험'은 내 인생에서 커다란 전환점이 되었다. 나의 신체적 제약 조건과 화장실의 구조가 서로 튜닝을 거듭하면서 기존 모델이 없는 상태에서 독창적인 운동을 만들어 냈다. 이 과정은 계산신경과학computational neuroscience✽을 연구하는 도야 겐지銅谷賢治⚓의 말을 빌리자면 "비지도 학습unsupervised learning, 즉 선생님이 없는 학습"에 해당한다고 볼 수 있다.

✽ 뇌의 정보 처리 메커니즘을 계산적 모델로 살피는 학문. 뇌의 구조나 기능을 수학적 모델로 표현하고 시뮬레이션하는 '뇌모델링'이 핵심이므로 뇌모델링 분야라고도 한다(옮긴이).

⚓ 1961년생 오키나와과학기술대학원 신경계산 유니트 분야 교수. 강화학습 알고리즘 개발과 뇌 메커니즘, 자율학습 진화 로봇, 뇌 신경회로 메커니즘 등을 연구한다(옮긴이).

도야 겐지는 운동 학습의 형태를 크게 '지도 학습', '비지도 학습supervised learning', '강화 학습reinforcement learning'🌿으로 분류한다.

동물도감을 보면서 이것은 개, 이것은 원숭이라고 배우면 '지도 학습', 즉 선생님이 있는 학습이다. 그런 본보기 없이 많은 샘플 간 상관관계나 통계적 편향을 바탕으로 그룹을 나누거나 특징 벡터feature vector로 분해하면🌿 '비지도 학습', 즉 선생님이 없는 학습이다. '비지도 학습'은 '자기조직화self-organization'라고도 한다.

그러니까 지도 학습이 운동 이미지나 표상 이미지의 군집화clustering를 재생산하는 학습인 반면, 비지도 학습은 직접 탐색하며 새로운 군집화를 만들어내는 독창적인 학습이라 할 수 있다.

무엇이 튜닝을 이끌어내는가

이러한 비지도 학습이 독창적인 군집화의 시작이라 본 도야의 주장은 내 경험에 비춰 봐도 맞다.

🌿 '비지도 학습', '지도 학습', '강화 학습'은 1950~1960년대 통계학과 제어 이론 등에서 처음 나온 개념으로, 인간의 뇌과학뿐만 아니라 머신러닝, 딥러닝 등에서도 널리 알려진 개념이다(옮긴이).

🌿 레이블이 없는 데이터, 즉 정답인 타겟 값이 포함되지 않은 데이터에서 유용한 정보(특징)를 추출하고 이를 수치화하여 벡터 형태로 표현하는 과정을 '특징 벡터로 분해한다'고 표현한다(옮긴이).

물론 나는 혼자 살기 전부터 '화장실'이라는 개념을 알고 있었다. 하지만 그 무렵 화장실에 대한 이미지는 지금 생각해보면 막연해서, 용변을 보고 싶을 때 부모님이 나를 안아서 들어 올려 앉혀 주는 곳 이상은 아니었다.

그러나 혼자 사는 동안 화장실과 분투하면서 화장실에 행하는 나의 운동 레퍼토리가 다양하게 늘었다(=화장실에 대한 독창적인 운동 패턴의 군집화). 또 그러한 나의 운동에 대한 피드백으로 변기의 높이는 어떤지, 변기에서 얼마나 떨어지기 쉬운지, 체중을 실었을 때 밀착감은 어떤지, 변기에 앉았을 때 몸과 변기의 마찰은 어떤지 등 화장실의 여러 가지 특징을 알게 되었다(=화장실의 특징에 대한 군집화). 이러한 새 군집화는 내 몸의 상태를 고스란히 반영하는데, 나의 군집화는 화장실을 쉽게 잘 사용할 수 있는 비장애인과는 상당히 다른 방식일 것이다.

이처럼 튜닝이란 운동 프로그램이나 내부 모델과 같은 기존 모델이 없을 때 수행되는 시행착오라 할 수 있다. 그렇다면 기존 모델이 없는 상태에서 튜닝을 이끌어 내는 작동 원리는 무엇일까?

다가 겐타로多賀嚴太郎는 "뇌가 운동을 만드는 것도, 환경이 운동을 일으키는 것도 아니며 운동은 뇌, 신체, 환경 전체의

도쿄대학교 교육학 교수. 뇌와 신체 초기발달 과정을 연구하는 발달뇌과학자(옮긴이).

비선형 역학 nonlinear dynamics ✼에 의해 자기조직적으로 생성된다"는 생각을 바탕으로 운동 학습의 과정을 뇌의 작용으로만 설명하지 않고, 뇌-신체-환경이 상호작용해 운동을 시작하는 모델을 제안했다. 이 책에서 나는 베른슈타인의 협응 구조 개념을 사용했는데, 뇌-신체-환경의 상호작용을 통해 운동이 자기조직적으로 시작되는 결합 관계를 직감적으로 알았던 것이라고도 할 수 있겠다. 또한 이 책에서 나는 경험을 바탕으로 나의 몸과 환경 사이의 '풀면서 서로 줍는 관계'가 튜닝을 이끌어내는 것이라고 썼는데, 이는 다가 겐타로가 제시한 '뇌-신체-환경이 서로 상호작용하여 자기조직적으로 생성되는 운동' 모델에 가까울 수도 있겠다.⚓

내부 모델은 나중에 따라온다

재활에서는 트레이너가 미리 '올바른 움직임'이라는 정답 이미지를 설정해 두었다. 그리고 트레이니에게 내부 모델에

✼ 입력과 출력이 비례하지 않고 예상치 못한 패턴이 나타나는 복잡한 시스템에서 발생하는 현상을 연구하는 방법. 날씨 예측, 뇌의 신경회로나 심장 박동, 생태계의 상호작용 등 생물학적 시스템이나, 진자 운동, 유체 역학 등 물리학적 시스템과 같은 비선형 시스템을 살피고 이해하는 데 사용한다(옮긴이).

⚓ 또한 다가 겐타로는 "올바른 걷기 방법은 비장애인을 위한 것이다. 이를 장애인에게 강요하는 것이 반드시 좋다고 할 수는 없다. (...) 부분적인 장애가 있다면, 그 제약 조건 하에 걷기 패턴이 자기조직적으로 생성되기 때문이다"라고도 했다. 이런 주장은 개인적으로도 내 관심을 끈다.

그 '올바른 운동 이미지'를 받아들이기를 요구했다. '응시하고/응시당하는 관계' 속에서 운동 학습은 예측적인 내부 모델을 만들고, 그 내부 모델에 맞춰 몸을 움직이는 연습을 하는 지도 학습 계열에 속한다고 할 수 있겠다. 이 과정에서 사물이나 사람과 연결되는 것은 '정상적인 움직임'을 실행할 수 있게 된 후이다. 즉 순서는 '내부 모델 습득 → 연결'이다.

혼자 살기 시작했을 때 나는 지도 학습의 성과인 '비장애인용 내부 모델'에 따라, 어렴풋이 저장된 '비장애인이 화장실에 갈 때'의 운동 이미지를 모델 삼아 움직였다. 하지만 나는 그 움직임을 잘 수행할 수 없었고, 나의 신체 내 협응 구조와 내부 모델은 패배의 관능을 동반하며 스스로 무너졌다.

혼자 생활하는 가운데 모델을 잃고 움직임의 정답이 막연한 상태가 되어 오로지 변의를 해소하려는 생각에 무질서하게 움직이던 나는, 환경과의 '풀면서 서로 줍는 관계'에 내 몸을 맡기면서 존재하는 사물과 타협하는 과정을 통해 독창적인 움직임과 새로운 내부 모델을 만들어 나갔다. 이러한 과정은 그때그때 새로운 움직임을 창조해 내는 비지도 학습 계열에 속한다. 비지도 학습의 결과로 나온 운동의 이미지는 새 내부 모델로 입력되고, 움직임이 점차 숙련된다. 즉 재활과는 반대로 '연결 → 내부 모델 습득' 순으로 진행된다.

사물도 사람도 마찬가지

이렇게 형성된 다양한 사물과의 '서로 줍는 관계'는 나의 움직임과 사물의 응답 사이에 있는 느슨한 연계이므로, 1장에서 썼듯 일종의 협응 구조라 볼 수 있다. 다만 이 경우 협응 구조는 신체 내부에 닫혀 있지 않고 외부세계로 열려 있다. 그래서 이 책에서 나는 이 협응 구조를 '신체 외 협응 구조'라고 부르기로 한다.✽

✽ 사실 베른슈타인은 협응 구조를 신체 내부와 외부로 구분하지는 않았다. 베른슈타인은 운동 수행의 복잡성과 환경의 변화에 따라 A, B, C, D 네 가지 수준으로 협응 구조를 나눴다.
레벨 A는 사지의 움직임에 선행되는, 몸통과 목의 근육이 담당하는 자세 조정의 단계이다. 외부의 유체流體, 기체와 액체나 중력장과 협응해 거의 자각 없이 이루어진다.
레벨 B는 근육-관절 연결로 이루어지는 '걷기'처럼 리드미컬한 반복 운동의 단계이다. 레벨 B에서는 신체 내부에서 동작이 일관되게 움직이는데, 근육의 모든 움직임을 협응시킬 수는 있으나 외부 조건의 변화나 실제 환경에 적응시키기는 불가능하다. 레벨 A와 B는 이 책에서 내가 말한 신체 내 협응 구조에 가깝다.
레벨 C는 외부 공간을 지각하고 이를 활용하는 능력을 담당하는 공간적 차원의 단계이다. 목표를 정한 뒤 대상을 이동시키는 운동으로, 가령 물건을 가리키거나 손으로 집거나 움직이거나 당기거나 놓고 던지는 등의 동작이 레벨 C에 속한다.
레벨 D는 행위의 단계이다. 행위는 단일한 동작이 아니라 여러 가지 동작이 연쇄적으로 구성된 구조이다. 행위를 여러 번 반복하는 과정에서 발생하는 변동을 통해 연쇄적 구성과 구조에 적응하며 변화를 줄 수 있다. 행위의 연쇄는 대상물의 의미를 구성하며, 정교함은 이 단계에서 나타난다. 레벨 C와 D는 이 책에서 말하는 신체 외 협응 구조에 가깝다. 레벨 D에서는, 통제하거나 예측할 수 없는 환경의 영향이나 변화하는 외부 조건과의 상호작용 속에서 정교함이 나타난다. 나의 '화장실 튜닝' 경험과 마찬가지로 내부 모델의 예측에 의존하지 않는 비지도 학습을 통해 정교함이 생긴다.

여기까지 이 책에서는 '풀면서 서로 줍는 관계' 중 비지도학습에 따라 생긴 신체 외 협응 구조의 예시를 몇 가지 살폈다. 예를 들어 바닥에 배를 깔고 기고 있을 때 바닥과 나의 관계나 스트레칭 중 트레이너와 '풀면서 서로 줍는 관계'의 연장선에 있는 것도 신체 외 협응 구조의 사례라 할 수 있다. 그리고 '신체 외 협응 구조'라는 말을 써서 뇌성마비를 지닌 내 몸의 특징을 표현한다면, 다음과 같다.

과도한 신체 내 협응 구조 때문에 놀이가 없고, 사람이나 사물과 신체 외 협응 구조를 맺기 어려운 신체.

신체 외 협응 구조는 관계 맺는 상대가 사람인지 사물인지에 따라 차이가 있다. 가령 사람의 움직임을 상상해 내부 모델로 받아들이는 과정을 화장실에서의 나의 움직임에 적용하기에는 한계가 있다. 내 몸과 화장실은 동형同型이 아니므로, 화장실의 변화에 따라 내 움직임을 재현하기란 불가능하다.

그렇다고 해도 나는 이 책에서 사람과 사물의 차이점보다는 유사점을 강조하려 한다. 그리고 상대가 사람이든 사물이든 간에 '신체 외 협응 구조'라는 동일한 용어를 사용할 것이다. 왜냐하면 나의 운동은 내 몸과 외부세계에 있는 사람 및 사물과의 상호교섭을 통해 시작되며, 그 과정에서 상대가 사람인지 사물인지는 중요하지 않기 때문이다.

사물은 내게 강요하지 않는다

교섭이나 소통 같은 상호적 행위가 사람과 사람 사이에서 생겨나는 것을 상상하기는 쉽다. 사람 사이에서는 엇갈림이 일상적으로 발생하기 때문에 많은 이들이 교섭이나 조율의 어려움을 자각하기 때문이다. 하지만 익숙한 사물에 둘러싸여 생활하는 많은 이들은 사물과의 엇갈림을 맞닥뜨리는 때가 드물다. 인간관계로 고민하는 빈도에 비해 사물과의 관계로 고민하는 빈도는 틀림없이 드물 것이다.

장애인이 비장애인의 움직임을 파악하고 싶다면, 사물이 아닌 사람과 교섭하면서 점차 규범적인 움직임을 학습하는 과정을 중심으로 비장애인의 움직임을 살피면 된다. 왜냐하면 사람들의 의식 속에서 이미 사물은 사람들의 움직임에 맞춰 그 형태와 기능이 만들어져 있다고 전제되어 있기 때문이다. 따라서 다른 사람과의 관계 속에서 규범적인 움직임을 습득한다면 저절로 사물 또한 잘 다룰 수 있게 된다. 비장애인에게 있어서 사물과 관계 맺는 문제는 곧 사람과 관계 맺는 문제로 환원된다.

하지만 규범적인 움직임을 익힐 수 없는 나에게 이러한 전제는 성립하지 않는다. 화장실과 같은 사물 그 자체와 대치하고, 상호교섭을 통해 나 자신의 움직임을 하나부터 열까지 구축해야 하는 상황에 놓여 있기 때문이다. 사람과의 신체 외 협응 구조에서 생기는 나의 운동은 무의식중에 비장애인의 움직임에 동화되기 마련이지만, 반면 사물과의 신체 외 협응 구조에서 생기는 나의 운동은 그런 동화 작용에서 벗어나기 쉽다. 사람과 달리 사물은 이것이 '정상적인 움직임'이라는 편견을 갖지 않기 때문이다.

그래서 나는 먼저 사람이 아닌 사물과의 교섭을 통해 나의 움직임을 만들어내고 싶다고 늘 생각해 왔다.

주워 주니까 운동이 성립한다

혼자 살 때 나의 체험은, 나의 몸에서 내놓는 움직임이 의미 있으려면 그 움직임을 주워 응답해 줄 사물이나 사람과의 신체 외 협응 구조가 필수불가결한 요소라는 점을 강하게 시사한다. 운동은 그 자체로 의미를 갖는 것이 아니다. 주워 줄 사물이나 사람이 없다면, 운동은 의미 없이 허공을 가를 뿐이다.

신체 외 협응 구조가 성립하지 않으면 운동이 의미를 잃는 현실은 특별히 나에게만 해당하는 문제가 아니라 누구에게나 해당하는 이야기이다. 그리고 운동이 신체 외 협응 구조로 들어와 의미를 갖기 위해서는, 운동을 실행할 쪽과 그것을 주워줄 쪽 사이에 '이렇게 하면 이렇게 응답한다'는 식으로 합의 사항을 어느 정도 미리 공유해야 한다. 이 점은 사물이 응답하든 사람이 응답하든 매한가지다. 응답하는 쪽은 상대가 어떤 운동을 내놓을지 예측하기 때문에 상대의 운동을 받아들일 수 있고, 운동을 내놓을 쪽도 응답하는 쪽의 예측을 크게 벗어나지 않는다면 자신의 운동이 받아들여질 수 있기 때문이다.

사물이나 사람들에 의해 공유된 이러한 예측이 바로 '정상적인 움직임'과 같은 운동 규범이라고 할 수 있다. 운동 규범은 신체 외 협응 구조를 실현하기 위해, 즉 서로의 운동을 의미 있게 하기 위해 필요한 것이다.

그렇다고 해서 내가 비장애인이 공유하는 운동 규범을 따라 움직여야 하는 것은 아니다. 왜냐하면 나의 운동이 의미 있는 운동이 되기 위해 세상의 모든 사물과 사람에게 받아들여질 필요는 없기 때문이다. 나의 운동을 받아들여 줄 몇몇 사물이나 사람 사이에 비장애인과 다른 몇몇 운동 규범을 공유할 수만 있다면 나의 운동은 의미를 부여받을 수 있다. 장애가 없는 사람도 다른 문화권에 가면 운동 규범이 바뀌어 신체 외 협응 구조를 잃게 되고, 그의 말과 움직임은 의미를 잃는다.

'이것이 정상적인 움직임'이라고 규정한 운동 규범은 본래 사람과 사물, 사람과 사람 사이에서 신체 외 협응 구조가 효율적으로 성립될 수 있도록 만들어 낸 발상에 불과하다. 그러므로 내가 주변의 사물이나 사람에 적응해 나의 움직임을 맞추는 것뿐만 아니라, 주변의 사물이나 사람이 나의 움직임에 맞춰 바뀌며 양방향에서 움직임에 다가선다면 좋을 것이다.

그런 의미에서 혼자 살면서 내가 터득한 것은, 세상에 내던져진 상황에서 주위와 교섭하며 독창적인 운동 규범을 만들어 나가는 과정이었다.

(3) 전동 휠체어는 어떻게 세계를 바꾸었는가?

바닥에서 10센티미터의 세계

'나의 움직임'을 시작하게 된 과정을 생각해 보면, 전동 휠체어는 중요한 역할을 했다. 전동 휠체어는 아파트 밖 넓은 세계와 내 몸 사이로 들어와 배를 깔고 기어 다니던 때에는 경험할 수 없던 부드럽고 빠른 이동을 가능하게 해 주었다.

내가 처음 전동 휠체어를 탔던 때는 중학교에 갓 입학했을 무렵이었다. 그전에는 재활 전문가가 전동 휠체어를 타면 전동 휠체어에 너무 의존하게 되어 운동 기능이 저하된다고 조언했기 때문에 전동 휠체어를 탈 수가 없었다. 그래서 초등학생 때까지 나는 주로 바닥을 기며 움직였다.

당시 나는 조금만 이동할 때도 의자에 앉을 때도 남의 도움이 필요했기 때문에, 내버려 두면 계속 바닥에서 멍하니 있었다. 가끔 기어다니며 움직였지만, 금세 지치니까 벌러덩 드러눕곤 했다.

천장의 무늬, 얼룩이 몇 개인지 세어 본다. 내가 내 힘으로 만질 수 있는 것은 바닥의 무늬, 쓰레기, 융단의 털, 미니카처럼 바닥에서 10센티미터 정도 높이에 있는 것으로 한정되어 있었다. 나는 그것들을 모조리 등장시킨 이야기를 자주 상상했다.

손길이 닿지 않는 책장이라든지 냉장고, 화장실 같은 것들은 나와 무관한 사물로 그 자리에 있었다. 나는 그것들과 협응 구조를 이루지 못하고 있었다. 하지만 그것들은 가족과는 연결되어 도움이 되었고, 이 집 안에서 나보다도 확고한 자리를 차지하고 있는 듯 느낄 때도 더러 있었다. 특히 부모님과 다투고 나서 평소보다 부모님의 돌봄을 받지 못할 때면, 나는 그것들한테서도 내 존재를 무시당하는 것 같아서 그것들을 꽝꽝 때리고 화풀이하고 싶었다. 그런데도 그것들은 변함없이 우뚝 솟아 있을 뿐이었다.

내 몸이 된 전동 휠체어

그런 내게 전동 휠체어와의 만남은 커다란 충격이었다. 주뼛주뼛하면서도 기대하고 가슴 두근거리며 전동 휠체어를 처음 타고 컨트롤러를 만지작거리던 순간을 지금도 선명히 기억하고 있다.

아마 어느 시설에서였을 것이다. 전동 휠체어의 주인인 누군가가 빙긋 웃으며 내게 "타 볼래?" 하고 말을 걸었다.

나는 왠지 나쁜 놀이를 해보라고 유혹당한 것처럼 거북했다. 하지만 분명 그곳에는 지금까지 경험해 보지 못한 세계가 펼쳐져 있을 거라는 기대를 억누를 수 없었다. 무엇보다도 나를 초대해 준 전동 휠체어 주인의 확신에 찬, 어딘가 조금 장난기 어린 표정이 좋든 싫든 내 기대를 부채실했다.

나는 처음으로 전동 휠체어의 컨트롤러 부분에 손을 대고 조이스틱을 천천히 앞쪽으로 눌렀다. 그 순간, 휠체어에 가속도가 확 붙었고 내 몸과 휠체어는 한 몸이 되어 기세 좋게 전진했다. 나는 당황해서 조이스틱에서 손을 뗐다. 겉으로 보고 상상했던 것보다 더 강력한 움직임이었다. 이번에는 조이스틱을 꺾는 각도를 줄였다. 휠체어가 천천히 움직였다. 그리고 서서히 조이스틱을 눌렀다. 속도가 빨라졌다. 즐겁다!

처음에는 조이스틱을 꺾는 각도와 몸으로 느끼는 가속도, 뺨을 스치는 바람의 속도감 사이에 있는 협응 구조를 익히는 데 집중하느라 주변 경치를 보고 들을 여유가 없었다.

얼마 지나지 않아 이러한 협응 구조가 안정되면서 주위에 있는 건물, 도로의 높낮이와 커브, 자동판매기, 풀과 나무, 하늘로도 의식이 향했다. 점차 조이스틱을 꺾는 각도와 보이는 풍경의 변화 사이의 협응 구조가 생겼다. 그리고 마침내 조이스틱을 꺾는 각도에 의식을 집중하지 않아도 '저곳으로 가고 싶다'고 생각한 대로 자연스럽게 전동 휠체어가 움직이게 되는 감각에 이르렀다.

즉 전동 휠체어의 협응 구조는 일단 완성되니 딱히 의식하지 않아도 자동으로 작동하는, 무의식적으로 잠재된 회로가 된 것이다. 이 상태는 사람들 대부분이 걸을 때 온몸의 근육이 어떻게 연동되는지 의식하지 않아도 되는 것과 마찬가지이다.

놀이가 없으면 하나가 될 수 없다

이처럼 내 몸과 전동 휠체어는 긴밀한 협응 구조를 통해 연결되어 있다. 마치 내 몸의 일부라고 해도 과언이 아닐 정도로 일체감이 든다. 하지만 협응 구조가 강하면 강할수록 일체감도 더 강해지는 식의 단순한 비례 관계가 아니라는 점을 주의해야 한다.

예를 들어, 최근에 나온 전동 휠체어는 성능이 향상되어 조이스틱의 감도를 세밀하게 조정할 수 있게 되었다. 감도를 높게 설정하면 내가 조이스틱의 각도를 바꿨을 때 신속하고도 정확하게 각도 변화를 감지해 타이어 회전수에 반영한다. 반대로 감도를 낮추면 일정 시간 동안의 조이스틱 각도 변화 평균을 내어 반영한다. 평균을 내려고 잡은 시간이 길어질수록 감도는 낮아진다.

감도를 너무 높게 설정하면, 울퉁불퉁한 길을 달릴 때 내 몸이 흔들려 조이스틱 각도도 흔들리면 그 흔들림이 모조리 포착되어 타이어의 회전이 빨라졌다가 느려졌다가 한다. 그렇게 되면 다시 타이어의 미세한 흔들림이 내 몸의 흔들림을 증폭시키는데, 이러한 악순환으로 인해 전체 움직임에서는 더욱 흔들림이 커진다. 따라서 불필요한 흔들림을 적당히 무시하도록 어느 정도 감도를 낮춰 설정해야 한다.

이처럼 전동 휠체어와의 협응 구조에서 어느 정도 놀이가 없으면 오히려 일체감이 깨진다. 이는 놀이, 즉 각 근육이 느슨하게 묶여 있는 관계가 없는 뇌성마비의 신체 내 협응 구조에서 주위와 신체 외 협응 구조를 만들기 어려운 상황과 유사하다. 신체 내부와 외부 모두에서 협응 구조가 갖춰져야 비로소 안정적이고 의미 있는 운동이 가능하고, 그런 협응 구조 속에서 일체감이 생긴다. 따라서 나와 전동 휠체어의 관계에 놀이 없이 협응 구조가 닫힌다면 나와 전동 휠체어의 일체감이 깨지는 것이다.

 이렇게 나는 전동 휠체어라는 '몸'을 획득함으로써 땅바닥을 기어 다니던 때에는 만질 수 없던 책장, 냉장고, 자판기 같은 사물들에 손이 닿게 되었다. 전동 휠체어는 내가 연결되는 세계를 2차원에서 3차원으로 확 넓혀 주었다.❧

> ❧ 공간 속에서 우리가 자신의 신체가 차지하는 범위를 아는 것, 즉 '어디서부터 어디까지가 내 몸인지'를 인식할 수 있는 이유는 두정엽parietal lobe에 체성감각이나 시각 등 여러 가지 감각 정보에 반응하는 '바이모달 뉴런bimodal neuron'이 존재하기 때문이다. 예를 들어 오른손의 촉각에 반응하는 바이모달 뉴런은 오른손 주변의 시각 자극에도 잘 반응한다. 신체 부위 근방의 다양한 감각 자극을 통합하는 바이모달 뉴런이 신체 범위 인식의 기반이라고 알려져 있다.
> 도구 사용에 익숙해졌을 때 그 도구를 신체의 일부인 것처럼 느끼는 경험은 많은 사람이 해 보았을 것이다. 이리키 아쓰시入來篤史 연구팀은 일본원숭이를 이용한 실험에서 도구 사용이 신체 범위에 대한 인식을 바꾼다는 결과를 제시했다. 이 실험에서 원래 손 근처에서만 나타나는 바이모달 뉴런의 반응 범위가 도구를 사용할 때는 도구의 끝부분까지 확장된다는 사실이 확인되었다. 인간을 대상으로 한 실험에서도 유사한 결과가 보고되었다.

손이 닿으면 가까워진다

휠체어에 앉아서 보는 3차원의 세계는 바닥에 누워서 보던 2차원의 세계와 다르다. 이는 단지 시점의 위치가 높아졌다는 차이뿐만 아니라, 시간의 흐름을 체감하거나 공간의 넓이를 느끼는 방식에도 변화를 가져온다.

먼저 공간을 인식하는 '가깝다 – 멀다'와 같은 감각에 대해 생각해 보자.

요즘 나는 휠체어에서 내리는 순간, 그전까지 가까이 있던 사물이 갑자기 멀리 떨어진 듯한 느낌이 든다. 아마도 실재하는 대상물에 대한 '가깝다 – 멀다'와 같은 거리 감각이 대상과의 협응 구조에 생긴 틈에 크게 영향을 받는 것 같다.

예를 들어 협응 구조의 틈이 작아서 바로 연결될 수 있는 범위, 즉 손을 내밀면 닿는 범위가 내게는 '가까운 곳'이고, 숨이 차지 않을 정도로 이동하면 연결될 수 있는 곳은 '조금 떨어진 곳', 간신히 노력해서 연결될 수 있는 곳은 '먼 곳', 노력해도 연결될 수 없는 곳은 '저편'이다.

내가 바닥에 넘어져 들어서게 된 2차원의 세계에서는 나와 사람 또는 사물 사이에 큰 틈이 생기기 때문에, 사람이나 사물이 먼 곳이나 저편에 존재하는 듯 느낀다. 2차원에 있는 내게 수십 센티미터 가까운 거리에 오지 않는 한 사물과 사람은 나와 상관없는 먼 존재인 셈이며, 내게 벽이나 천장과

다를 바 없는 풍경이라고 할 수 있다.✾

 이처럼 협응 구조에 생긴 틈의 크기에 따라 공간을 느끼는 방식이 바뀐다. 그 관계를 정리하자면, "신체 외 협응 구조의 틈이 크면 멀리, 틈이 작으면 가까이 배치된다"고 할 수 있다. 그리고 공간 속에서 틈이 가장 작은 것이 '신체'이다.

땅바닥까지 몸의 일부

 예를 들어 전동 휠체어와 신체 외 협응 구조가 완성되면, 의식 속에서 전동 휠체어와 나 사이에 있는 틈이 점점 줄어들고 마치 하나가 되어 몸의 일부가 된 듯 느껴진다.

 이때 한 몸이 되는 것은 내 몸과 전동 휠체어가 전부는 아니다. 타이어를 매개로 이어져 있는 지면의 높낮이 또한 몸의 일부이다. 전동 휠체어나 땅바닥이 몸의 일부가 되면, 그 존재를 그다지 의식하지 않게 된다.

> ✾ 신체 어딘가에 의식이 닿을 수 있는 영역(신체 부위 주변 공간)과 닿을 수 없는 영역(신체 외부 공간)은 서로 다른 뇌의 신경 회로에서 인식되는 듯하다. 뇌는 바이모달 뉴런을 통해 신체뿐만 아니라 신체 부위 주변 공간을 통합해 인식한다. 이에 반해, 신체 외부 공간은 안구 운동계oculomotor system를 통한 시각 정보를 바탕으로 파악된다고 여겨진다. 이러한 공식적인 분류에 따르면 이 책에서 말하는 '배경(신체 외부 공간)'은 나의 운동과 거의 무관하게 움직이는 신체 외부 공간이라 할 수 있다. 내가 바닥을 기어 다닐 때, 주변 공간 대부분은 배경이다. 그러나 바이모달 뉴런에 전동 휠체어와 같은 도구가 신체 일부로 인식되면, 뇌는 그 도구에 가까운 공간까지 신체 부위 주변 공간으로 인식하게 된다. 즉 전동 휠체어를 타는 행위는 신체와 신체 부위 주변 공간을 동시에 확장한다.

즉 협응 구조가 완성되어 신체 일부처럼 느낄 수 있는 사물은 나의 의식 속에서 반대로 존재감이 흐려진다. 협응 구조의 틈이 작은 순서대로 '신체 → 가까운 곳 → 먼 곳'으로 배치된 공간에서는 가장 가까이에 있는 신체가 가장 의식이 도달하기 어려운 곳이기도 하다.

협응 구조가 완성된 영역을 '신체'라고 부르기로 하자. 그러면 나는 '신체 내부의 움직임'을 굳이 의식하지 않는다. 심장 박동을 의식하지 않는 것과 마찬가지로 자세를 유지하기 위한 근육의 긴장, 조이스틱 조작 등 신체의 잠재 회로에 내장된 움직임을 따로 의식하지 않아도 된다. 그래서 내 의식이 닿는 곳은 언제나 아직 내 몸이 되지 않은 곳, 바꿔 말해 협응 구조 속에서 비어 있는 '틈'으로 한정된다.

공간이 변하면 시간이 변하고 세상이 변한다

전동 휠체어를 타고 있을 때 세상을 느끼는 방식은 전동 휠체어를 타고 있지 않을 때와 완전히 다르다. 다양한 장소로 재빠르게 이동할 수 있게 된 것만으로도 외부세계와의 틈이 작아지는데, 그전까지 나와 무관했던 사물이나 장소가 멀리 있다가 갑자기 가까워진 듯 공간에 대한 거리 감각이 변한다. 운동의 변화량, 나아가 세상이 보이는 방식의 변화량이 커지면서 시간의 흐름도 빨라진 것 같다. 행동할 수 있는 선택지가 크게 늘면서 나의 신체 이미지도 더 큰 가능성을 지녔다고 느낄 수 있다.

이처럼 전동 휠체어는 나의 몸을 비롯해 세계에 대한 이미지를 완전히 바꿔 놓았다.

혼자 살기 시작한 후로 내 취미는 산책이었다. 강의가 없는 시간이나 휴일이면 시간이 허락하는 한 무작정 전동 휠체어로 산책을 했다.

아파트에서 나와 전동 휠체어에 타면, 나도 모르게 미소를 띠고 자유로움을 느끼며 힘차게 휠체어로 달리기 시작한다. 평소에 다니던 언덕길을 내려갈 때 속도를 조금 높이면 모터가 내는 높은 소리가 기분 좋게 울린다. 맞바람을 맞으며 이동하는 쾌적함을 나는 전동 휠체어를 만나고서야 알게 되었다.

상가 거리, 고층 빌딩, 공터의 풍경이 잇따라 흘러간다.

언덕길을 오를 때면 속도가 느려지고 기분 탓인지 모터 소리도 힘겹게 들려서 나도 피곤해진다.

걸림돌을 피하면서 간신히 통과할 수 있을 정도로 좁은 길을 과감히 지나다 보면, 타이어가 살짝 부딪치고 나도 모르게 "아야!" 소리가 나온다.

그 모든 순간이 내 마음을 들뜨게 하는 것이다.

❧ 바이모달 뉴런은 물체가 가까이 다가올 때 신체 부위에 주의를 집중시키는 동시에 다가오는 물체를 피할지, 손을 뻗어 잡을지, 혹은 그대로 두고 만지도록 둘지 등을 판단해 선택할 운동 계획을 자동으로 수립한다. 또 바이모달 뉴런은 실제 물리적 접촉이 일어나기 전에 미리 신체 감각을 예측하고 활성화할 수 있다.

2
사람과 함께 만들어 내는 움직임

사물만으로는 움직임이 시작되지 않는다

혼자 살기 시작하고 나서 나는 사물이나 사람과의 관계 속에서 스스로 움직이는 방식을 하나하나 직접 탐색하며 만들어 갔다. 예를 들어 책상 위에 놓인 컵을 들 때, 나는 과도한 신체 내 협응 구조로 인해 컵에 맞춰 손바닥 형태를 바꾸기가 어려워 다른 사람들처럼 컵을 잡을 수 없다. 즉 다른 사람이 컵을 들 때의 움직임을 상상해 받아들이는 것만으로는 대응할 수 없다. 나는 다른 사람의 움직임을 참고하면서 내 움직임을 조정하는데, 기본적으로 시행착오를 거쳐 내 몸의 조건과 컵의 형상이나 재질을 서로 맞추며 컵을 드는 방법을 찾아야 했다. 그 결과, 양쪽 손등에 컵을 끼워 집는 독창적인 움직임이 생겼다. (사진 5-1)

'나의 움직임'을 만드는 데는 사물뿐만 아니라 타인의 존재 또한 필수적이다. 그 이유는 두 가지다.

첫째, '나의 움직임'을 시작할 때 타인의 움직임을 참고할 본보기로 삼을 수 있다는 점이다. 물론 타인의 움직임 대부분은 내가 모방할 수 없는 것들이다. 따라서 나는 나의 모델

[사진 5-1]

이 될 타인의 움직임을 일종의 선행하는 이미지로 삼으면서도, 내 몸으로 실행 가능한 형태로 다시 조정해야 한다.

본보기 없이 처음부터 '나의 움직임'을 가동하기는 어렵다. 게다가 의식하지 못하는 사이 불가항력적으로 이미 내 안에 각인된 본보기 이미지가 독창적인 움직임에 부정적으로든 긍정적으로든 영향을 미친다. 그렇기에 실현 가능한 범위 내에 있는 움직임이라면 굳이 타인을 피할 이유는 없다.

둘째, 타인의 도움 없이는 할 수 없는 일이 많다는 점이다. 이런 의미에서 '나의 움직임'은 단순히 나와 사물 사이에서 완결되는 게 아니며, 활동지원사나 움직임을 보조해줄 사람 등 타인의 움직임을 전제로 한다.

이처럼 '나의 움직임'을 만들어 내는 데 타인의 존재는 필수적이다. 그렇다면 타인은 어떤 방식으로 '나의 움직임'에 영향을 미치는가? 이 문제를 생각하기 위해, 나의 레지던트 시절 에피소드를 이야기하겠다.

(1) 사물과의 협응 구조를 모색하다: 레지던트 1년 차

선배를 따라하며 채혈을 시도해 보다

1년 차 레지던트가 익혀야 할 과제는 많다. 과제로는 책상 위의 지식뿐만 아니라 채혈, 수액 정맥 주사, 진찰, 기관 내 흡인 등 다양한 손기술이 포함된다. 말하자면 이런 손기술은 '의사의 운동 규범'이다. 하루속히 한 사람 몫을 해내는 의사가 되고 싶은 레지던트들은 연습에 매진한다.

채혈을 배우는 경우를 예로 들자면, 레지던트들은 우선 선배 의사가 채혈하는 모습을 유심히 들여다보고 머릿속에 입력한다. 하지만 이 시점에 선배의 몸짓 하나하나의 의미는 알 수 없다.

그다음에는 입력한 기억을 바탕으로 흉내 내며 실제로 채혈을 시도해 본다. 직접 채혈을 해 보면서 행위의 대상인 환자 팔의 피부 장력, 습도, 탄력, 촉지觸知한 혈관의 감촉 등을 처음으로 경험한다. 또 환자의 팔꿈치를 얼마나 구부려야 할지, 피부에 어느 정도로 장력을 가해야 채혈 바늘이 혈관에 쉽게 닿고 빠지지 않을지를 탐색하게 된다.

이 탐색 과정에서 레지던트는 선배 의사의 손놀림을 참고하면서 망설임과 두려움에 떨며 손을 움직인다. 이 움직임은 그 무엇에 의해서도 주워지지 않아서 무방향적이고 무질서하다. 어쩌면 이러한 무방향성·무질서성이 있기 때문에 레지던트는 자기 움직임의 대상인 환자 팔의 특성을 구석구석 탐색할 수 있는 것일지도 모르겠다.

이렇게 무질서한 움직임 속에서 레지던트는 '우연히 어떤 특정한 움직임을 선택했을 때 촉각으로 혈관을 더 잘 인식'하는 경험을 쌓게 된다. 이는 곧 '자신의 운동이 외부세계에 있는 사물에 작용해서 상대방에게 어떤 운동을 가져오는지'에 대한 이미지를 배우는 과정이다. 이 역시 자기 신체의 움직임이 외부세계의 움직임과 어떻게 연결되는지를 깨닫는 과정이라는 점에서 신체 외 협응 구조의 체득이라고 볼 수 있다.

환자의 팔이 길잡이가 되다

신체 외 협응 구조를 체득함에 따라, 방향이 없었던 레지던트의 손놀림은 점차 안정된다. 즉 대상인 환자의 팔이 주워 주는 운동이 되는 것이다.

※ 촉각을 이용해 혈관을 찾는다는 뜻(옮긴이).

이렇게 해서 레지던트의 움직임은 선행하는 이미지가 없는 무방향·무질서한 탐색이 아니라, '자신의 움직임으로 인해 세계에 어떤 변화가 일어날지'를 예측한 이미지가 선행하고 서서히 수행되는 이른바 수의적인(자기 뜻대로 할 수 있는) 움직임이 되어 간다.

그 과정 가운데, 처음에는 의미도 모른 채 따라 하던 선배 의사의 움직임이 갖고 있는 '의미'를 이해하기 시작한다. 운동의 의미란 신체 외 협응 구조에 의해 부여되는 것이다.

여기서 주목해야 할 점은 '채혈'이라는 하나의 의미 있는 운동을 습득하기 위해서는 신체 내 협응 구조와 신체 외 협응 구조, 두 가지 모두 습득해야 한다는 사실이다.

선배 의사의 움직임을 모방하려는 과정에서는 아마 신체 내 협응 구조의 수용이 중심이겠지만, 그것만으로는 움직임이 확정되지 않으므로 놀이처럼 무방향적인 동시에 '무의미한' 운동이 드러난다. 여기에 신체 외부에 있는 환자의 팔이 길잡이가 되는 형태로 신체 외 협응 구조를 추가함으로써 운동을 확정한다.

동기 레지던트들의 움직임을 관찰하며 정보를 수집하다

그러나 내 경우는 과도한 신체 내 협응 구조로 인해 선배 의사의 움직임을 그대로 모방할 수 없었고, 신체 외 협응 구조를 가능하게 할 놀이도 없었다. 계속해서 채혈을 예로 들면, 선배 의사는 한 손으로 환자의 팔을 아래에서 받치고 팔꿈치의 각도와 피부 장력을 조절한다. 그리고 반대편 손으로 혈관을 촉지한다. 그다음, 주사기를 든 손의 약지와 새끼손가락으로 주사기에 가벼운 음압을 걸며 바늘을 피부에 찌른다. 하지만 이러한 일련의 동작을 내 몸으로 재현하기는 불가능하다.

난감해진 나는 동기 레지던트들이 선배를 흉내 내며 더듬더듬 탐색하고 익히는 모습을 유심히 지켜보다가, 브레이크 댄스를 이해했을 때처럼 동기들의 움직임을 관찰하며 그들의 움직임 이미지를 따라 운동을 재현해 보았다. 동기 레지던트들은 무질서한 운동을 드러낸 상태에서 실패를 거듭하며 점차 신체 외 협응 구조와 운동의 의미를 찾아 갔다.

만약 처음부터 이미 완성된 본보기만 주어졌더라면, 나는 선배의 운동이 가진 의미를 스스로 찾아내지 못했을지도 모른다. 하지만 관찰자로서 나는 아마추어인 동기 레지던트들의 몸에 스스로를 겹쳐보면서 '피부를 당기지 않으면 혈관을 놓치게 되나?', '피부를 너무 당기면 혈관 촉지가 어렵나?', '팔꿈치를 지나치게 펴거나 구부려도 혈관 촉지가 어렵나?' 하면서 신체 외 협응 구조를 어렴풋이 상상해 보았다.

레지던트의 손과 환자의 팔, 그리고 주사기가 접촉하는 지점에 주목해 채혈이라는 일련의 운동을 '피부의 장력을 조절한다', '주사기에 음압을 계속 건다' 등의 요소로 나눠서 생

[사진 5-2]

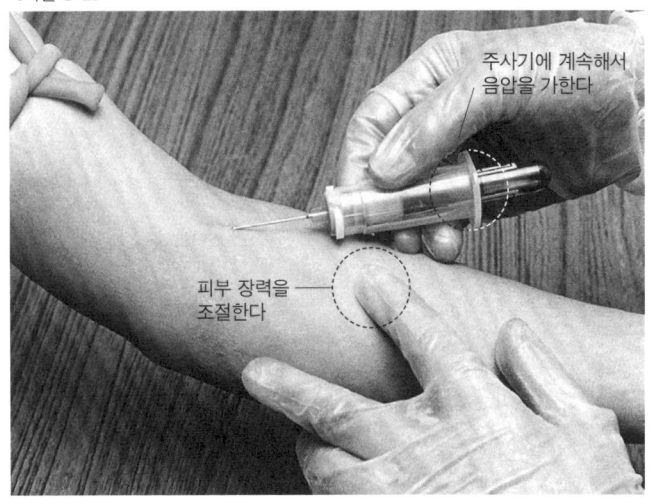

마쓰오카 겐松岡健 편《기본적 임상 기능 비주얼 노트基本的臨床技能ヴィジュアルノート》
(医学書院, 2003)에서 일부 수정 발췌.

각했다. (사진 5-2) 또 이러한 운동 요소 가운데 내가 할 수 있는 것과 할 수 없는 것을 나눴다.

곤란한 나머지 백엔샵으로

피부를 당기거나 바늘을 찌르는 움직임은 나 혼자서도 할 수 있다. 팔꿈치의 각도 조절은 팔받침 베개를 사용하면 된다. 하지만 주사기에 음압을 걸 손가락이 부족하다. 게다가 팔받침 베개는 크기가 늘 일정하지 않아서 환자에 따라 크기를 조정해야 한다. 어떻게 해야 할까?

더군다나 자세히 살펴보니, 채혈은 그게 다가 아니었다.

채혈에 필요한 각종 도구, 즉 바늘과 주사기, 혈액 채취 용기, 팔을 울혈鬱血시켜[*] 혈관을 잘 보이게끔 할 구혈대, 알코올 솜, 반창고 등을 보관 장소에 넣어두고 필요할 때 바로 꺼내 써야 한다. 그러고 보니, 나는 구혈대를 묶을 수 없었다. 어떡하지, 정말 손이 부족하다······.

완전히 뒤처져 초조했던 나는 퇴근길에 백엔샵[*]에 들렀다. 부족한 손을 보완하기 위해 스스로 '보조 도구'를 만들어야겠다고 생각한 것이다.

우선 상자. 필요한 각종 도구를 그때그때 챙기는 것은 효율적이지 않고, 바쁘고 좁은 간호사 대기실에서 휠체어로 여기저기 돌아다니기도 부담스럽다. 그러니 상자에 나만의 전용 도구를 넣어서 다니자. 팔받침 베개도 여러 종류를 준비해 두면 좋을 것이다.

다음으로, 주사기 피스톤을 뒤로 당길 손이 부족하다. 상자에 주사기를 고정하고, 음압을 걸 기계를 달면 어떨까? 채취한 혈액을 바로 용기에 넣어야 안 굳는데, 지금 내 속도로는 아슬아슬하다. 이것도 자동으로 할 수 있다면 좋을 텐데.

이런 만들기 아이디어는 점점 실현 불가능한 방향으로 부풀었다. (그림 5-3) 나는 견본을 만들어서 선배 의사의 도움

---

[*] 혈관이 팽창되도록 혈액 순환을 일시적으로 막는다는 뜻이다(옮긴이).

[*] 생필품, 생활용품 등을 100엔에 파는 가게(옮긴이).

[그림 5-3]

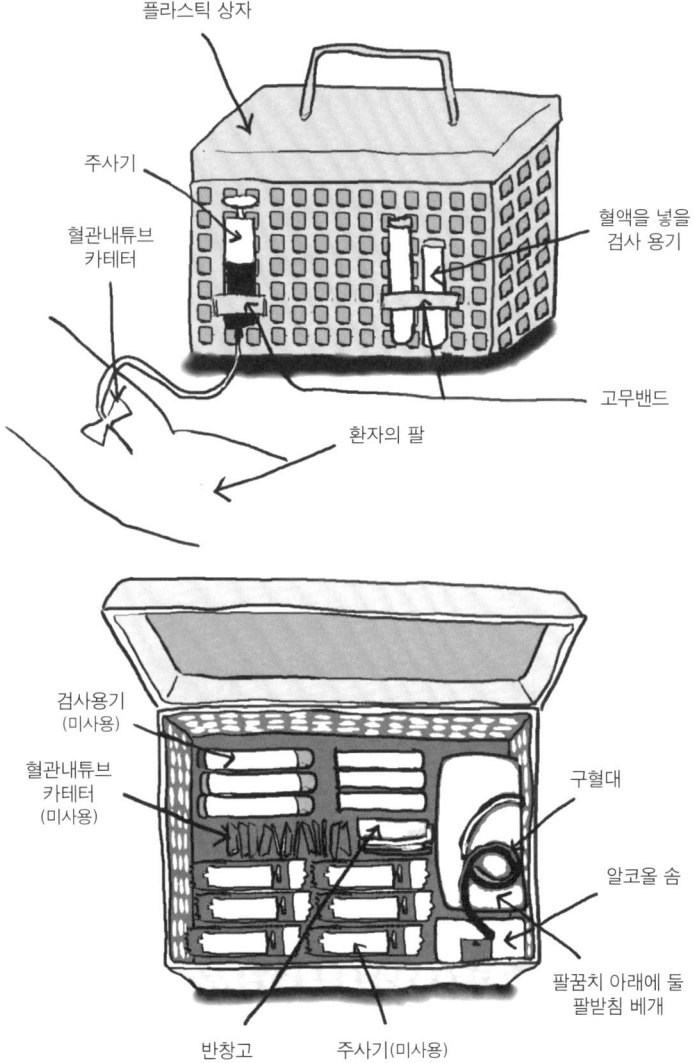

을 받아 여러 차례 연습했지만, 잘 되지 않았다. 딱 한 번 견본을 갖고 가서 환자의 채혈을 시도했지만 첫 번째 시도에서 혈관을 찾지 못했고, 초조함과 압박감에 패배해 동료에게 바통을 넘기고 말았다. 이렇게 해서 나는 레지던트 1년 차에 완전히 자신감을 잃어버렸다.

'의사로서 내가 할 수 있는 일은 없는 게 아닐까?'

나는 패배감에 힘이 빠졌고 의욕도 잃었다. 망연자실에 가까운 상태로 2년 차가 된 나는 바쁘기로 소문난 한 지역 병원으로 옮겨 갔다.

(2) 사람과의 협응 구조를 깨닫다: 레지던트 2년 차

모두 혼자서는 아무것도 할 수 없을 정도로 바쁘다

처음에는 이렇게 바쁜 병원에서 과연 버틸 수 있을까 싶어 반쯤 포기하고 싶었지만, 의외로 상황은 좋아졌다.

지금 돌아보면, 1년 차에 나는 적어도 채혈 정도는 혼자서 할 수 있어야 한 사람 몫을 하는 의사가 될 수 있다는 생각에 사로잡혀 있었다. 그런 생각은 1년 차 레지던트가 처한 독특한 위치에서 기인한 것일 수도 있다. 레지던트는 '빨리 한 사람 몫을 하는 의사가 되고 싶다'고 간절히 바라므로, 의식적이든 무의식적이든 동료와 자신의 기술을 비교하며 일희

일비한다. 교육기관인 대학병원의 특성상 주변에서도 레지던트를 향해 '애는 괜찮을까?' 하고 '판단'하는 눈길, '애를 어떻게든 한 사람 몫을 하게 만들어야 한다'고 '교육'하는 눈길을 보낸다. 이는 재활 과제 훈련에서 트레이너와 트레이니의 '응시하고/응시당하는 관계'와 같다.

이에 비해 2년 차에 옮긴 병원은 아주 바쁜 곳이라서, 직원 한 사람 한 사람이 '나 혼자 일해서는 병원이 안 돌아간다'는 느낌을 공유했다. '나 혼자서는 아무것도 할 수 없다'는 뜻에서는 모두가 장애를 갖고 있다고도 말할 수 있겠다. 내가 가진 신체적 차이는 다른 사람들이 가진 한계와 동등한 것이 되었다. "저 선생님은 밤중에는 일어나지 않지만 실력은 좋다"라든지 "저 선생님은 실력은 안 좋은데 환자들에게 평판이 좋다" 같은 특징과 정보를 공유하며, 동료들은 각자 자신이 할 수 있는 것을 하며 일했다.

그런 곳에서 동료들이 나를 바라보는 시선은 '판단'이나 '교육' 같은 위에서 아래로 향하는 눈길이 아니라, "도와줄래?", "도와줄까?"와 같이 '줍고 주워지는 관계'를 마음껏 맺을 수 있는 '융화하는 시선'이었다.

팀워크를 시작하다

레지던트 2년 차 병원에서는 내가 백엔샵에서 물품을 사서 만든, 부피가 큰 보조 도구가 더는 필요하지 않았다.

내 주위에 있는 직원들은 수술 어시스턴트처럼 높은 집중력으로 나의 몸짓 하나하나를 보며 내가 무엇을 하려는지 읽어내려 했다. 이때 아마도 주변 직원들은 앞서 언급한 '상상적 수용' 작업을 통해 내 움직임의 이면에 있는 생각과 감각을 읽으려는 공감적인 태도를 보였을 것이다.

'융화하는 시선'이란 바로 그런 태도를 가리킨다. 예를 들어 채혈 도구를 모으려고 내가 꼼지락대고 있으면 챙겨 주고, 주사기에 음압을 거느라 고군분투하고 있으면 도와 준다. 나의 어색한 운동은 1년 차 레지던트 때처럼 무엇에도 스치지 못한 채 허공에서 헛스윙하지 않고, 곁에 있는 누군가가 주워 준다. 타인과 나의 움직임이 연쇄적으로 연결되기 시작하고 거기에서 신체 외 협응 구조, 즉 팀워크가 시작된다.

다만 어느 정도 신체 외 협응 구조가 생기기 전까지는 나도 '나의 어떤 움직임이 주변의 어떤 움직임과 연동할 수 있을지'를 예상할 수 없어서, 주변에 도움을 요청하려 해도 말로 표현하기 어려웠다. 신체 외 협응 구조가 어느 정도 형성되고 나서야 비로소 내 움직임을 출발점으로 발생하는 운동 연쇄의 패턴이 내 안에 하나의 이미지로 군집화되고, 그제야 "이것을 해 주세요", "저것을 해 주세요"라고 목소리를 낼 수 있었다. 이는 내 안에서 채혈을 수행하는 데 필요한 선행 이미지가 생겨남으로써 수의적인 운동이 가능해졌다는 것을 뜻한다.

[사진 5-4]

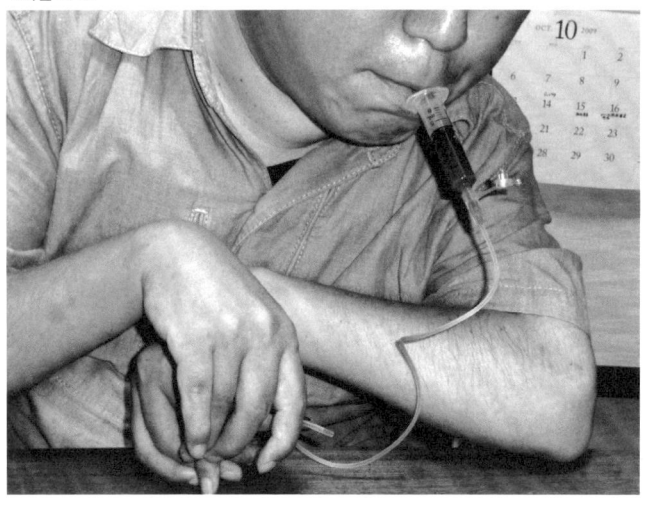

그 결과 나는 채혈 과정에서 입으로 주사기에 음압을 걸고, 왼손으로 피부의 장력을 조절하며, 팔꿈치의 각도는 나를 보조하는 이의 몸을 사용하는 식으로 운동을 재구성해서 채혈을 할 수 있게 되었다. 하지만 입으로 음압을 거는 것이 피를 빨아들이는 것처럼 보여 흡혈귀를 연상시킨다고 평판이 좋지 않아서, 그 후로 인력이 여유로울 때는 보조자가 주사기를 당겨 주게 되었다. 하지만 응급 상황 등으로 인력이 부족할 때는 지금도 입을 사용해 음압을 건다. (사진 5-4)

보조자의 몸과 나의 몸이 하나가 되다

이렇듯 '나의 움직임'은 타인의 움직임을 참고하되, 해체한 뒤 다른 것으로 다시 구축하는 과정을 거쳐 나온다.

해체—재구축 과정 안팎으로 환자의 팔이라는 대상물과 나의 운동이 접촉하는 지점에서 생긴 신체 외 협응 구조가 보존된다. 반면 내 몸의 움직임 자체에 내재한 신체 내 협응 구조는 이제 더는 원래 본보기와 전혀 닮지 않았다.

즉 나는 타인의 움직임을 그대로 받아들여 재현할 수 없다. 그러므로 그 대신 먼저 대상과 접촉하는 지점에 초점을 맞추어 본보기의 움직임을 관찰하고, 그 접촉점에서 나타나는 '대상과 본보기 간의 신체 외 협응 구조'를 받아들인다. 그리고 그러한 협응 구조가 성립할 수 있도록 '내 몸의 움직임', '보조자의 움직임', '대상인 환자의 팔' 세 가지 요소의 관계를 다시 맺어 내가 할 수 있는 형성 과정formation을 새로 만들어 낸다.

이렇게 완성된 나만의 독창적인 움직임은 종종 보조자의 몸을 필수적인 요소로 포함하는 경우가 많다. 그리고 나와 보조자 사이에는 강한 신체 외 협응 구조, 즉 팀워크가 성립한다. 예를 들어 채혈할 때 나를 보조하는 데 익숙한 동료는 내 몸이 어떤 움직임 패턴을 갖고 있는지 잘 알아서, 내가 말로 표현하지 않아도 내 손끝의 미세한 움직임에 반응해 그 움직임의 '의미'를 알아차리고 환자의 팔꿈치를 받치는 손의 위치를 조정한다.

마치 보조자와 나, 두 몸이 확장되어 하나의 커다란 몸처럼 느낄 수 있는 신기한 경험이다. 환자의 팔이라는 동일한 대상을 두고 나와 보조자의 두 몸이 함께 채혈이라는 운동을 수행하려 힘을 합칠 때, 그 순간 내 몸과 보조자의 몸의 경계가 모호해진 듯한 느낌이다.

3
큰 틀의 목표 설정이 중요한 이유

'목표'는 움직임이 주워지기 위한 조건

과거 '정상적인 움직임'이라는 운동 목표 아래 '응시하고/응시당하는 관계'에 놓여 있던 재활의 현장에서, 나는 끝내 '나의 움직임'을 얻을 수 없었다.

그러나 혼자 살았을 때나 2년 차 직장에서는 달랐다. 최종적으로 도달해야 할 운동 목표에 대한 명확한 비전을 갖지 않은 상태에서, 외부세계와 '풀면서 서로 줍는 관계'에 그저 내 몸을 맡긴 채 시행착오를 거듭함으로써 점차 신체 외 협응 구조가 생겨났고, 주변 사람들에 의해 주워지고 의미를 부여받은 '나만의 운동'이 완성되었다. 나는 5장의 중심 주제로 이 두 경우의 차이에 대해 고찰할 것이다.

과도한 신체 내 협응 구조를 가진 내 몸은 많은 이들과 달리 어색하게 움직인다. 그래서 주위에 있는 사람이나 사물은 종종 나의 운동과 협응 구조를 연결하지 못한다. 그 결과 나의 운동은 어떤 것에도 주워지지 않은 채 무의미하게 허공을 가르는 운동으로 끝나고 만다. 그러나 앞서 채혈을 예로 들어 살핀 것처럼 '채혈을 한다'는 목표 아래 나의 신체 내 협응 구조에 맞춰 주변 사람들과 신체 외 협응 구조인 팀워크가 생겨나면, 나의 어색한 운동은 보조자의 움직임을 통해 의미를 부여받게 된다.

이 과정에서는 최종적인 '목표'가 무엇인지가 중요하다.

최종적인 '목표'를 향해 탐색하며 운동 과정을 구성해 나가는 작업을 '강화 학습'이라고 한다. 강화 학습에서는 특정 행동을 선택하여 목표에 가까워지면 보상으로 '쾌감' 자극을 얻을 수 있으므로, 그 행동이 강화된다. 뇌에서는 기저핵과 전전두엽피질prefrontal cortex을 고리 모양으로 연결하는 보상계reward system 신경 회로가 이러한 강화 학습을 담당한다고 알려져 있다. 보상계에서는 도파민이라는 물질이 '보상의 크기'와 '보상의 기대치'를 계산하고 처리한다.

그러나 '이렇게 하면 저렇게 될 것'이라고 예측하는 내부 모델이 통하지 않는 낯선 환경에서 강화 학습을 하는 경우와, 내부 모델이 유효하게 작동해 예측이 잘 통하는 환경에서 강화 학습을 하는 경우는 학습 전략을 달리해야 한다. 로봇이 스스로 하는 학습(기계 학습) 분야에서는 목표를 향해 자유롭게 시행착오(비지도 학습)를 하는 전자의 경우를 '탐색 전략exploration, 새로운 가능성을 찾기 위해 불확실한 영역을 조사하는 전략'이라 하고, 내부 모델에 기반한 안정적인 행동을 선택(지도 학습)하는 후자의 경우를 '활용 전략exploitation, 이미 알고 있는 정보를 최대한 활용하는 전략'이라 한다. 이 분류로 보면 내가 혼자 살면서 큰 틀의 목표 설정 하에 시행착오를 겪은 상태는 비지도 학습의 '탐색 전략'에 해당한다.

'탐색 전략'과 '활용 전략' 외에도, 강화 학습에는 당면한 어려움이나 실패를 걱정하지 않고 미래의 보상을 우선시하는 '장기 전략'과 당장 얻을 수 있는 눈앞의 보상에 집착하는 '단기 전략'이 있다. 이런 축에서 보자면 실패에 구애되지 않고 최종적인 장기 목표를 향해 낙관적인 태도를 취하는 '큰 틀의 목표 설정' 상태는 '장기 전략'에 해당한다. 로봇의 강화학습 프로그램을 참고하여 인간의 강화학습 신경 메커니즘을 모델링하고 있는 도야 겐지는 지금까지 축적된 연구 결과를 바탕으로 노르아드레날린이라는 물질이 '탐색 전략'과 '활용 전략'의 전환을 담당하고, 세로토닌이라는 물질이 '장기 전략'과 '단기 전략'의 전환을 담당한다는 가설을 세웠다. 학습 방법 자체를 배운다는 의미에서 이러한 전환을 '메타 학습'이라 부른다.

큰 틀의 목표 설정 하에 시행착오를 겪을 때, 내 몸은 예측할 수 없는 주워지는 운동은 대부분 일정한 목표를 갖고 있다. 지금까지 예로 든 '컵 들기'나 '채혈하기'가 이 목표에 해당한다. 이러한 목표에 따라 형성된 운동의 연결 패턴이 곧 운동 규범이라 할 수 있다.

그리고 나는 비장애인의 운동 규범을 잘 실행할 수 없으므로, 이 '목표' 설정 방식에도 신중해야 한다.

결과만 좋으면 된다는 마음가짐이 놀이를 만든다

레지던트 1년 차에 나는 가능한 한 선배의 채혈 움직임을 재현하려고 고군분투했다. 그때 나는 '선배 의사가 채혈하는 모습'이라는 구체적인 운동 이미지를 모방하는 것을 운동 목표로 삼았는데, 싫든 좋든 그 목표로부터 어긋나는 내

> 세상과 마주하며 각성된다. 하지만 이는 '실패하면 어떡하지?' 하며 초조함을 동반하는 것이 아니라, '이렇게 하면 어떻게 될까?' 하며 실험에 임할 때의 각성에 가깝다. 실험에 실패는 없다. 행동의 결과는 전부 내 몸을 더 잘 알기 위한 데이터이자 보상이다. 그리고 내부 모델이 효력을 잃은 끝에, 협응 구조를 쉽게 느낄 수 있고 망설임 없이 무질서하게 움직이기 시작한 몸이 존재한다. 이러한 나의 경험을 뒷받침할 수 있는 이론이 마침내 나오는 중인 듯하다.
> 그러나 훌륭한 이론이 반드시 훌륭한 실천으로 이어지는 것은 아니다. 동일한 이론도 현장의 이념에 따라 전혀 다르게 응용될 수 있기 때문이다. 나는 인간의 다양성을 설명할 수 있는 뛰어난 이론이 비장애인의 움직임을 장애인에게 강요하는 재활에 악용되는 것은 막아야 한다고 생각하며, 이를 위해서는 장애인 당사자들이 현대의 운동 이론에 접근하고 현장의 실천 방식에도 개입할 수 있어야 한다고 본다. 이 책에서 나는 기회가 있을 때마다 나의 경험과 현대 운동 이론 사이의 접점을 찾으려 했는데, 그 배경에는 바로 이러한 의도가 있다.

운동에 초조함을 느끼고 잘 해내지 못했다. 초조함은 본래에도 과도하게 긴장된 나의 신체 내 협응 구조를 더욱더 경직되게 만들었다. 그로 인해 내 움직임에는 주위에 있는 사물이나 사람과 협응 구조로 연결되는 데 필요한 놀이가 사라졌다. 이렇듯 목표로 삼은 운동 이미지가 지나치게 구체적이면 잘 수행하기가 오히려 어렵다. 이것은 재활 과제 훈련 때도 마찬가지였다.

한편 2년 차에는 '어떤 형태든 좋으니, 채혈을 할 수 있으면 된다'는 큰 틀의 목표 설정 하에 잘해낼 수 있었다. 큰 틀의 목표가 주어지면 시행착오를 위한 놀이를 할 수 있다. 몸짓 하나하나에 그렇게 조급하지 않게 되고, 나뿐만 아니라 주위에서도 오히려 더 유연하게 움직일 수 있다. 결국 목표를 지나치게 구체적으로 설정하지 않고 큰 틀을 유지하는 것이 초조해하지 않고 유연한 움직임을 지속하는 데 중요한 포인트라 할 수 있다.

❧ 큰 틀의 목표 설정이 중요한 이유는 또 있다. 내 경우에는 한 번 할 수 있게 된 운동이라 해도, 시간이 지나도 익숙해지기 어렵다는 특징이 있다. 대부분의 사람들은 한 번 컵을 잡는 법을 학습하면, 그 다음부터는 잡는 법을 거의 의식하지 않고도 자동으로 동작을 수행할 수 있을 것이다. 그러나 나는 설령 자주 사용하는 컵이고 잡는 법을 익혔다고 해도, 정신적 긴장이나 추위로 인해 손이 잔뜩 오그라져 있을 때처럼 그때그때 나타나는 예상치 못한 요소로 인해 신체 내 협응 구조가 강화되면서 쉽게 무질서한 운동이 드러나 결국 컵을 제대로 잡을 수 없는 경우가 종종 발생한다. 더군다나 평소 사용하는 컵보다 미끄러운 재질의 컵이거나, 무겁거나, 돌출된 부분이 적은 등 특징

패배의 관능으로 나의 운동을 시작한다

그렇다면 목표를 너무 구체적으로 설정하지 않고 큰 틀의 목표 설정을 유지할 때, 신체 자세는 어떤 모습일까? 예를 들어 '채혈을 한다'는 큰 틀의 목표가 주어졌을 때를 생각해 보자.

이미 어느 정도 팀워크가 마련되어 있고 큰 틀의 목표를 달성하기 위해 구체적인 움직임을 골라 몇 가지 리스트업✿ 할 수 있는 상황이라면 그 과정은 그리 어렵지 않다. 목표에 이르는 여러 가지 가능한 경로를 그때그때 적절히 선택하면 된다.

그런데 아직 팀워크가 마련되지 않은 집단에서 시행착오를 겪게 되는 경우, 구체적인 선택지의 리스트는 백지 상태이다. 유연한 선택을 하려 해도 선택지가 없으므로 아무것도 할 수 없다. 그래도 팀원들의 신체 특성이 어느 정도 비슷하다면 자신 외에 다른 팀원이 어떻게 움직일지 서로 예측할

이 다른 컵은 더욱 잡기 어렵다. 몸과 마음 그리고 컵의 예상치 못한 요소가 나의 무질서한 운동을 초래하고 운동을 탈선하게 한다. 게다가 운동이 목표에서 벗어나 목표에 다시 집중하려고 하면 할수록 초조해져서 도리어 몸이 굳는다. 이렇듯 '익숙해지기 어렵고', '목표에서 벗어나기 쉬운' 특징을 고려하면 운동 목표는 몸짓 하나하나를 세세히 구체적으로 규정하지 않는 편이 낫다는 것을 알 수 있다. 운동 목표가 너무 세밀하면 그만큼 목표를 벗어날 가능성이 더 커서 항상 전전긍긍하며 움직여야 하기 때문이다.

✿ List up. 필요한 사항을 정리하고 우선순위를 파악하는 것을 뜻하는 일본식 영어 조어(옮긴이).

수 있으니 팀워크를 쉽게 구축할 수 있다. 그러나 나처럼 어떻게 움직일 수 있을지를 예측하기 어려운 팀원이 있다면 구체적인 선택지를 상상하기는 어렵다.

이처럼 긴장감이 팽팽한 상황에서 숨통을 틀 수 있는 계기는 큰 틀의 목표를 잠시 제쳐두고서 서로 교감하며 서로의 몸을 알아 가려는, 일종의 관능적인 동인動因이라고 생각한다. 목표 달성에 집착하는 '응시하고/응시당하는 관계'보다, 목표를 이루지 못하고 패배하더라도 서로 교감하는 과정에서 일종의 기쁨을 느끼며 몸이 열리는 '풀면서 서로 줍는 관계'를 우선시하는 마음가짐은 서로의 신체 이미지를 받아들이도록 하고 협응 구조를 만들어 낸다. 그러면 경직되었던 팀은 느릿느릿 움직이기 시작하고, 멀리 돌아가더라도 결국 목표에 도달할 것이다.

이러한 자세는 패배의 관능과 공통점을 갖고 있다. 재활의 밤에 단순한 부산물로 태어난 것처럼 보였던 패배의 관능은, 이렇게 새로운 '나의 운동'을 시작하는 데 필요한 중심적인 동인으로 되돌아왔다. (그림 5-5)

[그림 5-5]

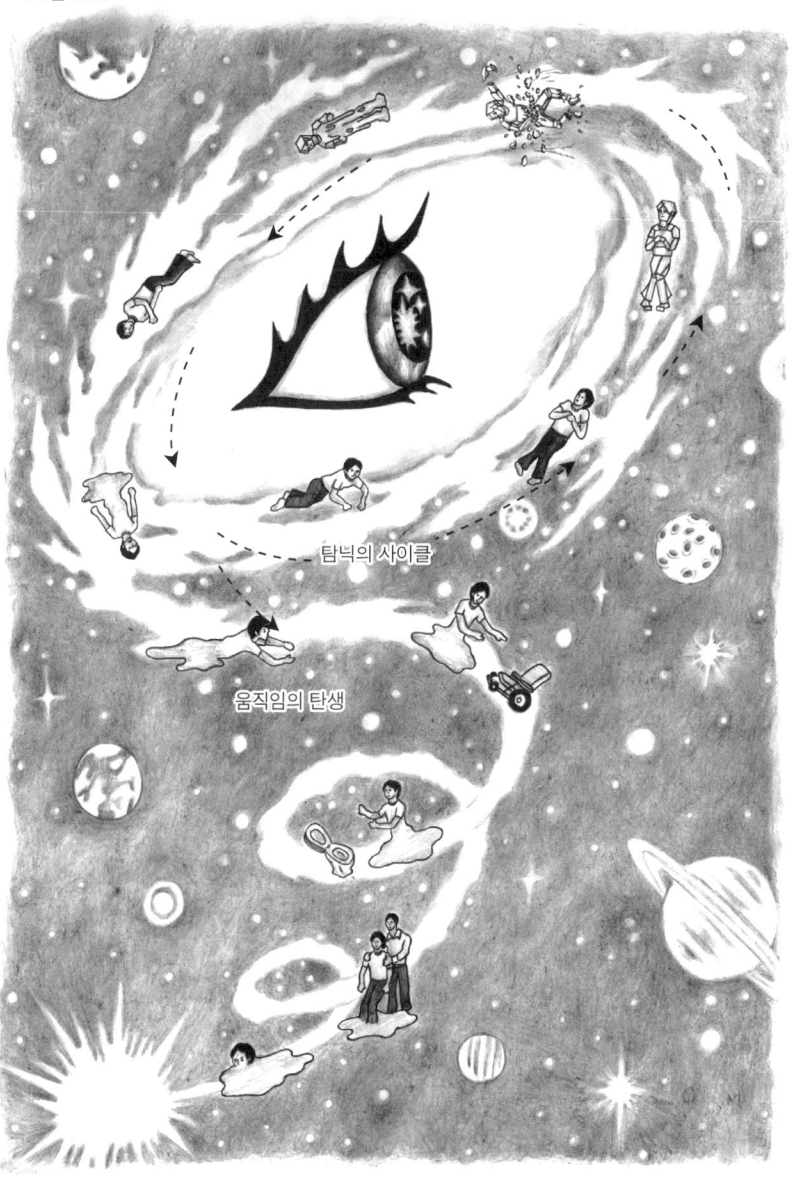

4
세계에 시선을 쏟고 공유하다

나는 타인의 움직임에 빙의해 세상에 의미를 부여해 왔다

어린아이가 세계 속에서 의미를 찾아가는 과정은, 자신의 움직임과 세계의 응답 사이의 관계를 발견해 가는 과정이다. 언뜻 보면 무질서해 보이는 탐색 행동을 하면서 아이는 만지고, 두드리고, 잡고, 던지고, 핥으며 세계의 응답을 감지한다. 아마도 이때 세계 가운데서 자신의 운동에 응답한 부분이 의식에서 초점이 맞춰져 특정되고 의미가 부여된다. 이것은 운동 감각과 응답에 대한 지각이 한 쌍이 된 기억이다.

움직임은 세계와 신체 사이에서 발생한다. 세계와 '서로 줍는 관계' 가운데 생기는 나의 움직임은 내 몸에 의미를 부여할 뿐만 아니라, 세계에도 의미를 부여한다.

그렇다면 나는 외부에 있는 많은 사물과 직접 교섭하기 어려우니, 외부세계의 의미를 거의 파악하지 못할까? 그렇지 않다. 가령 나는 계단을 오르는 운동을 스스로 실행할 수는 없지만, 계단을 오르는 타인의 움직임을 상상으로 추적하고 받아들이며 이를 재현하고 있다. 이렇게 '계단 오르기'라는 어렴풋한 운동 이미지가 내 안에 나름대로 자리 잡았다. 여기까지는 브레이크 댄스 운동 이미지를 받아들였을 때와 똑같은 과정이다. 그 후에는 다르다. '계단 오르기' 이미지가 자리 잡으면, 나는 받아늘인 비장애인의 운동 이미지를 매개로 스스로 올라갈 수 없는 '계단'의 의미를 파악한다.

이처럼 나는 혼자 살기 이전부터 '내가 실행할 수 없는 타자의 움직임을 상상으로 받아들이는 작업'을 해 왔다. 이 작업을 통해 타자의 수많은 운동 이미지가 내 안에 들어왔고, 이에 따라 나는 타자와 세계의 의미를 어렴풋하게나마 공유할 수 있었다.

그러나 이는 어디까지나 '비장애인의 몸을 전제로 한 세계의 의미'였다. 혼자 살기 시작하면서부터 나는 어린아이처럼 새로운 움직임을 통해 세계와 직접 접촉함으로써 '내 몸을 전제로 한 세계의 의미'를 새롭게 군집화해 왔다.

'비장애인'과 '나', 두 가지 시선이 필요하다

그렇다고 해서 혼자 살기 시작한 이후로 '비장애인의 몸을 전제로 한 세계의 의미'는 필요 없고 '내 몸을 전제로 한 세계의 의미'만으로 충분하냐 하면, 그렇지는 않다. 돌봄을 주고받는 관계가 있기 때문이다.

내 몸은 혼자서 할 수 있는 일이 적기 때문에, 혼자 살게 된 이후에도 활동지원사의 움직임을 내 몸의 움직임처럼 받아들이는 작업이 필수적이었다. 나는 무방비 상태인 몸을 타자에게 항상 드러내야만 살 수 있다. 이것에는 일종의 두려움이 따른다. 예를 들어 처음 만난 사람에게 돌봄을 부탁해야 할 때, 상대방이 무슨 생각을 하고 있는지 모르는 채로 내 몸을 만지게 하는 것은 매우 겁나는 일이다. 상대방이 무슨 생각을 하는지, 어떤 타이밍에 어떤 운동을 할 것인지 내가 어느 정도 예측할 수 있는 상태가 아니라면 내 몸을 맡기기 어렵다.

내가 실행할 수 없는 비장애인의 운동 패턴을 상상하고 받아들이는 작업은 다른 사람이 어떻게 느끼고 어떻게 움직일지 예측하기 위해 요구되는 기본적인 작업이라고 할 수 있다. 그리고 이 작업으로 나는 활동지원사의 운동을 주워 담을 수 있게 되고, 이때 비로소 활동지원사와 나 사이에 서로 줍는 운동의 의미를 부여하는 신체 외 협응 구조가 성립된다.

혼자 사는 생활을 통해, 나는 다양한 비장애인의 신체와 교섭하며 비장애인의 움직임을 차용한 경험을 거듭해 왔다. 그리고 과거 재활 당시에는 이해하지 못했던 '비장애인의 움직임의 이미지'와 '비장애인의 몸을 전제로 한 세계의 의미'를 알게 되었다. 예를 들어 등 뒤에서 내 휠체어를 밀고 있는 활동지원사의 거친 숨소리를 느끼며 '이 언덕길은 비장애인에게도 힘들구나' 하고 알게 된다든지, 여러 의미를 수도 없이 배웠다.

　나처럼 소수자인 사람은 다수자와 협응 구조를 맺지 않고는 살 수 없으므로, 자신만의 독창적인 운동 규범뿐만 아니라 다수자의 운동 규범도 계속 유지해야 한다. 이러한 '규범의 다중성'은 소수자가 살아가기 위한 필요조건이다.

　이렇게 활동지원사의 돌봄을 조건으로 혼자 생활하면서, 재활을 하던 때 어렴풋이 알았던 '비장애인용 내부 모델'과 '실제 나의 신체의 내부 모델' 양쪽이 다 명확해졌다.

활동지원사에게도 3센티미터 단차가 보이게 된다

　활동지원사와의 협동이 익숙해지면 몸과 몸 사이의 협응 구조가 점차 완성되어 간다. 이에 따라 길을 걸을 때 활동지원사가 가진 시선도 나와 비슷해진다.

　가령 대부분의 사람들은 3센티미터 정도의 단차가 있어도 무의식적으로 발걸음을 미세하게 조정하여 넘을 수 있기 때문에 그 단차에 굳이 시선을 쏟지 않는다. 이는 바꿔 말해, 단차와 신체 사이에 이미 완성된 협응 구조가 마련되어 있기 때문에 단차가 신체의 일부분처럼 되어 있다고도 할 수 있다.

　그런데 나의 경우에는, 거리에서 3센티미터의 단차를 만날 적마다 휠체어의 진입 각도나 속도 등을 미세하게 조정해야 한다. 이는 내 몸과 외부세계 사이에 생긴 틈이다. 단차를 잘 넘을 수 없다고 판단하면, 나는 활동지원사에게 휠체어를 들어 올려 달라고 부탁할 수밖에 없다.

이러한 경험을 반복적으로 공유하다 보면 이내 활동지원사도 어느 단차에 어떤 보조가 필요한지 알게 된다. 이렇게 활동지원사는 나와의 협응 구조를 통해, 많은 이들은 보고 지나칠 단차에 의식의 초점을 맞추게 된다. 즉 타인과의 사이에 협응 구조를 만들어 냄으로써 나의 운동을 할 수 있게 될 뿐만 아니라, 세계를 바라보는 시선도 갖추게 된다.

이처럼 서로가 운동 규범의 다중성을 갖는 것은 나와 다른 신체적 조건을 가진 타자와의 관계가 일방적으로 규범을 강요하는 동화적인 '가해/피해 관계'에 빠지지 않도록 하기 위해 필수적이다. 나의 고유한 운동 규범은 비장애인의 운동 규범을 전제로 한다. 마찬가지로 비장애인의 운동 규범이 나의 고유한 운동 규범을 전제로 다가오지 않는다면, 나는 다시금 재활할 때처럼 비장애인의 움직임에 동화되라는 압력에 노출될 수밖에 없다.

규범의 다중성을 갖게 됨으로써 세상을 바라보는 시선을 더욱 복안적으로 조정하고 타자와 서로 맞추어 나가는 과정은, 결코 서로 다른 신체적 차이를 없애는 방식의 융화가 아니다. 이것은 차이를 차이로 인식하면서도 동일한 대상을 바라보는 방식을 복안의 시야로 더욱 넓혀가는 작업이다. 서로 다른 특성을 가진 사람들이 같은 세계를 살아가면서 세상의 의미를 더욱 풍부히 군집화해 나가는 과정이라고도 할 수 있을 것이다.

이렇게 움직일 수 있었던가?

'품면서 서로 줍는 관계'의 효능은 '나의 움직임'을 획득하는 것뿐만이 아니다. 내 신체의 움직임 자체도 더 유연하고 역동적으로 변한 느낌이 든다.

예를 들어, 2년 차 직장에서 나는 문득 "어라, 내가 이렇게 움직일 수 있었나?"라는 생각이 들 때가 종종 있었다. 정신을 차리고 보면 예전에는 할 수 없다고 여긴 운동을 하고 있는 나 자신을 발견하는 순간도 있었다. 예를 들어 경련을 하는 환자가 구급차에 실려 왔을 때 내가 몇 초 동안 반쯤 일어난 자세로 서 있던 것을 알아차리거나, 주사기나 청진기를 재빠르게 조작하고 있는 자신을 우연히 발견하기도 했다.

'품면서 서로 줍는 관계'는 '응시하고/응시당하는 관계'에 비해 자신의 움직임을 낱낱이 모니터링하고자 하는 자의식이 높지 않으므로 아무 생각 없이 있다가 어느새 다양한 움직임을 할 수 있게 된 나를 뒤늦게 깨닫게 되는 것이다.

그러나 유감스럽게도 일단 나 자신이 다양한 움직임을 하고 있다는 점을 알아차리고 나면, '응시하고/응시당하는 관계'에 얽매이게 되어 다시금 움직임이 어색해지고 만다.

나를 움직이게 해주는 거울, 타자

이런 '리허설 효과'✱에 대한 객관적인 데이터가 있는 것은 아니다. 사실 주변과 '줍고 주워지는 관계'가 성립하게 되면, '내가 지금 움직일 수 있다'는 느낌을 다소 과대평가하기 마련이다.

예를 들어 다음 사진을 보자. (사진 5-6) 이 사진 속에서 내 제스처가 무엇을 뜻하는지 알겠는가? 사실, 이 동작을 하고 있을 때 나는 아래 그림과 같이 "대체 무슨 소리야?" 하는 듯한 모양새로 어깨를 으쓱하고 있다. (그림 5-7)

외부에서 보기에 두 가지 제스처는 전혀 닮지 않았다. 하지만 오랫동안 나와 어울린 친구들은 나의 이런 반응을 완전히 익혔기 때문에 내 제스처의 의미를 바로 알 수 있다. 그리고 친구들의 증언에 따르면, 나와 오래 만나면서 그림 5-6의 제스처가 사진 5-7처럼 보이게 됐다고 한다.

하루 중 잠깐 거울에 비친 나 자신을 보는 아주 짧은 순간을 제외하면, 나는 주변의 반응을 실마리로 삼아 내 움직임을 모니터링한다. 외부세계의 응답이 거울 역할을 하는 것이다. 내 움직임을 주워 줄 친구들에게 둘러싸여 있을 때, 나 역시 내가 실제로 그림 5-7과 같은 움직임을 하고 있다는 이미지를 갖게 된다.

✱ 반복적으로 경험하거나 사전에 체험하면 실제 상황에서 수행 능력이 향상되는 현상(옮긴이).

[사진 5-6]

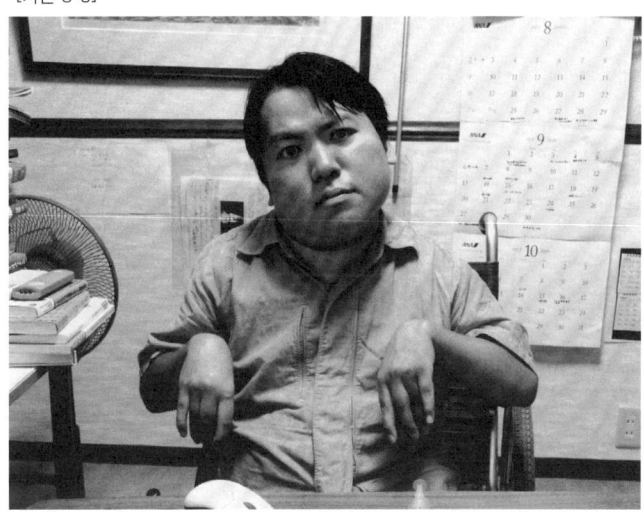

[그림 5-7]

이것이 바로 '줍고 주워지는 관계'의 진면목이다. 이 관계에 놓여 있을 때, 나는 자신 있게 사진 5-6처럼 동작을 표출할 수 있다. 그리고 이 표출이 바람직하지 않다고는 단정할 수 없다. 이러한 착각이 이미지를 매개로 내 움직임을 그림 5-7에 더 가깝게 만들 가능성도 과학적으로 부정할 수 없다. 또 설령 객관적인 효과가 없다고 하더라도, 이미지 속에서 내 몸은 확실히 '움직일 수 있는' 상태이다. 객관적으로 움직일 수 있느냐 없느냐는 어찌 보면 부차적인 문제라 할 수 있을 것이다.

5
서로 돕기에서 폭력으로

초조한 두 사람

지금까지 나는 외부에 목표를 두고 타인과 서로 협력하는 행위가 얼마나 소중한지에 대해 이야기했다. 그러나 동시에 그 행위는 '상대가 목표대로 움직여주지 않을 때 짜증이 나는' 위험을 내포한 관계라고도 할 수 있다.

목표한 대로 상대가 움직여주지 않는다고 느낄 때 두 사람 사이의 협응 구조는 원활하게 작동하지 않으며, 그전까지 일체화된 상대의 몸과 나 사이에 틈이 생기고 서로 상대방의 움직임에 책임을 물으려 하게 된다.

이때 서로 가까워질 수 있도록 협응 구조를 다시 맺는다면 좋겠지만, 한쪽이 일방적으로 상대방의 움직임을 문제 삼는다면 이는 협응 구조가 성립되지 않은 상태에서 상대의 움직임을 자신의 움직임에 맞추도록 동화시켜 통제하려는 것과 마찬가지이다. 즉 운동 규범을 둘러싸고 '응시하고/응시당하는 관계'의 양상이 끼어든 관계라 할 수 있다. 그래서 이 관계에는 쉽게 '가해/피해 관계'로 변질될 가능성이 내재되어 있다.

또한 두 사람 간의 협응 구조가 깨졌을 때 어느 한쪽이 다른 한쪽에게 동화되라고 압박하는지에 따라 두 사람 관계의 이면에 있는 비대칭적 권력 구조가 드러난다. 권력 구조의 비대칭성은 어느 쪽이 가해자이고 어느 쪽이 피해자인지 결정할 수 있는 요인이기도 하다.

권력 구조가 '가해/피해 관계'를 정한다

내가 레지던트 2년 차에 직무를 잘 해낼 수 있던 이유는 바쁜 병원 특유의 '융화하는 시선'뿐만 아니라, 레지던트 2년 차에 나에게 부여된 지위가 전에 있던 병원에 비해 높았던 덕분이기도 하다. 이것이 '나의 움직임에 주변 동료들이 맞춰주는' 결과를 불러일으킨 한 가지 이유라 할 수 있다. 즉 재활 때와 정반대로, 권력 관계가 역전된 상황이 큰 영향을 미쳤다.

돌봄을 주는 이와 받는 이의 관계도 똑같다. 나는 왠지 모르게 활동지원사의 움직임이 답답할 때가 있다. 활동지원사가 좋은 사람이긴 하지만 아무래도 서로 몸의 움직임이 맞지 않고, 협응 구조도 원활하게 이루어지지 않는 느낌이 들 때가 그렇다. 화장실로 옮겨 주거나 침대에서 몸을 일으켜 세워 줄 때, '아, 거기를 그렇게 잡으면 안 되는데……', '좀 아프네, 사람은 좋은데……'라는 생각이 든 적이 있다. 어떻게든 협응 구조를 맞춰 보려고 "여기를 좀 더 이렇게 해줄래요?"라고 온화하게 말해 보면, 활동지원사는 성실하게 최선을 다해 돌보는 사람이라서 그런지 자신의 행위를 더 많이 의식하면서 초조해지고 결국 협응이 잘 안 된다. 이러는 사이 시간이 흐르면, 어느 순간부터 상대방의 몸짓 하나하나가 마음에 들지 않게 된다. 마치 내가 트레이너이고 활동지원사가 과거의 나, 즉 트레이니인 것 같다.

물론 돌봄을 주고받는 관계에서 활동지원사는 언제든 돌봄 관계를 '그만둘' 수 있지만 돌봄을 받는 이는 그럴 수 없고, 또 돌봄 서비스의 제공자와 이용자라는 점에서 둘은 결코 대등하지 않다. 따라서 돌봄을 받는 이가 돌보는 이의 움직임을 통제하려 하는 권력관계는 어느 정도 인정해야 마땅하다. 그러나 '가해/피해 관계'로 변질될 정도라면, 무리해서 돌봄 관계를 지속하지 않는 편이 낫다.

거꾸로 돌봄을 주는 이가 권력을 더 가진 경우도 있다. 가령 가족이 나를 돌보던 시절, 나는 화장실에 가고 싶을 때나 물을 마시고 싶을 때 부모님의 안색을 살피거나 적절한 타이밍을 기다렸던 적이 많았다. 부모님은 나를 돌보는 것 말고도 일상의 여러 가지 일로 바빴고 나는 기다렸다. 기다림이 당연한 일상이기에 한계에 이를 때까지 참고 견디는 버릇이 생겼다. 기다리는 동안 나는 장시간 배변이나 갈증과 같은 생리적 욕구와 마주했다. 조금만 더 기다려 달라고 몸과 교섭하거나, 그대로 생리적 욕구를 방치하면 어떻게 될지 남의 일처럼 관찰하기도 했다. 이런 상황에서 나는 나를 돌보는 부모님의 페이스에 맞춰야 하는 입장이었다.

틈을 메워야만 하는가?

이처럼 목표를 앞에 두고 있는 양자 관계는 '풀면서 서로 주고받는 관계', '응시하고/응시당하는 관계', '가해/피해 관계' 사이를 불안정하게 오갈 수 있다.

팀워크가 '가해/피해 관계'에 빠지지 않기 위해서는 첫째, 앞서 언급한 권력 구조에 대한 자각이 필요하다. 둘째, 협응 구조에서 벗어났을 때 나타나는 틈 혹은 자기 뜻대로 안 되는 타자성을 조급하게 없애야 할 것으로만 보지 않고, 그 틈 속에서 서로에게 더 나은 무언가를 새롭게 구축할 가능성을 발견할 수 있도록 소중히 여기는 여유로운 마음가짐도 빼놓을 수 없다.

5장에서 나는 협응 구조가 얼마나 중요한지 이야기해 왔다. 그런데 방금 협응 구조가 무너졌을 때 생기는 틈을 소중하게 여겨야 한다고 주장했으니, 내 주장이 모순적이라 생각할 수도 있겠다. 그러나 협응 구조와 틈, 이 두 가지는 밀접하게 연결되어 있다. 6장에서는 두 가지 중 후자인 '틈'에 대해 생각해 보려 한다.

칼럼

땅바닥과 '풀면서 서로 줍는 관계'

정보행靜步行에서 동보행動步行으로

비장애인에게 익숙한 '보행'의 학습 과정 하나만 놓고 보더라도, 땅바닥의 높낮이에는 무한한 변수가 있다. 내부 모델에 미리 모든 변수를 넣어 두고 보행 동작을 예측해 제어하기란 현실적으로 불가능하다. 비장애인도 매 순간 땅바닥과 교섭하여 즉석에서 운동을 형성하는 '비지도 학습' 방식을 언제나 무의식적으로 행하고 있다.

로봇공학자 오카다 미치오岡田美智男는 "이족보행 로봇biped walking robot 연구는 '정보행靜步行, static walking'에서 '동보행動步行, dynamic walking'으로 이행한 것이 중요한 전환점"이라 설명했다.

✾ 도요하시기술과학대학 정보·지능공학계 교수. 인간의 발달 과정을 모방한 로봇의 학습 과정을 연구하는 발달 로보틱스developmental robotics, 인간과 상호작용하는 로봇을 개발하는 소셜 로보틱스social robotics 등을 연구한다(옮긴이).

▲ 사람처럼 똑바로 서서 두 다리로 걷는 이족보행 로봇 연구의 중요한 전환은 1980년대 전반, 미지의 환경에서 어떻게 로봇의 보행 기술을 향상할지를 중심으로 연구하던 가운데 진행되었다. 기존 이족보행 로봇은 한 발로 몸을 지지하면 앞으로 기울어지기 때문에 다른 발을 앞으로 내디뎌서 다음 지지점을 만드는 정보행 방식이었는데, 무게중심 이동이 쉽지 않아 걷기가 매우 느리고 부자연스러웠다.

오카다는 정보행과 동보행의 차이점을 다음과 같이 설명했다. "정보행은 무게중심을 항상 몸을 지탱하는 발바닥의 지지 범위 내에서 유지하는 걷기이다. 무게중심의 이동을 확인하며 한 발의 정적인 균형을 유지한 채 다른 한 발을 앞으로 내디디며 나간다. 반면 동보행은 스스로 정적인 균형을 무너뜨리므로 로봇이 넘어질 듯하면서도 그 과정에서 땅에서 받는 항력을 사용해 동적 균형을 유지한다"고 설명한다.

'맡김'과 '받아들임'이 있어서 사람은 걷는다

오카다는 동보행의 특징을 들며 "자신의 몸이 펼치는 행위인데도 자기 안에서 완결된 형태로 그 의미와 역할을 부여할 수 없기에 그 행위에 대해 반드시 자신이 끝까지 책임질 수 있다고 할 수 없다"며, 이를 '행위의 의미가 가진 불확정성indeterminacy'이라고 했다. 이러한 불확정성을 마주하면 우리 인간의 몸은 "행위의 의미와 가치를 찾기 위해, 일단 환경에 행위의 의미와 가치를 맡겨 두는 행동을 한다". 이처럼 자신의 행위를 과감하게 환경에 맡겨 두려는 신체의 움직임, 투기적이라 할 수 있는 신체의 움직임을 오카다는 '투기적 행동entrusting behavior'이라고 부른다. 나는 이것을 '맡기는 행동'이라고 해석한다. 한편 땅바닥이나 사물 등이 이러한 투기적

2000년에 혼다에서 개발한 이족보행 로봇 아시모ASIMO 등이 동보행을 하는 최초의 이족보행 로봇이다(옮긴이).

인 신체 움직임을 지탱하고 의미와 역할을 부여하도록 기능하는 것을 '접지grounding'이라 부른다.✿ 나는 이것을 '지지하고 받아들임'이라고 해석한다. "우리가 무심코 행하는 모든 행위 속에는 '맡김'과 '받아들임', 이 두 가지 행위가 늘 함께 붙어 다닌다". 이것은 이 책에서 논의하고 있는 '풀면서 서로 줍는 관계'에 해당하는 개념이라 할 수 있겠다.

어떤 운동이든 내부 모델을 지침으로 삼은 '지도 학습'과 그때그때 환경과의 '풀면서 서로 줍는 관계'에 맡기는 '비지도학습' 두 가지 측면이 함께 작용한다. 그런데도 왜 재활 현장에서는 주로 '지도 학습'만 강조해 왔는지 의문이 든다.

✿ '투기적 행동', '접지'는 인간의 일상적 의사소통의 신체성과 사회성을 분석해 로봇에 적용하는 사회적 로봇 연구를 하는 로봇공학자 오카다 미치오의 대표적인 개념이다. 투기적 행동은 '리스크(불확실성)가 있지만 감수하고 상대방에게 맡기고 기대하며 말을 던지는 행위', 접지는 '화자가 던진 말(투기적 행동)을 청중이 의미 있게 받아들이고 공유하는 행위'를 뜻한다(옮긴이).

6장

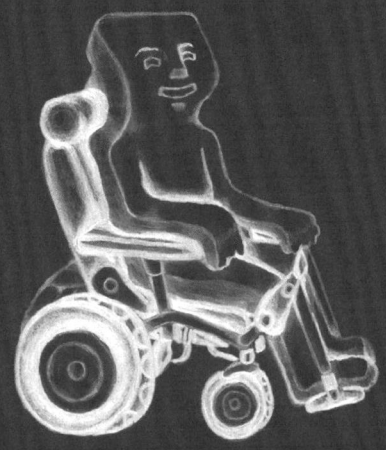

틈에 자유가 깃든다

5장에서 자세히 살폈듯, 나는 주변에 있는 다양한 사물과 사람 사이에서 탐색하고 타협하면서 협응 구조를 엮어내 왔다. 협응 구조란 사람이나 사물이 내 몸의 움직임을 주워서 응답했을 때, 그 응답하는 패턴을 말한다. 그러한 응답 패턴을 외부세계와 나 사이에 만들어냄으로써, 나는 앞으로 하나씩 내놓을 나의 움직임이 외부세계에 어떤 변화를 가져올지 예측하면서 나만의 운동을 할 수 있게 되었다.

나의 운동을 출발점으로 하여, 예상한 대로 외부세계가 변화한다. 나는 이때 비로소 '나의 움직임'이라 부를 수 있을 만한 것을 얻었다. 그것은 '자유'라고 이름 붙여도 좋을 만큼 내 몸이 넓게, 멀리 열리고 가벼워지는 체험이었다.

운동에 있어서 자유란 '정상적인 움직임'을 습득해서 얻을 수 있는 것이 아니다. 또한 외부세계의 개입 없이 자신이 원하는 대로 움직일 수 있는 상태도 자유가 아니다. 자유란 외부세계와 협응 구조를 맺고, 외부세계의 응답을 먼저 예측하면서 자신의 움직임을 하나씩 내놓는 상태를 말한다.

만약 주변의 방해를 받지 않고 '정상적인 움직임'에 가까운 방식으로 움직일 수 있다고 해도 자신의 움직임이 외부세계에 어떤 영향을 미칠지 전혀 예측할 수 없는 상황이라면 자유라고는 할 수 없을 것이다.

그런데 곰곰이 생각해 보면, 운동에 있어서 자유가 '주위에 있는 사물이나 사람과 협응 구조에 의해 가능한' 상황은 역설적이다. 왜냐하면 협응 구조란 나와 주위 사이에 있는 상대의 움직임을 서로 구속하는 관계, 말하자면 '얽매임'과 같은 것이기도 하기 때문이다.

'얽매임'이 종종 부자유不自由를 만들어낸다는 점은 많은 이가 경험적으로 동의할 것이다. 즉 협응 구조란 자유의 조건인 동시에, 만약 틈이나 유희적 감각을 잃고 유연성 없이 경직된다면 도리어 부자유를 초래할 수 있다.❧ 5장 끝에 썼듯, 빈틈없이 형성된 협응 구조로 연결된 관계가 종종 타인을 억지로 움직이게 하거나 부자유를 강제하는 '가해/피해 관계'로 변질되는 현실은 협응 구조가 자유와 부자유의 양극을 오가며 흔들린다는 점을 시사한다.

> ❦ 내부 모델에 따라 운동을 내놓을 수 있는 상태라고 바꿔 말할 수 있다.
>
> ❧ 내부 모델의 예측대로 모든 움직임이 전개된다면 거기에 자유가 있을까? 예상치 못한 타자와 우연히 만나 내부 모델이 효력을 잃은 상태에서, 경직되어 떨고 있는 두 사람이 서로 협응 구조를 탐색하며 풀어내고 서로 움직임을 좁는 곳에 바로 자유가 있는 게 아닐까?

마지막 장에서는 협응 구조에 '틈'이 남아 있기를 바라는 나의 바람에 관해 이야기하려 한다.

아무리 빈틈없이 협응 구조를 가동하려 해도, 우리는 그 협응 구조를 따르지 않는 사물이나 사람과의 마주침을 피할 수는 없다. 예상을 저버리는 그런 타자들은 경직된 협응 구조에 몇 번이고 틈이 들어갈 공간을 만들어 준다. 그런 타자가 존재하므로 협응 구조는 풀리고 다시 묶이는 과정을 되풀이한다. 그리고 나에게는 그런 협응 구조가 풀리고 다시 묶이는 반복이야말로 삶의 현실로 다가온다.

1
양서류와 파충류의 중간쯤

도마뱀과 도롱뇽은 자유롭지 않은가?

열여덟 살쯤, 어떤 전문가가 내 운동 기능을 검사한 적이 있다. 나는 카펫 위에 엎드려 지시에 따라 몸을 꿈틀거리며 움직였다. 나를 한참 관찰한 후 전문가는 말했다.

"네 운동 발달은 뭐랄까, 양서류와 파충류의 중간 정도인 것 같네".

재밌는 농담을 하는 사람이라고 생각했다. 그렇다면 나는 앞으로 수만 년 동안 재활을 해서 진화 과정을 거친 끝에야 겨우 사람이 될 수 있다는 소리인가? 그렇게 생각하니 왠지 우스웠다.

그런데 시간이 조금 지난 후, '아니잖아'라고 생각했다. 도마뱀도 도롱뇽도 나름대로 확고한 움직임을 이미 가지고 있고, 외부 환경과 강하고 튼튼한 협응 구조를 유지하고 있지 않은가? 도마뱀이나 도롱뇽의 생활은 딱히 불편해 보이지 않는다.

그에 비해 내 몸은 주변과 협응 구조를 맺는 데 어려움을 겪고 있다. 나의 움직임만 따로 떼어 놓고 보면 양서류나 파충류의 움직임과 비슷한 부분이 있을지도 모르겠으나, 환경과 협응 구조가 있는지 없는지, 확립된 운동을 갖고 있는지 없는지 같은 측면에서 보자면 도마뱀이나 도롱뇽이 나보다 훨씬 잘 적응하고 있다.

부적응이야말로 인간의 강점이다

그러나 환경에 쉽게 적응하지 못한다는 특징, 바꿔 말해 신체 외 협응 구조가 확정되기 어렵다는 점은 거꾸로 주변과 어떤 관계를 맺을지에 대한 선택의 자유도가 높다고 생각해 볼 수도 있다. 그리고 이러한 협응 구조의 자유도가 인간의 가장 인간다운 특징 가운데 하나이다.

인간은 다른 생물과 달리 외부세계에 대해 적응하지 못한 상태로 태어난다. 태어나자마자 뒤집기를 하고 몇 시간 만에 스스로 걸을 수 있는 망아지는 세계와 협응 구조를 신속하게 맺을 수 있지만, 인간은 그렇지 못하다.

그러나 이러한 부적응 기간이 있기에 인간은 세계와 관계를 맺는 방식과 움직임의 레퍼토리를 다양하게 분화시킬 수 있었다. 그런 관계의 다양성은 말馬과 비교할 수 없을 정도로 크다. 무력함이나 부적응은 인간의 가장 큰 강점이기도 하다.

인간이 다른 동물에 비해 인류의 역사나 개인의 발달이 다양하고 변화 속도가 큰 배경에는 이렇듯 '자유도가 크다'는 특성이 있다.

　신체 외 협응 구조에만 이런 특성이 있는 건 아니다. 신체 내 협응 구조에서도 인간은 빈틈이 생기기 쉽다. 예를 들어 배가 고프다거나 변을 보고 싶은, 소위 생리적 욕구는 '이대로는 몸을 유지할 수 없습니다'라는 메시지다. 이는 신체 내부에 발생한 항상성의 혼란, 바꿔 말해 신체 내 협응 구조에 생긴 빈틈을 스스로 감지했을 때 느끼는 주관적 경험이다. 생리적 욕구란 그 빈틈을 복구하기 위해 어떤 행동을 촉발하는 내적 동인이라 할 수 있을 것이다.

　변의에 대해 생각해 보면, 배변 훈련을 시작하기 전 아기에게 배변은 '언제 어디서든 싸고 싶을 때 싸는 것'이다. 배변이라는 형태로 나타난 신체 내 협응 구조의 틈은 그 자리에서 즉각적으로 하는 배설 행동을 통해 소멸하므로, 아기는 변의와 마주할 시간이 거의 없다.

　하지만 아기가 성장해 배변의 규칙을 배우면 '언제 어디서든 싸고 싶을 때' 쌀 수 없게 되므로, 신체 내 협응 구조의 틈이 열린 상태가 유지되는 시간이 길어진다. 이에 따라 변의와 같은 생리적 욕구를 스스로 마주하고 이를 명확하게 인식할 기회, 즉 '대기 기간'이 생긴다. 바꿔 말해, '화장실 이외의 장소에서는 배설하지 않는다'는 배설 규칙의 형태로 규범(신체 외 협응 구조)이 완성되면서, 우리는 신체 내 협응 구조의 틈(생리적 욕구)과 마주하게 되는 셈이다.

자신의 생리적 욕구를 따라 행동할 뿐만 아니라, 행동을 유보한 채 생리적 욕구와 스스로 마주하는 것 또한 인간의 특성 중 하나일 것이다.

단절은 연결될 수 있는 계기

신체 내 협응 구조든 신체 외 협응 구조든, 협응 구조에 빈틈이 생겼다는 사실은 연결하려 해도 '단절'이 여전히 남아 있다는 점을 뜻한다. 이 틈은 나와 사람 사이에도, 나와 사물 사이에도, 나와 내 몸 사이에도 있다.

그러나 이러한 단절이 있어서 인간은 그 틈을 메우기 위해 타인과 이어질 말을 엮어내고, 외부세계에 있는 사물이나 자기 몸과의 대화 및 탐색을 통해 대상의 이미지를 섬세하게 군집화해 나간다. 만약 인간에게 이런 단절이 없다면, 언어도 이미지도 필요하지 않다. 나의 의식에 포착된 세계와 자아는 협응 구조에 생긴 그러한 틈에서 태어나 재현된 것이라 봐도 좋을 것이다.

이렇게 생각하면 세계와 신체 사이든, 신체 내부에서든 협응 구조가 단절된 상태가 반드시 발달 지연이나 부적응과 같은 소극적인 의미로 해석될 필요는 없다는 점을 알 수 있다. '할 수 있게 된 것', '더 적응한 것'만 인간의 '발달'로 간주하는 기존의 사고방식에는 어딘가 중대한 허점이 있다고 생각하지 않을 수가 없다.

2
'변의'라는 타자

몸 안팎의 움직임이 하복부에서 충돌하다

협응 구조의 틈에 대해 이야기하기 위해, 나는 가장 먼저 변의를 언급하려 한다. 변의나 식욕 등 이른바 생리적 욕구라 부르는 것은 신체 내부로부터 나의 운동을 일으키는 중요한 동인이다. 갓 혼자 살기 시작한 나를 처음 움직인 것도 배변 욕구였다.

신체를 구성하는 여러 가지 부위는 각각 따로 움직이지 않는다. 한 부위의 움직임을 다른 부위가 주워 응답하고, 그 응답을 또 다른 부위가 줍는 식으로 움직임과 정보의 흐름이 있다. 이 흐름이 신체 내 협응 구조를 형성한다.

신체 내 협응 구조가 순조롭게 작동할 때, 나는 그 흐름을 크게 의식하지 않는다. 그러나 그 흐름이 충돌하거나 막히거나 틈이 생기면 내 의식은 그쪽으로 향한다. 변의 또한 그러한 흐름 속에서 발생한 틈을 내 의식이 감지한 것이라고 할 수 있다. 즉 장의 연동 운동[*]은 신체 내 협응 구조의 흐름에서

[*] 장의 근육이 수축과 이완을 반복하며 꿈틀대는 운동(옮긴이).

비롯되고, 배설을 보류하기 위해 항문을 닫는 운동은 신체 외 협응 구조(사회 규범)의 흐름에서 비롯된다. 변의는 이 두 가지 흐름이 나의 하복부에서 서로 충돌함으로써 생긴다.

그리고 두 가지 흐름이 충돌하는 곳에서 생긴 틈에서 변의와 나 사이의 대화와 타협이 이루어진다. 다른 사람들에 비해 내 경우는 그 틈을 메우기 어려우므로, 변의와 나의 관계 또한 더 복잡하게 분화한 것 같다. 이 상황을 기술해 보겠다.

내가 실금하지 않기 위한 조건

비장애인의 규범이 각인되는 과정에서, 인생의 꽤 이른 시기에 자리 잡고 새겨지는 규범 중 한 가지가 '배변 훈련'이다. 내 경우, 서른두 살이 된 지금까지도 배변 훈련의 각인이 끝나지 않았다.

'화장실 이외의 장소에서 배설하는' 운동을 보통 '실금'이라 부른다. 대부분의 경우 실금은 장의 움직임이 누구에게도 (변기에게도) 주워지지 않는 공허한 운동이라 할 수 있다. 일반적으로 배설이라는 규범화된 운동은 장의 연동 운동에서 시작해 이를 배변 욕구로 감지하면서 화장실까지 걷는 운동으로 이어지고, 화장실 문을 여는 운동, 바지와 속옷을 벗는 운동, 변기에 앉는 운동, 그리고 목표였던 배설 운동을 하고 종결되는 일련의 운동 연결 패턴이다.

그러나 나의 경우, 특히 내 몸과 협응 구조를 맺고 있는 나의 집이 아닌 다른 곳에서는 이 배설 규범에서 탈선하지 않기 위해 여러 가지로 까다로운 조건이 필요하다.

예를 들어 나는 화장실까지 이동하는 과정에서 걷지 않고 휠체어를 이용하므로, 화장실까지 가는 도중에 단차가 없어야 한다는 조건이 필요하다. 혼자 문을 여는 일도 대개 어려우므로 자동문이 필요하다. 입고 있는 옷을 벗고 변기에 앉는 운동은 변의가 그나마 약하고 컨디션이 괜찮고 손잡이 위치나 변기 높이가 적당하다면 혼자서 할 수 있을 가능성이 있지만, 기본적으로는 도와줄 사람, '배설 조력자'의 존재가 필수적이다. 즉 5장에서 언급한 '채혈' 때와 마찬가지로 장의 운동과 내 운동을 받아줄 사람이나 사물과의 특수한 신체 외 협응 구조가 없다면 배설 운동은 불가능하다.

먼저 도와줄 사람을 찾고, 변의를 무시해 본다

그러나 신체 외 협응 구조가 가능한 조건, 즉 배설 조력자가 있거나 사용하기 편리한 화장실 시설이 모두 갖춰져 있을 가능성은 매우 낮다. 특히 내 경우 24시간 활동지원사가 곁에 있는 것은 아니라서, 거리에서 느닷없이 배변 욕구가 닥치면 지나가는 사람에게 말을 걸어 도움을 청해야 하는 상황도 생긴다.

지금까지 경험으로는 "저기요, 실례합니다"라고 말하며 상대방 눈을 본 후 그 사람의 자세가 어떻게 바뀌는지를 살피면 이 사람이 도와줄지 도와주지 않을지 대략 짐작할 수 있다. 손을 앞으로 내밀고 허리를 굽혀 "무슨 일이에요?"라고 묻는 듯한 분위기로 내 쪽으로 한 발짝 몸을 내미는 사람은 도와주는 경우가 많다. 반면, 손을 움직이지 않고 시선을 마주치지 않으며 거리를 유지하는 느낌이면 도와주지 않는 경우가 많다.

이런 몸짓은 '융화하는 시선'이 있는지 없는지를 알아볼 수 있는 포인트이다. 하지만 도와줄 사람을 알아볼 수 있다고 해도 언제나 찾을 수 있지는 않다. 그래서 내 경우 배설 운동이 규범에서 탈선하기 쉽고, 다른 이들에 비해 실금에 이를 가능성이 상대적으로 높다.

이런 까닭에 나는 장의 연동 운동이나 변의를 감지하면 거의 반사적으로 억누르는 습관이 생겼다. 만약 내가 스스로 배설 운동에 '고'사인을 보내면, 장이 기다렸다는 듯 내 응원을 받고서 연동 운동을 강화해 제때를 못 맞추고 실금하게 될 것을 알고 있기 때문이다. 게다가 '배변을 한다'는 목표를 갖고 있으면 초조함으로 인해 몸이 굳어져서 평소에 할 수 있던 운동조차 할 수 없게 되고, 변기에 앉을 때까지의 운동을 하기 힘든 경우도 생긴다.

이런 이유로 나는 장의 연동 운동이나 변의를 무시한다. 아슬아슬할 때까지 '배설을 한다'는 목표 의식을 갖지 않도록 의식을 다른 곳으로 분산시켜야 한다.

은근슬쩍 교섭에 들어가다

변의는 때와 장소를 가리지 않고 갑작스레 찾아온다. 식사 중일 때일 수도 있고, 영화를 보고 있을 때일 수도 있으며, 일하고 있을 때일 수도 있다.

변의는 처음에는 마치 뒤에서 스스럼없이 어깨를 툭 치듯이, 은근히 무례한 방식으로 내게 "이봐" 하고 말을 건다. 오래전부터 알고 지낸 동네 불량배가 말을 걸었을 때처럼 내심 놀라고 무섭지만, 녀석(변의)이 내가 겁내는 것을 눈치채면 돌변해서 맹공격할 것을 알기에 모른 척하고 하던 일을 계속한다.

그러면 녀석은 일단 물러서고 나는 잠깐 안도한다. 하지만 얼마 지나지 않아 변의는 다시 아까보다 더 강한 어조로 "이봐, 내 말 들려?"라고 말하듯 시비를 건다.

시비를 걸면 내가 무시하고, 그러면 녀석이 물러서는 식의 사이클이 몇 번 되풀이되는 사이 변의를 느끼는 빈도는 잦아지고 강도도 커진다. 그러고 있으면 더는 변의를 무시할 수 없게 된다. 그러면 나는 일단 하던 일을 멈추고 뒤돌아보며 처음으로 녀석을 본다. 그리고 등이 축축할 정도로 땀을 흘리면서 녀석을 부드럽게 설득하기 시작한다.

"오늘 아침 화장실에 분명 다녀왔을 텐데. 식사도 그리 많이 안 했고. 뭔가 착각한 것 아니야? 다시 한번 확인해 보면 어떨까?"

이런 설득으로 변의가 물러나 줄 때도 있지만, 대개 교섭은 난항을 겪는다. 시비조로 나오는 녀석과 언쟁하며 나의 목소리가 높아진다. 승산이 없다고 판단되면, 나는 표면적으로는 녀석과 계속 말다툼을 하면서도 곁눈질로 화장실의 위치나 조력자의 유무를 확인하기 시작한다. 몸을 앞뒤좌우로 흔들어 본다. 아직 녀석에게 패배를 인정해서는 안 된다. 왜냐하면 패배는 그 자리에서의 배설, 즉 실금을 뜻하기 때문이다.

그 교섭의 순간에는 나와 장이 맺고 있던 협응 구조가 풀리면서 그 사이에 틈이 생긴다. 마치 '장'이라는 나와는 다른 인격이 나타난 것만 같다.

장과의 대면 교섭

이처럼 장은 나를 방해하듯 끼어들어 변의를 해결하고 싶다고 자기주장을 하고, 나는 협응 구조를 회복하려고 녀석과 교섭을 벌이게 된다. 조력자가 있고, 사용하기 편한 화장실이 갖춰져 있으며, 장과 순조롭게 협응 구조가 성립되어 있다면 타협은 필요하지 않다. '물 양동이 릴레이'❋처럼 장의 연동 운동을 자연스레 온몸의 배설 운동♪으로 연결할 수 있다. 그러

❋ 불이 나서 꺼야 할 때나 마른 논에 물을 댈 때 등 사람들이 일렬로 늘어서서 물 양동이를 손으로 건네는 방법(옮긴이).

♪ '온몸의 배설 운동'은 배뇨, 배변 등 배설뿐만 아니라 호흡이 잘 되고(폐의 날숨 배출), 땀이나 식은땀이 나는(땀샘에서 땀을 냄) 등 온몸에서 움직임이 원활하게 일어난다는 뜻이다. 저자의 설명에 따르면,

나 협응 구조에 빈틈이 생기면 그때는 방향을 180도 바꿔 나와 장 사이에 대면 교섭을 시작한다. 나는 장과 교섭한 경험이 다른 사람들보다 풍부해서, '내가 초조해하면 장이 기세를 탄다'든지 '무시하면 장이 물러선다'든지 장이 다양한 태도로 나온다는 것을 알고 있다. 그렇기에 변의라고 뭉뚱그려 설명할 수 없는 여러 감각을 미세하게 나눌 수 있게 되었다.

이러한 희비의 교차는 타인이 옆에서 보면 이해하기 어려운 일일 것이다. 친구의 증언에 따르면 변의와 교섭을 벌이고 있을 때 나는 누군가가 말을 걸어도 제대로 대답하지 못하고, 정신이 딴 데에 가 있는 상태에서 종종 뜻 모를 혼잣말을 중얼거린다고 한다.

실금이라는 쾌락

변의라는 타자가 덮쳐와 교섭을 벌이는 순간, 내 몸은 실금을 해버릴지도 모른다는 긴장감에 경직된다. 이러한 과도한 신체 내 협응 구조는 조력자나 화장실과 나의 관계를 어

이 맥락에서는 몸이 장과 장 이외의 몸으로 분리되어 서로 충돌하는 것(배변을 참는 상태)에서 해소되어 다시 하나의 협응하는 몸으로 돌아가는 과정을 표현한 말이다. 또 다음 단락에 나올 조르주 바타유 Georges Bataille의 톡특한 개념인 배설excrétion과 관련되어서는, 단지 생물학적 배설이 아닌 신체·정신·사회를 아우르는 총체적 방출, 인간의 신체적·정신적 에너지가 과잉 상태에서 벗어나기 위한 방출을 상징하며 "규범에 의해 왜곡된 협응 구조에 축적된 과도한 에너지가 방출되는 과정"을 가리킨다(옮긴이).

렵게 만든다. 그 결과, 최악의 사태인 '실금'에 이르게 된다.

　실금은 초조함과 불안이 느릿느릿 슬픔과 치욕으로 녹아내리는 과정이다. 동시에 복통과 같은 생리적 고통에서 해방되는 것이기도 하다. 실금 직전까지 단단히 굳어 있던 몸의 긴장이 접칼 현상 때처럼 천천히 풀리고, 힘없이 구부러지면서 부드럽고 묵직한 상태로 변모해 간다. 그리고 긴장에서 이완으로 이행하는 과정에는 굴욕과 동시에 일말의 황홀감이 따르기 마련이다.

　접칼 현상의 쾌락은 '스트레칭을 해주는 트레이너'라는 타자에 대해, 몸을 열어가며, 타자의 몸에 서서히 내 몸을 맡기는 과정이었다. 실금에서도 동일한 구도를 찾을 수 있다. 실금 때 느끼는 황홀감은 조금 전까지 적대 관계였던 '장'이라는 타자에게 굴복하고 몸을 맡기는 과정이며, 말하자면 '장'과 화해하는 것 혹은 틈이 줄어들며 '장'과의 협응 구조를 회복해 다시 한 몸으로 되돌아가는 과정이다

　실금에는 또 다른 측면도 있다. 그것은 외부세계와 어그러져 동떨어지는 경험이기도 하다. 실금이 일어나면 내 몸은 화장실과도, 화장실에서 운동을 도와주는 조력자와도, 공공시설과도, 친구와도 더는 관계를 맺지 못하고 공중에 떠 있는 '더러운 몸'이 되고 말기 때문이다.

　실금한 상태에서 무심코 사물이나 사람에게 닿으면 상대를 더럽히게 되므로 나는 손도 발도 내밀 수 없게 된다. 즉 실

금은 장과 신체 내 협응 구조를 회복하는 경험인 동시에, 기존에 다른 많은 사물과 사람 사이에 성립된 신체 외 협응 구조에 틈이 쩍하고 벌어지는 경험이다.

실금한 내게 세계는 대부분 나와 무관하게 움직이는 영화처럼 보인다. 거리를 오가는 행인, 떠들썩한 길모퉁이, 분주한 소란함은 나와 칸막이를 사이에 두고 한 구획 건너편 멀리에 있는 세계 같다. 대신에 그동안 너무도 당연하게 여겨서 협응 구조로 연결되어 있다는 사실조차 자각하지 못했던 땅과 공기와 태양이 선명하고 눈부시게 그 모습을 드러내고, 내 몸은 그쪽으로 열리게 된다. 내가 실금을 하든 말든 변함없이 땅은 아래에서 나를 떠받치고, 공기는 내가 숨을 쉬도록 허락해 주고, 햇빛은 위에서 나를 비춰 준다.

활기 넘치는 사람들 무리에서 멀어져 가는 소외감. 배설 규범에서 탈선하고 말았다는 패배감. 동시에 그곳에 굳건히 있는 땅, 공기, 태양과 내장으로 열리는 개방감이 뒤섞인다.

실금에는 스러지는 황홀함이 있다.

실금에 당황한 조력자를 에스코트하다

6장 서두에, 실금은 누구에게도(변기에게도) 받아들여지지 못하는 공허한 운동이라고 썼다. 그러나 만약 실금이라는 운동을 받아들여 준 사람이나 사물이 배설물로 더럽혀진 내 몸을 다시 깨끗하게 하겠다는 목표를 따라 움직여 주기만 한다면, 실금은 더는 공허한 운동이 아니다. 이때 실금으로 인해 세상과 나 사이에 생긴 빈틈은 새로운 관계를 맺을 수 있는 여백이다.

실금으로 인해 사람이나 사물과의 연결을 잃어버린 내 몸이 다시 그 연결을 회복하려면, 실금이라는 운동을 출발점으로 '닦고 깨끗이 하는' 운동이 필요하다. 그리고 내 경우 화장실에서 배설할 때 '배설 조력자'가 필요했던 것과 마찬가지로, 닦고 깨끗이 하는 운동 역시 혼자서 할 수 없으므로 '실금 조력자'가 필요하다.

그러나 타인의 알몸을 봐야 하고, 배설물에 어쩔 수 없이 접촉해야 하는 실금 조력자는 배설 조력자 이상으로 여러 가지 면에서 난처한 상황에 놓이게 된다. 코를 찌르는 냄새는 생리적 불쾌감을 유발하고, 배설물을 통해 감염될지도 모르니 위생 측면에서 기피하려는 마음도 분명 생길 것이다. 또

❧ 철학자 조르주 바타유는 소년 시절 편마비에 앞을 볼 수 없는 아버지가 황홀한 표정으로 실금하는 모습을 목격하고 충격을 받았다고 한다. 이후 바타유는 "아무런 의미도 쓸모도 없이, 그저 방출되는 과잉 에너지"가 바로 인간과 사회를 움직이는 근본적인 동인이라고 본 장대한 이론 체계를 구축했다. 이 무의미한 에너지의 방출을 바타유는 '소진/소모消盡, dépense'라고 불렀다. 이 책에서 내가 이야기한 패배의 관능을 생각해 보면, 부들부들 떨리며 몸에서 에너지가 방출되지만 아무것도 그 몸을 받아들이지 않는 상황이 바타유가 말하는 '소진/소모'에 가깝다고 할 수 있겠다. '소진/소모'가 인간과 사회를 만들어 내는 근본적인 동력이라고 본 바타유의 주장은, 패배의 관능이 나의 움직임과 주변의 연결을 만들어 낸다는 나의 주장과 일치한다.

타인의 사생활에 깊숙이 개입하는 것에 대한 망설임도 있을 것이다. 배설에 관한 규범에서 벗어난 상대를 책망하는 마음, 한편으로는 어려운 사람을 도와야 한다는 도덕심 사이에서 조력자는 큰 갈등 상황에 놓인다.

지금까지 나는 불특정 다수에게 실금 뒤처리를 부탁해 왔기 때문에, 그러한 실금 조력자의 복잡한 심정을 말 그대로 피부로 느껴 왔다. 배설 조력자와 비교하면 실금 조력자는 피조력자와 서로 신체 접촉 부분을 최대한 줄이고 싶다는 암묵적 합의 사항을 공유하고 있기 때문인지, 실금 조력자와 피조력자 사이에 있는 거리는 더 멀며 신체 접촉은 면이 아닌 점으로 맞닿는 것처럼 느낀다.

대부분의 경우 점의 형태로 닿는 두 몸은 서로 정보나 에너지를 교환하기 어려워서 신체 외 협응 구조를 맺기가 힘들다. 신체 외 협응 구조에 열려 있지 않은 몸은 그 안이 단단히 닫혀 경직되고 말았기 때문에 움직임은 더 어색하다. 그래서 나는 초심자를 춤으로 유도하는 프로 댄서처럼, 긴장한 실금 조력자를 다정하게 에스코트해야 한다.

유도해서 한 몸이 되어 세상과 연결된다

먼저, 겁을 내는 조력자의 몸짓 하나하나를 유심히 관찰한 뒤 브레이크 댄스 때처럼 상상으로 그 움직임을 내 안에 입력한다. 조력자가 느끼는 두려움을 재현해 겪어 보는 것이다. 나 또한 과도한 신체 내 협응 구조로 인해 몸이 뻣뻣하게 굳는 상황을 훤히 알고 있으므로 나를 닦고 깨끗이 해줄 때 조력자가 느낄 두려움과 그로 인해 몸을 제대로 움직이지 못하는 상황이 충분히 전해져 온다.

이렇게 경직된 조력자의 몸은 조력자가 스스로 '얍!' 하고 결의를 다진다고 풀리는 게 아니다. 접칼 현상과 마찬가지로 일정한 정도로 억지로, 타인에 의해 수동적으로 풀려야 열리기 마련이다. 내 입장에서는, 조력자가 '얍!' 하고 스스로의 두려움을 결연히 극복하는 편이 오히려 더 위험하다. 생각 없이 마구 움직이기 시작해 내 몸의 정보를 줍지 않은 채 윽박지르듯 책망하며 다가오는 돌봄은, 무방비 상태로 몸을 속속들이 드러낼 수밖에 없는 나로서는 매우 난폭하고 아프며 두렵다. 그 돌봄이 설령 일반적으로 말하는 '선의' 같은 것에서 나왔다고 할지라도 그렇다.

겁이 난다면 나는 대로 잠시 가만히 기다리길 바란다. 그러면 나는 조력자를 유도할 것이다. 옷을 벗길 순서를 알려준다. 어디를 어떻게 만져야 할지 지시한다. 서로의 접촉이 점이 아니라 면으로 닿을 수 있는 이미지로, 겁이 난 조력자의 몸에 적응할 수 있도록 나는 내 몸의 형태form를 바꾼다. 서로 어떤 마음인지 공감하지 못한다면 돌봄은 위험하기 때문이다.

배설물이 씻겨 흐르면서 실금 조력자의 경계심은 점차

누그러지고, 뻣뻣하게 긴장했던 조력자의 몸에 부드러운 놀이가 생긴다. 그렇게 두 몸 사이에 서서히 협응 구조가 가동하며 돌봄을 주고받는 관계는 순조로워진다.

좁은 욕실에서 딱히 서로 말을 나누지 않아도 우리는 샤워기에서 떨어지는 물방울 소리, 하얀 김, 비누의 달콤한 향기에 에워싸여 있다. 반복적인 동작으로 조력자의 손이 내 몸을 씻는 모습을 보고 그 씻는 소리를 듣고 있노라면, 점점 그 손이 누구의 손인지 알 수 없게 된다. 조력자도 때로 자신이 지금 누구 몸을 씻고 있는지, 누구의 의지로 씻고 있는지 알 수 없게 된다.

실금으로 더럽혀지고 다른 사물이나 사람들과 연결을 잃어버렸던 내 몸은 이렇게, 실금 조력자와 먼저 연결된다. 그리고 그 연결을 통해 깨끗해진 내 몸은 다시금 많은 사물이나 사람과의 연결을 회복하기에 이른다.

'어떻게든 되겠지'에서 오는 자유

갓 혼자 살기 시작했을 무렵, 그러니까 실금 조력자와 관계에 아직 익숙하지 않았던 시기에 내 생활은 변의에 상당히 휘둘렸다. 외출할 때는 항상 변의를 염두에 두고 사용하기 편리한 화장실이 있는 장소를 택했으며, 옷을 살 때도 화장실에서 쉽게 벗을 수 있는 옷을 골랐다. 실금에 대한 두려움은 나의 행동의 선택지를 언제나 더욱 제한했다.

그런 나는 실금 조력자와의 관계에 익숙해지면서 부모 아닌 다른 사람이 실금 조력을 해줄 수 있다는 점을 실감했고, 타인의 돌봄은 내 삶에 크고 급격한 자유를 가져다 주었다. 실금을 해도 어떻게든 잘 될 거라고 낙관할 수 있게 되자 삶에 안정감이 단단히 뿌리내리게 되었다. 변의로 인해 장의 눈치를 보지 않고도 먹고 싶은 음식을 먹고, 가고 싶은 곳에 갈 수 있게 되었다.

그전에 변의와 나는 닫힌 관계 속에서 늘 상대의 안색을 살피고 겁이 났지만, 그 꽉 막힌 밀실에 실금 조력자라는 사회적 바람이 불어왔다.✢ 그러자 변의와 나의 관계는 그다지 다급하거나 절박하지 않게 되었고, 변의와 교섭하는 데 내 입지도 전보다 세졌다. 그 결과, 실금하는 빈도 역시 줄었다.

배설 규범뿐만 아니라 모든 규범은 '있어서는 안 되는' 운동·행위의 영역을 설정한다. 그러나 내 경험을 통해 말할 수 있는 사실은, 실금을 '있어서는 안 되는 것'으로 간주하는 한

✢ 장애인 활동지원 제도가 마련되어 신체활동·가사지원·이동 등에 대한 공적 지원이 생겼다는 뜻이다. 저자가 2장 칼럼에서 언급한 '후추 요육센터 투쟁' 이후, 시설 수용을 거부하고 자신의 집에서 살고자 하는 장애인의 탈시설 운동이 전개되며 1974년 도쿄도에서 중증 뇌성마비인을 대상으로 처음 활동지원사 파견사업介護人派遣事業을 시작했다. 이후 장애인의 투쟁으로 점차 대상과 활동지원 시간이 확대되며 1990년 서비스 법제화(사회복지 관련 8개 법안 개정), 2003년 지원비 제도, 2006년 장애자자립지원법障害者自立支援法, 2012년 장애자종합지원법障害者総合支援法 등 개조介助, 장애인에 대한 사회적 돌봄 관련 제도가 정비되어 왔다(옮긴이).

언제 공격해 올지 모르는 변의와 밀실 관계 속에서 계속 두려움에 떨어야 한다는 점이다. '언제나 누구에게나 일어날 수 있는 일'로 실금을 인식하고 실금을 하더라도 어떻게든 잘 될 것이라는 예상을 주변 사람들과 공유함으로써, 나는 비로소 변의와 밀실 관계 속에서 비롯된 긴장과 압박감에서 해방될 수 있었다.

규범을 공유하는 것뿐만 아니라, '조심하더라도 규범을 벗어날 때가 있을 수 있다'는 '틈'의 영역을 공유한다면 한 사람 한 사람에게 자유를 가져다줄 것이다.🌿

> 🌿 조현병의 의료 현장에서는 환청이나 망상과 같은 증상을 '있어서는 안 되는 것'으로 간주하여 이를 없애기 위해 다량의 약물을 투여해 왔다. 그 결과 정신장애인 본인은 환청이 들려도 그 사실을 외부세계에 있는 사람들에게 털어놓지 못한 채 환청이나 망상적 사고와 함께 밀실 속 관계에 갇힌다. 형체가 보이지 않는 목소리는 마치 재활 과제 훈련 중 트레이너의 목소리처럼 저항할 수 없는 힘을 지니고 있어서, 본인의 사고와 행동을 환청에 지배당하게 된다.
> '자신의 몸 안에서 생성되었지만 자기 뜻대로 되지 않는 움직임'이라는 점에서 환청이나 망상적인 사고는 나의 변의와 유사하다. 또 공공장소에서 환청이나 망상을 이야기하는 것은 금기시되기 마련이므로, 그 결과 조현병을 겪는 이 혼자서 환청과 교섭하며 환청을 감당하다가 환청이나 망상에 휘둘려 출구 없는 밀실에 갇혀 있기 쉽다는 측면에서도 유사성이 있다.
> 홋카이도北海道 우라카와浦河에 위치한 '베델의 집べてるの家'에서는 기존에 금기시해온 환청이나 망상적 사고를 '환청 씨', '손님' 등으로 명명해 일상생활을 할 때 환청이나 망상이 있을 수도 있다는 가정을 서로 공유한다. 그리고 '환청 씨'와 밀실에서 하듯 폭력적으로 교류하는 게 아니라, '환청 씨'를 타자로 대하며 일정한 거리를 두고 예의를 지킨다. 또한 '환청 씨'와 주고받는 대화를 공개적으로 꺼내는 방식으로 정신장애인들이 서로 환청이나 망상을 공유할 것을 권장하고 있다. 그 결과, '환청 씨'와 정신장애인 본인의 관계는 더 원만하게 바뀐다.

3
신체에게 구원받다

내 몸이 모습을 드러낼 때

변의가 나타났을 때만 의식이 내 몸 내부로 향하지는 않는다. 휠체어에서 가끔 굴러떨어졌을 적에도 나와 외부세계 사이에 빼꼼한 틈이 생겨서, 원하든 원치 않든 내 의식은 내 몸을 향하게 된다.

그렇게 환청과 망상은 개인적인 비밀로 삼아야 한다고 여기는 금기는 집단적으로 공유할 수 있는 전제로 전환된다. 자기 안에 있는 뜻대로 되지 않는 것과 어떻게 마주해야 할지에 대해 '베델의 집'의 실천은 큰 시사점을 준다.

('베델의 집[http://urakawa-bethel.sakura.ne.jp/]은 1978년 일본 홋카이도에서 조현병으로 정신과에 다니던 정신장애인들이 회복자 모임을 만든 후 1984년 사회복지법인으로 설립되었다. 정신장애인 100여 명이 다시마 가공 판매 등으로 생업을 이어가며 함께 생활하는데, 평소 정신장애인 당사자 자조 모임을 열어 환청이나 망상 체험을 서로 말하고 듣는다. 저자가 언급한 '환청 씨'는 '베델의 집'에서 환청을 친밀감을 갖고 부르는 명칭이며, '손님'은 부정적인 내용의 환청을 부르는 명칭이다. 한편 '베델의 집'에서는 1990년부터 매해 마을 주민, 사회복지 실무자, 연구자 등 외부 사람들을 초청해 축제를 개최하는데, '환각과 망상 대회'를 열어 정신장애인 당사자가 자신의 경험을 발표하고 경연한다. 가장 독창적이고 강렬한 환각이나 망상을 발표한 참가자가 수상하는 등 유머와 협력으로 삶의 어려움을 헤쳐나가고 있다. 상세한 내용은 국내 번역출간된 《베델의 집 사람들》(베델의 집 사람들 지음, 송태욱 옮김, 궁리, 2008), 《베델의 집 사람들 렛츠! 당사자연구》(베델 행복연구소 지음, 이진의 옮김, EM커뮤니티, 2016년)을 참조하라(옮긴이)).

예를 들어 넘어진 장소가 좁고 어슴푸레한 화장실이라면……. 변기와 화장실 내벽 사이에서 쩍하고 입을 벌리고 있는 좁은 균열 가운데에 끼어, 내 몸은 옴짝달싹할 수 없게 되고 손가락 끝의 떨림만 운동으로 표출될 것이다. 그리고 그 떨림은 주위에 있는 어떤 것에도 주워지지 않고 무의미하게 허공을 가를 것이다.

이런 상태라면 나의 의식은 외부세계에서 점차 멀어져, 생각과 기억 속으로 빠져들게 된다. 이런 때에 나는 '지금 여기'에 있다는 감각을 확신할 수 없고, 나 자신이 세계와 내 몸에서 멀어져 공중에 떠 있는 존재가 된 것 같은 감각에 휩싸인다. 시간과 공간 속에서 나의 존재가 언제, 어느 위치에 있는지 느끼기 어렵다.

그러나 이때에도 나의 운동을 주워주는 것은 있다. 다름 아닌 나의 신체이다. 입술을 깨물면 아프다고 응답하고, 노래를 부르면 목소리로 응답한다. 직접 소리 내어 생각을 말해도 괜찮다. 이런 상황에서 나 말고 내 목소리를 듣는 이는 없으므로 노래를 부르든 소리 내어 말하든 큰 차이는 없고, 또 내가 소리를 실제로 내고 있는지 아닌지도 확신은 없다. 그래도 큰 소리를 내어 고막을 또렷이 흔드는 행위는 의미가 있다. 신체 바깥에서 자신의 움직임에 응답해 줄 것이 없다면, 자신의 신체 안에서 응답을 찾아내야 할 수밖에 없기 때문이다.

평소 신체 내부에 잠재된 운동 반응의 회로를 의식의 표층으로 끌어내어 드러내도록 하는 것이 위와 같은 자기 자극 행동self-stimulatory behavior이다. 신체 내부에서 틈을 찾아내기 위한 몸짓이라고 할 수 있다. 자기 사극 행동으로 나는 내 존재가 사라져 없어질 것 같은 불안감을 어느 정도 떨쳐낼 수 있다. 그래서 잠이 오지 않으면 졸릴 때까지 몇 시간 동안 내 몸과 대화하는 데 몰입한다.

이렇게 나는 두 달이나 석 달에 한 번씩 휠체어에서 굴러떨어져 외부세계와 연결성을 잃음으로써 내 몸과 제대로 마주할 기회를 얻는다. 그리고 하루하루 생활 속에서 놓친 내 몸의 현재 상태를 알아차리기도 한다. 어깨가 뭉친 것을 뜻밖에 느끼거나, 오랜만에 바닥을 기어 보며 기어 다니는 데 필요한 근력이 약해졌음을 깨닫곤 한다. 이렇게 해서 나는 천천히, 나의 자아상을 수정하게 된다.

2차 장애라는 난제

외부세계와 협응 구조가 원활할 때는 의식이 주로 외부세계를 향하고 있어서 자신의 몸 상태를 돌아볼 일이 별로 없다. 그러나 그 결과 자기도 모르는 사이 몸에 피로와 불편함이 쌓여 몸을 혹사하게 된다.

최근 지역사회에서 자립생활을 하는 나와 같은 뇌성마비 당사자들 가운데 오랜 생활 속에서 점진적으로 나타나는 다

양한 신체적 문제가 보고되고 있다. 뇌성마비의 '2차 장애二次
障害, secondary conditions'라 두루 일컫는 후천적 부조不調 증상에
는 경추증으로 인한 사지마비, 고관절 탈구, 쉽게 피로해지는
증상 등 다양한 증상이 보고되고 있다. 나 또한 짐작이 가는
부분이 많다. 뇌성마비의 2차 장애는 발생 기전이나 대처법
등에 관한 연구가 아직 충분하다고 볼 수 없고, 이렇다 할 치
료 지침도 없는 실정이다.

2차 장애에 대한 사회적 대응이 이렇게 늦어지는 이유를
의료계의 게으름 탓으로만 돌리는 것은 적절치 않다. 장애인
당사자 역시 자신의 몸이 내보낸 비명을 알아차리지 못해 몸
을 혹사하는 경향이 있기 때문이다.

오용과 방치

내 경험에 비추어 보면, 뇌성마비 장애인 당사자가 자신
의 몸을 혹사하는 양상은 크게 두 가지로 나눌 수 있다. 첫 번
째, 오용abuse이다. 당사자들은 어릴 적부터 '열심히 하는 것'을
습관화한 나머지 어디서부터가 무리가 될 정도의 운동인지

※ 2차 장애란 엄밀한 의학적인 정의가 없고 널리 알려지지 않았으
나, 특정 장애(1차 장애)에서 이차적으로 파생되는 추가적인 건강상의
문제(다양한 신체 증상 및 질환) 등을 말한다. 예를 들어 뇌성마비 장애
인은 불수의운동에 영향을 받아 나이듦에 따라 신체 기능과 운동 능
력의 저하나 일상적인 동작 수행의 어려움, 만성 통증이 있고 저자가
본문과 후기에 언급한 경추증 등을 겪는 것으로 알려져 있다(옮긴이).

그 기준을 스스로 알지 못하게 되었다. 나 또한, 특히 어린 시절에는 주변의 비장애인들은 할 수 있는데 나는 할 수 없는 일에 부딪힐 때마다 그것이 장애 때문인지 아니면 나의 노력 부족 때문인지 모르겠어서 아슬아슬할 때까지 도전해 보기를 반복했다.

아마도 비장애인과 차이가 잘 보이지 않는 경중장애인일수록 자신이 할 수 없는 일에 대한 책임을 자신의 장애 탓으로 돌릴지, 자신의 노력 부족 탓으로 돌릴지 망설이며 답을 내지 못한 채 더 무리하게 되는 것 같다.✤ 하지만 나의 경우 다행인지 불행인지 성장하면서 비장애인과 차이가 분명해져서, 내가 할 수 없는 일에 대한 이유를 망설임 없이 장애 탓으로 돌릴 수 있게 되었다. 그 결과 지나친 노력에 대해 스스로 제동을 걸기가 수월해졌다. 어느 시점 이후부터 나는 비

✤ 2007년 출간된 《2차 장애 핸드북 개정판_次障害ハンドブック改訂版》에는 2차 장애로 고민과 불안을 안고 있는 장애인 당사자의 목소리가 실려 있다. 이 가운데 몇 가지를 인용한다.
"지금 생각해 보니, 내 장애가 가볍다고 여겼는데, 결국 그로 인해 내 몸을 혹사해서 자칫 돌이킬 수 없는 상황이 될 뻔했다." (20쪽)
"엑셀을 밟으면서도, 늘 스스로를 억제하며 살아왔습니다." (24쪽)
"비장애인들과 어울리며 열심히 노력하는 장애인의 사명을 짊어지고 살아왔다고 해도 과언이 아니다. 거꾸로 보면, 세상에서 요구하는 '열심히 사는 장애인'을 완벽히 연기해야만 했다. 진학, 취업, 결혼, 육아, 어느 과정에서도 그 사명감에 불타올랐다. 나중에 돌아보니, 이게 소아마비후증후군post-polio syndrome, 소아마비 장애인이 근력 저하, 피로, 통증 등을 보이는 증후군의 원인 아닐까?" (53쪽)

장애인과 경쟁하기를 멈추었다.

그러나 나처럼 비교적 중증 장애가 있어 '비장애인과 경쟁하기를 멈춘 당사자'가 빠지기 쉬운 것이 바로 두 번째, 방치neglect 패턴이다.

경쟁을 멈춘 당사자들은 살아가는 데 어려움의 원인을 자신의 신체적 병리에서 찾지 않고 사회구조에서 찾으며 자립생활운동을 전개해 왔다. 나 역시 그 이념에 깊이 공감하고 있고, 이 책 역시 자립생활운동을 지지하는 사고방식을 바탕으로 썼다.

다만, "문제는 비장애인의 신체를 전제로 만들어진 사회 쪽에 있는데, 어째서 내 몸을 문제시해야 하는가?"와 같은 사고방식이 자립생활운동을 전개하는 장애인 커뮤니티 내부에 확고하게 자리 잡고 있다. 그리고 재활에서 느낀 좌절감 때문에 의료적 관점에 대한 뿌리 깊은 불신이 커지고 어우러져, '2차 장애에 대한 대처'라는 이름이 붙은 의료적 개입을 거의 반사적으로 거부하기도 한다.

이처럼 비장애인과 경쟁하기를 멈춘 당사자라 할지라도 자신의 관점을 자기 몸이 아닌 사회 쪽으로 향한 나머지, 자신의 몸을 돌아보기를 무의식적으로 기피하기도 한다. 이와 같은 자기 몸에 대한 무관심으로 인해 자신도 모르는 사이 몸이 내는 소리를 주울 수 있는 기회를 놓치고, 결과적으로 몸을 혹사하는 상황에 빠지게 되는 것이다.

위 두 가지 양상으로 인해, 뇌성마비 장애인의 몸은 전문가뿐만 아니라 당사자조차도 돌아보지 못한 채 혹사당하는 처지에 놓이게 된다. 자기 몸을 인정하는 것에서 출발한 장애인 당사자 운동이 어느새 자기 몸을 억압하는 방향으로 향하고, 애초에 운동의 나침반이던 몸의 비명은 감쪽같이 사라진 모순. 우리를 지배하는 이는 전문가에서 당사자로 바뀌었을 뿐, 뇌성마비 장애인의 몸은 계속 폭력의 휘둘림을 당하는 존재일지도 모르겠다는 의심…….

2차 장애 문제는 바로 이러한 취약점을 지적하고 있다. 그래서 나는 한때 숙적이었던 전문가들에게 신중하게 다시금 접근했고, 2차 장애 문제를 협력해 해결하려는 뇌성마비 장애인 당사자 일부를 지지하고 있다.*

나는 가끔 내 생활에 찾아오는 '굴러떨어짐'과 이로 인해 밖으로 드러나게 되는 신체의 누적된 피로가, 어쩌면 뇌성마비인 내 몸이 나조차 내 몸을 내 것으로 삼아서는 안 된다고 말없이 항의하는 게 아닐까 생각한다. 따라서 '굴러떨어짐'은

---

* 2차 장애 정보넷二次障害情報ネット. '장애인 의료 문제 전국 네트워크障害者医療問題全国ネットワーク'라고도 한다(http://nijishogai.net/). 1995년 발족하여, 2차 장애에 따른 건강 문제의 예방과 지원을 위해 활동하는 조직(사무국은 도쿄 세타가야구世田谷区, 운영은 1976년 설립된 NPO 법인 '자립의 집自立の家')으로, 의료 전문가 강연회나 토론회 개최, 2차 장애 관련 정보를 담은 정기 간행물 발행, 장애 당사자 경험 기반의 연구 등을 하고 있다.

내가 있는 그대로의 '내 몸'과 마주하여 뇌성마비 몸에 더는 무리함을 강요하지 않는 삶을 지속적으로 창조하기 위한, 조용하면서도 가장 급진적인 운동이라 말할 수 있을지도 모르겠다.✌

> ✌ 아기는 태어나서 몇 달씩이나 바닥에 등을 대고 누운 채 움직이지 못하는데, 이는 나의 '굴러떨어짐'과 비슷한 상황이다. 이처럼 무방비 상태인 시기에는 신체 외 협응 구조에서 움직임이 해방되어 신체 내부의 자유도를 높이고 탐색할 수 있도록 한다. 실제로 이 시기 아기는 자신의 신체 부위를 가지고 놀거나, 얼핏 보면 방향성이 없고 무질서해 보이는 움직임을 반복한다. 이것이 무엇을 뜻하는지는 명확히 알 수 없지만 일설에 따르면 운동 의도motor intention, 체성 감각, 시각·청각·촉각·미각·후각에서 비롯된 지각 사이에 있는 협응 관계, 즉 신체에 대한 내부 모델을 키워 나가고 있는 과정이라고 한다.

4
맺고 열고 이어지고

돌보는 이를 내 몸의 일부로 여길 때

자신의 몸에 무리함을 강요하지 않는 것과 마찬가지로, 타인의 몸에도 무리함을 강요하지 않는 생활을 만들어가는 데도 틈은 중요한 의미를 지닌다. 틈의 중요성을 생각하기 위해, 틈 없이 연결되어 신체 일부가 된 사물이나 사람과의 관계에서 어떤 감정적 경험이 생기는지 반대로 살펴보자.

예를 들어 전동 휠체어처럼 협응 구조로 신체 일부가 된 사물 사이에는 독특한 감정이 생긴다. 평소 사용하던 전동 휠체어가 고장 나 한동안 대체 휠체어를 타게 되면 왠지 침울하고 모든 일에 의욕이 나지 않는다. 평소에는 전동 휠체어를 상당히 거칠게 다루었다면, 막상 잃고 나서야 그 고마움을 알게 되고 상실감에 풀이 죽는다.

마찬가지로 특정 활동지원사와 돌봄 관계가 깊어지거나 함께 있는 시간이 길어질수록, 그 활동지원사가 없을 때 자기효능감은 줄어든다. 그 활동지원사와 함께 있는 것을 전제로 생활이 돌아가기 시작하면 그가 없을 때는 신체 일부가 사라진 것처럼 자신감을 잃어버리고 불안이 덮

친다. 함께 있을 때의 안도감과 함께 있지 않을 때의 불안감의 격차가 지나치게 크면 거꾸로 관계가 제대로 유지되지 않는다.

지금 나는 파트너와 살고 있다. 처음에는 돌봄 관계와 파트너 관계를 확실히 구분하고 싶어서 가급적 활동지원사의 놀봄을 받으며 생활해 나가려고 했다. 그러나 파트너와 같이 살고 있는 한, 그 관계에서 돌봄 관계만 따로 떼어낼 수 없다는 점을 깨닫게 되었다.

예를 들어 파트너와 둘이서 외출했을 때 화장실에 가고 싶다면 파트너에게 부탁하게 된다. 굳이 지나가는 사람을 불러 세우려다가 실금하면 더 번거롭다. 물론 활동지원사와 늘 동행하는 선택지도 있고 어떤 상황에서는 그것이 좋은 방법이라고 생각하지만, 현실적으로 파트너와 나 모두 둘만의 시간을 편안히 보내고 싶은 마음도 있다.

그렇게 같이 살기 시작한 지 2년 정도 지났는데, 최근 들어 어느새 파트너와 돌봄 관계가 예상보다 깊어졌다는 점을 깨닫게 되었다. 최근에 파트너가 바빠지니 약속 시간에 늦는 일이 점차 늘었고, 또 파트너에게 일이 생겨서 나 혼자 집에서 파트너를 기다리는 경우도 생겼다.

전에는 아무렇지 않았던 혼자만의 시간을 오랜만에 보내면서, 혼자 있을 때의 불안과 무기력함이 전보다 더 커졌다는 점을 깨달았다. 이것은 평소 함께 있을 때 내가 얼마나 파트너의 존재를 전제로 하고 있었는지, 달리 말해 상대방을 내 몸의 일부로 여기고 있었는지를 보여준다.

한 번 더 틈을 만들어 본다

나는 이러한 상황을 파트너에게 전했다. 그러자 파트너도 최근에 나에게 무언가를 해 주는 것을 '당연하게 여기는' 면이 늘고 있다는 점을 어렴풋이 알아차리게 되었고, 자신이 내 몸의 일부가 되는 것에 대한 위기의식을 느꼈다고 했다. 우리는 경계를 재설정하고, 앞으로 활동지원사에게 무엇을 어떻게 부탁할지 등에 대해 이야기를 나눴다.

이러한 '경계 재설정'은 협응 구조 속에서 습관적으로 흘러가는 일상을 잠시 멈추는 일이다. 그리고 서로의 사이에 생긴 틈을 외면하지 않고 틈 속에서 대화하는 것을 의미한다. 나는 이것이 서로의 현재 상태를 다시 바라보고, 협응 구조를 다시 짜는 소중한 작업이라고 생각한다.

마찬가지로 사물을 상대로 하든 자기 몸을 상대로 하든 이러한 경계의 재설정이 필요하다. 우리는 평소 자신의 소유물이라고 여기는 물건이나 자기 신체에 대해 자신도 모르게 무리한 일을 강요한다. 그런 사물과 신체가 우리의 일상을 받쳐 주고 있음에도 불구하고 그렇게 한다. 그렇게 혹사한 끝에 사물이나 자기 몸이 망가지고 나서야 비로소 소중함을 깨닫는 일을 반복한다.

우리는 사물, 사람 그리고 자기 몸과의 사이에 생긴 틈에 예민해질 수 있어야 할 것이다.

틈에 작용하는 두 가지 힘: 동결과 해방

6장을 시작하며 나는 협응 구조가 풀리고 다시 묶이는 과정의 반복이 바로 삶의 현실이라고 썼다. 마지막으로 이 점에 대해 '발달' 관점에서 정리해 두려 한다.

세계와 자기 신체 사이에 인간이 갖고 있는 틈은, 연결되었어도 여전히 남아있는 '단절'이다. 바꿔 말해 이것은 연결 가운데 남아 있는 불확실성, 즉 연결 방식의 자유도라고도 할 수 있을 것이다.

그러한 자유도는 또 다른 새로운 연결을 만들어내는 원천이기도 하다. 만약 야생동물처럼 태어나는 순간부터 세계와 신체와 고정된 방식으로 연결되어 얽매어 있다면, 그 연결에 변화가 생길 여지가 없다. 그런 상황에서 주변과의 연결에서 벗어난다는 것은 무리를 놓쳐 포식자에게서 도망치지 못한 초식동물의 경우와 마찬가지로 말 그대로 죽음을 의미할 것이다.

나 같은 소수자의 신체를 가진 사람이 살아남을 수 있는 이유는, 인간이라는 존재에게 다양한 연결 방식의 가능성이 있기 때문일 것이다. 나는 '정상적인 움직임'을 받아들이는 재활에 실패하고 한때 다수자의 무리에서 이탈했지만, 그 후 전동 휠체어나 활동지원사, 조력자와 새로운 연결을 구축함으로써 다시 연결을 회복해 나갔다.

이러한 연결의 가능성을 갖고 있는 인간에게는 서로 정반대인 두 가지 힘이 작용한다.

첫 번째 힘은 연결 방식의 자유도를 동결하고 연결을 확고히 하려는 힘이다. 재활에서 지향하는 '비장애인의 움직임'도 자유도를 동결해 움직임이나 연결성의 틀을 제한하려는 인간의 의도에 부응하는 형태의, 발명된 규범의 일종이라 할 수 있다. 규범을 추구하는 이유는 본래 유동적이고 변화에 의해 쉽게 영향을 받기 쉬운 연결성을 보다 견고하게 만들어 변화를 줄임으로써 안정을 찾으려는 인간의 본성 중 하나라고 할 수 있을 것이다.

반대로 두 번째 힘은 연결의 자유도를 더 높이려는 힘이다. 예를 들어 내가 비장애인의 연결 방식을 모방하는 과정에서 막다른 한계를 느끼고 나의 독창적인 연결 방식을 가동했을 때는, 일단 기존에 집착했던 연결 방식의 형식을 벗어나 내 몸을 완전히 새로운 상태로 해방시키는 단계가 필요했다. (그림 6-1)

이러한 해방과 새로운 연결의 획득은 기존에 지향하던 연결 방식을 포기하는 대가로 찾아온다. 그래서 해방과 새로운 연결의 획득 과정에는 좌절의 고통과 슬픔, 그리고 긴장에서 이완으로 향하기를 허락받거나 내 움직임이 받아들여지며 회복되는 쾌락이 뒤섞여 있다. 이 책에서 나는 좌절과 동시에 자유도가 높아지며, 주변 사물이나 사람과 새로운 연결로 열릴 때의 경험을 '패배의 관능'이라 이름 붙이고 그 속에서 희망을 찾아내려 했다.

나의 이야기에 국한하지 않더라도 인간의 발달이란 이러한 자유의 동결과 해방을 되풀이하며 진행된다고 한다. 비장애인의 발달 과정에도 새로운 발달 단계로 이행하기 직전에 그전까지 완성한 움직임과 인지 패턴을 해체하고 자유도를 높이는 시기가 있다고 한다.

다만 비장애인과 내가 다른 점은, 비장애인은 자유도를 해방시키는 시기에 시행착오를 하며 '정상 발달'의 시나리오에 따라 새로운 단계에 도달할 수 있다. 반면 나의 경우 스트

다가 겐타로多賀嚴太郎에 따르면 "신생아의 운동과 감각은 일종의 통합을 이루고 있지만, 이후 대뇌피질 수준에서 신체와 외부세계를 재현하기 위해 신체와 외부세계를 탐색하며 그 과정에서 한 차례 시스템의 재구축이 일어난다"고 한다. 재구축 이전에 마치 조건 반사처럼 가능했던 보행이나 모방 같은 운동 과제가 재구축 과정에서는 일시적으로 불가능한데, 재구축이 완료되면 다시금 '주체적인 의도에 따라 행한 것처럼 느낄 수 있는' 방식으로 가능하게 된다. 이러한 과정을 'U자형 성장(신생아의 신경 운동 시스템이 초기 반사적 통합 상태에서 고도화된 통제로 전환되는 과정에서 일시적 퇴보가 발생한 후 비선형적 U자로 발달하는 패턴)'이라고 한다.
"자아와 타자의 관계는 아무것도 연결되지 않은 상태에서 발달 과정 중에 새롭게 구성되는 것이 아니라, 처음부터 협력하고 있던 자아와 타자가 분화되는 것"에서 시작된다. 즉 틈이 없던 곳에 틈이 생김으로써 발달이 본격적으로 시작되는 것이다.

[그림 6-1]

레칭 등을 통해 자유도를 높이는 해방 과정을 거친 후에도 '정상적인' 다음 발달 단계로 이행하지 못하고 원래 단계로 되돌아가는 과정을 18년 동안 반복했다.

자유의 동결과 해방의 반복은 그 자체로 관능적인 반복 운동이다. 그리고 나는 다음 단계로 가지 못한 채 그 반복의 관능에 열중했던 것이었다.

발달로 이끌 타자

스트레칭 등을 통해 움직임과 인지 패턴의 자유도를 높이는 과정이 있었어도, 그다음에 내가 새로운 연결 방식으로 성장하지 못했던 이유는 사물이나 사람과의 '풀면서 서로 줍는 관계'가 부족했기 때문이다. 내 몸은 일단 해방된 자유라 해도 쉽게 동결되는 특성이 있어서, 동결된 내 몸을 풀어줄 수 있는 타인의 개입을 필요로 했던 것이다.

그런데 동결된 내 몸을 풀어줄 수 있는 타자란 결코 내 몸의 일부처럼 내 뜻대로 움직여 줄 타자를 의미하는 것은 아니다. 내가 필요로 하는 타자는 아직 나와 팀워크가 성립되지 않은, 예측할 수 없으며 교섭이 요구되는 타자이다.

부모님과 같이 살 적에는 부모님의 몸과 나의 몸 사이에 거의 완성된 팀워크가 형성되어 있었다. 굳이 교섭하지 않아도 부모님은 마치 나의 손발처럼 움직여 주었다. 화장실에 가고 싶으면 데려다 주었고, 설령 실패해도 뒤처리를 해 주었다. 그리고 나 역시 부모님이 나를 도와줄 때까지 불평하지 않고 기다렸다. 이런 경직된 상황에서는 새로운 연결 방식을 시도할 기회가 찾아오지 않는다.

그러나 혼자 사는 것을 계기로 부모님과의 협응 구조는 완전히 떨어져 나갔다. 맨몸으로 세상과 직면한 나는 처음으로 교섭을 필요로 하는 타자와의 틈을 경험했다. 그리고 타협을 통해 있는 그대로의 내 몸, 세계, 변의 등의 생리적 욕구를 서서히 깨닫게 되었다.

혼자 살기 시작한 이후 내 주변에는 항상 교섭이 필요한 타자가 존재한다. 내가 타협할 타자는 화장실일 수도, 장일 수도, 활동지원사일 수도 있다. 이들 없이 나는 살 수 없으며, 타자와 나의 지속적인 개입 덕분에 동결하기 쉬운 내 몸을 가까스로 계속 열어 놓을 수 있고 연결을 유지할 수 있게 되었다.

나와 타자가 '품면서 서로를 주울 수 있는 관계'를 맺을 수 있게 하는 것이 아니라, 나의 운동만 단독으로 문제 삼고 정상적인 발달 시나리오를 모방하도록 한 재활의 오류는 사물과 사람, 자기 신체를 포함한 '타자의 존재'를 가볍게 취급한 데서 비롯되었다고 할 수 있겠다.

해방과 동결의 반복이 타인에게 열릴 때야 비로소 새로운 연결이 생기고, 내게 세계의 의미가 드러난다. 그리고 타자와의 연결이 풀리고, 정성껏 다시 묶고, 또 풀리는 반복을 거듭할수록 관계는 더욱 세밀하게 군집화되고, 깊어진다. 나는 바로 그것을 발달이라고 부르고 싶다.

5
쇠퇴를 향해

혼자 사는 삶이 궤도에 오르기 시작했을 무렵, 나는 '부모님이 돌아가시면 나는 어떻게 될까?'라는 오랫동안 품은 불안감에서 해방되어 자신감에 가득 차 있었다. 아직 혼자 사는 경험이 없는 장애인 후배들에게 거창하게 조언하기도 했다. 성공담을 타인에게 이야기하면서 왠지 나 자신이 더 강해지는 듯한 느낌도 들었다.

그런 내 모습을 지켜보던 마흔 살쯤 된 뇌성마비 장애인 선배가 어느 날 내게 이렇게 말했다.

"신이치로, 무리하지 마. 우리 같은 몸은 서른을 넘기면 확 무너져."

그 선배는 이제 막 혼자 살기 시작한 내가 의기양양해하던 모습을 무척이나 기뻐한 사람 중 한 명이었다. 하지만 그때 선배가 내게 건넨 말은 쇠락해 가는 내 몸의 운명을 직시하게 하는 것이었다. 그 말은 저주처럼 내 마음에 죽 깊이 남아 있었다.

앞서 '2차 장애'라는 개념에서 살폈듯, 뇌성마비를 갖고 있는 몸은 근긴장이 심해 나이가 들수록 탈구나 변형 등 여러 가지 증상이 생기기 쉽다. 게다가 아무래도 운동 부족이 되기 쉬워서 성인병에 걸릴 위험도 크다. 지금의 삶을 언제까지고 계속 누릴 수 있는 것은 아니라는 뜻이다.

올해 서른두 살이 된 나는 그 선배의 말을 잘 실감하고 있다. 10년 전에는 분명히 할 수 있었던 움직임 중 몇 가지를 이제는 할 수 없게 되었다. 예전에는 혼자서도 했던 옷 갈아입기나 목욕이 전보다 훨씬 힘들어서 지금은 활동지원사나 주변 사람들의 도움을 받고 있다. 감기에 걸리면 잘 낫지 않고, 여름에는 열사병으로 2주 정도 고열이 떨어지지 않는 경우도 늘었다. 몸이 아파서 녹초가 되어 이불을 덮고 쉬고 있을 때면 '앞으로 계속 이렇게 살아가야 하는 걸까?' 싶고, 슬픔과 안도, 상쾌함이 뒤섞인 감정이 차츰 밀려온다.

그렇다. 당연한 소리지만, 우리는 쇠퇴하는 존재다. 아무리 지금의 삶을 계속하고 싶어도 그것은 결코 이루어질 수 없는 일이다. 그렇기에 나의 삶은 쇠퇴를 향해 서서히 형태를 바꾸어 간다. 내가 할 수 있는 일은 점점 줄어들고, 주변의 지원이 점점 더 필요할 것이다. 지금 내가 갖고 있는 나의 독창적인 운동 규범 또한 쇠퇴와 함께 결국 스스로 부서질 것이고, 내 몸은 천천히 풀리고 주변에 의해 주워질 것이다.

쇠퇴는 어떤 측면에서는 패배를 의미한다. 지금까지 이룰 수 있었던 것, 누릴 수 있었던 것을 대부분 할 수 없게 된다면, 당연하겠지만 어느 정도의 고통이 수반된다. 하지만 동시에 쇠퇴는 허용이다. 혼자 일어서는 자신을 잃는 한편으로, 혼자 일어설 수 없는 내가 세계와 다시 서로 줍는 관계를 되돌릴 수 있는 연결의 회복인 것이다. 그러한 회복 과정에 주목한다면 쇠퇴는 단지 두려움이나 불안, 슬픔의 색깔로만 채워진 것이 아니라 세계를 향해 열리고 연결되어 나갈 수 있는 관능을 동반한 경험이 될 수 있다.

재활 시설에서 내가 높은 창을 통해 보았던 석양의 붉은 빛은 "수고했어, 이제 됐어"라고 나를 다독였다. 나는 용인되었고, 눈물이 날 뻔했다. 그리고 지금, 서서히 내 몸으로 밀려오는 쇠퇴의 물결의 빛은 그때 보았던 석양의 색을 띠고 있다.

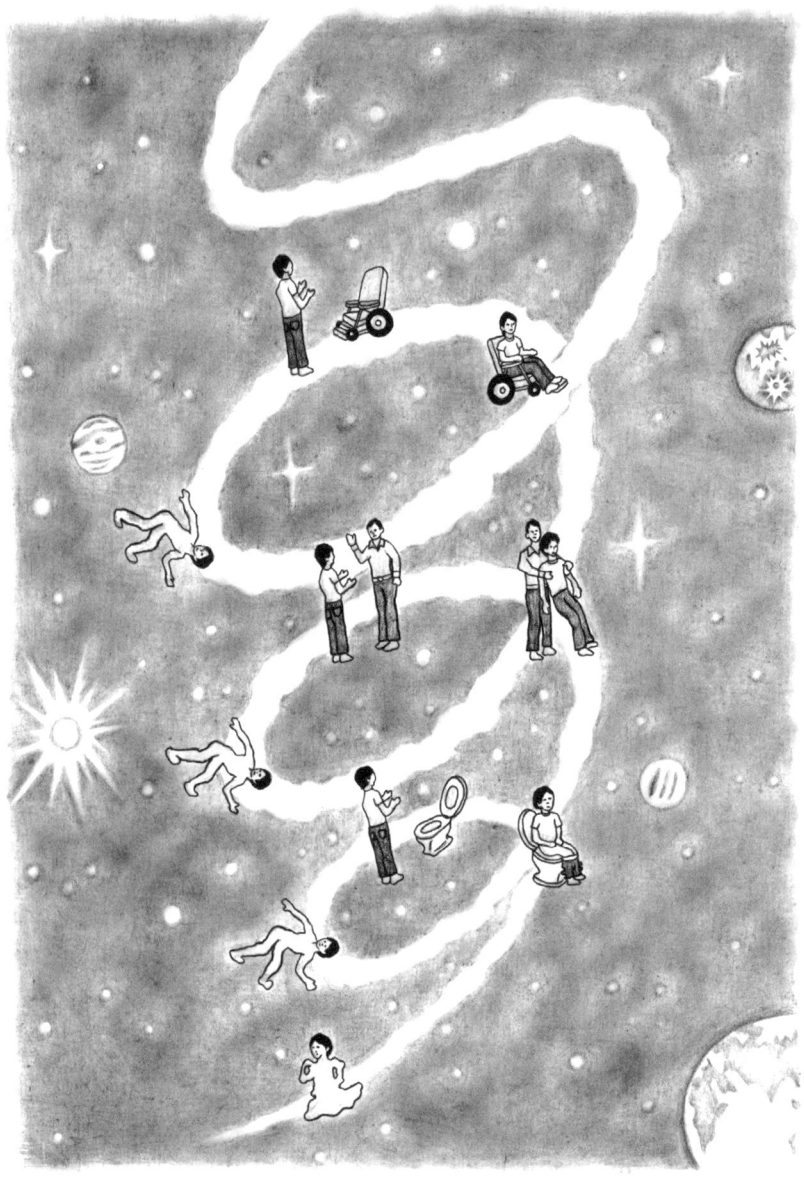

작가의 말

원고를 다 쓰고 한숨을 돌리자, 갑자기 왼손이 저리기 시작했다. 이전에도 과로 등으로 가벼운 저림 증상이 나타났던 적이 있지만, 이번에는 통증이 심해 밤잠을 이루지 못할 정도라서 다급히 동네 병원을 찾았다.

진단 결과는 '경추증성 척수증'이었다. 목에 항상 힘을 주고 장시간 컴퓨터 작업을 한 탓에 목뼈 일부가 변형되어 팔로 가는 신경과 척수를 압박하고 있다고 했다. 앞으로 압박이 더 심해지면 손발의 움직임이 안 좋아질 우려도 있다고 했다. 나는 '마침내 본격적인 2차 장애가 왔구나'라고 생각했다. 각오는 하고 있었지만, 예상보다 빠르게 찾아온 쇠퇴에 나는 동요했다.

담당 의사는 "뭐, 좀 지켜볼까요?" 하면서 목에 깁스를 해줬다. 그러나 나는 납득할 수 없었다. 척수에 큰 문제가 있다면 빨리 수술하는 게 낫지 않을까 싶었다.

그 후 뇌성마비 경추증에 대해 잘 아는 의료기관을 검색해서 병원 몇 군데를 방문했다. 마지막으로 찾아간 곳은 내가 학창시절과 전공의 1년 차에 연수했던 대학병원이었다.

나는 이 병원에서 진저리가 날 정도로 무력한 나 자신을 마주했던 기억이 있어서, 병원에 들어서자마자 위축되어 하는 일도 없이 지냈던 예전의 기억이 떠올라 조금 괴로웠다. 혹시라도 무력했던 그때의 나를 기억하고 있는 사람을 마주치면 어떤 표정을 지어야 할지 모르겠어서 내심 두렵기도 했다.

다행히 정형외과 담당 의사는 내 질문을 흘려듣지 않고 하나하나 받아 주며 정성껏 설명해 주었다. 그리고 "일시적으로 신경이 눌린 것일 뿐 척수에는 손상이 없는 것으로 보이니, 현재는 수술할 필요는 없겠다"며 진단명도 '경추증성 척수증'이 아니라 '경추증성 신경근증'이라고 알려 주었다. 다른 병원에서도 수술할 필요는 없다고 듣긴 했지만, 이 의사는 나의 불안을 모두 주워서 수술하지 않아도 될 이유를 충분히 설명해 주었기에 나는 겨우 안심할 수 있었다.

문진하는 단계에서 담당 의사는 담담한 표정으로 몸이 한계에 직면할 때마다 통증을 느끼며 진로를 거듭 바꾸어 온 지금까지의 나의 삶, 그리고 일을 하며 겪고 있는 어려움과 불안, 일상생활에서 내 뜻대로 안 되는 내 몸과 내가 맺어온 관계 등에 관한 이야기를 묵묵히 들어주었다.

진료를 마치고 돌아가려 할 때, 그는 미소를 띠고 "구마가야 신이치로 군, 예전에 여기 학생이었지? 내가 가르친 적 있지?" 하고 말했다. 나는 어색하고 쑥스러운 마음에 웃으며 고개를 끄덕였다. 그리고 담당 의사는 내 등을 가볍게 밀어 주듯, 큰 소리로 활력 있게 말했다.

"구마가야 신이치로 군, 힘내. 다들 응원하고 있어!"

명치 언저리에서 뜨거운 기운이 북받쳐 올라오는 것을 느끼며 나는 "감사합니다" 하고 고개를 숙였다.

이 책 마지막에 나는 쇠퇴를 달관한 것처럼 썼지만, 이번 일을 겪으며 나는 아직 살고 싶어 한다는 사실을 실감했다. 이리 하여, 어쩌할 수 없는 2차 장애를 실제로 겪고 나서야 비로소 '살고 싶다, 살고 싶다'라고 몸부림치는 자신을 또 한 번 마주하게 된 것이다. 이 경험을 독자 여러분께 솔직히 전하지 않는다면 거짓말이 될 것 같아 이 자리를 빌어 고백하는 바이다.

이 책에서 나는 글로 표현하기 어려운 체험과 느낌을 어떻게든 전달하려고 했다. 하지만 나의 졸렬한 문장력으로는 머릿속에 있는 이미지를 글로 잘 표현하지 못할 때가 자주 있었다.

하지만 다행히, 이 책에는 내 부족한 글을 보완해 주고도 남는 훌륭한 일러스트가 많이 담겨 있다. 이 모든 그림은 일러스트레이터 사사베 노리시게笹部紀成 씨의 손에서 나왔다. 디자인을 맡아주신 북디자이너 소부에 신祖父江慎 씨의 사무실에서 사사베 노리시게 씨의 작품을 처음 보았을 때, 나는 직감적으로 "이거다!" 하고 첫눈에 반했다. 긴장과 압박감, 진지함 그리고 장난스러움이 공존하는, 아름답지만 어딘지 묘하게 중독성 있는 일러스트였다. 내가 이 책에서 표현하고 싶었던 딱딱하고 놀이의 여지가 없는 진지한 느낌, 그러나 어쩔 도리 없이 놀이로 열리는 감각, 즉 뇌성마비의 신체성을 고스란히 담고 있는 듯한 화풍이 이 책의 분위기와 꼭 맞는다고 느꼈다.

사사베 씨는 매우 성실한 분이셨다. 말수는 적지만 내가 전달하고자 하는 이미지를 정확하게 파악해 주셨고, 그것을 내 상상을 훌쩍 뛰어넘은 퀄리티의 작품으로 완성해 주셨다. 소부에 씨도 사사베 씨에게 뇌성마비의 신체 감각을 전달하기 위해, 내 설명을 바탕으로 뇌성마비 몸을 흉내 내며 바닥을 기어 다녀 주셨다. 이토록 정성을 다해 책 만들기에 함께 해 주신 사사베 씨와 소부에 씨께 이 자리를 빌어 감사 인사를 드린다. 나는 행복한 사람이다.

마지막으로, 이 책을 쓸 기회를 주신 의학서원医学書院 출판사의 시라이시 마사아키白石正明 씨께는 아무리 감사를 전해도 부족할 정도이다. 애초에 이 책은 '섹슈얼리티와 신체성을 중심으로 무언가를 써보지 않겠느냐'는 제안으로 기획되었는데, 지금까지 나의 경험을 정리하여 하나의 구조물로 책의 형태를 잡는 일이 힘들어서 집필 초기 반년 동안은 도무지 형태를 갖추지 못했다.

흩어져 있는 단편적인 문장이 많이 늘어난 반면 구조물의 전체 양상은 전혀 드러나지 않아 막막했을 때, 시라이시 씨는 출판사의 회의실 넓은 테이블 위에 단편적인 문장들을 활짝 펼쳐 놓고 한밤중까지 같이 작업해 주셨다. 둘이서 책상 위에 흩어진 원고를 바라보면서 조용히 질문과 응답을 반복하며, 원고의 배치가 서서히 바뀌었다. 그리고 마침내 하나의 구조가 드러나기 시작했다. 그것은 흩어져 있던 지금까지 내 삶의 경험이 하나의 역사로 정리되는 듯한 신비로운 체험이었다.

이 과정에서 나는 처음으로 혼자서 이런 작업을 하기에는 신체적으로 어려움이 따른다는 사실을 알게 되었다. 그리고 글을 쓸 때 이런 방식으로 누군가의 도움을 받을 수도 있다는 사실도 알게 되었다. 이는 곧 글쓰기 과정에서 내가 필요로 하는 지원의 형태가 새롭게 발견되었다는 뜻이기도 하다. 전작(이 책에 앞서 2008년에 출간된 《발달장애 당사자연구》)을 공동 집필한 아야야 사쓰키綾屋紗月 씨도 집에서 내 손과 발이 되어 원고 정리와 참고문헌 목록 작성 작업을 도와주셨다.

이 책이 이렇게 무사히 완성될 수 있었던 것은 수많은 분들의 도움 덕분이다.
여러분, 진심으로 감사합니다.

구마가야 신이치로

옮긴이의 말

이 책 《재활의 밤》은 뇌성마비 장애인 소아과 의사이자 생명과학자 구마가야 신이치로 현 도쿄대 첨단과학기술연구센터 교수가 서른두 살이던 2009년에 어린 시절 겪은 혹독한 재활 경험을 되돌아보며 펴낸 자전적 기록이다. 이 책에서 저자는 자신의 녹록지 않은 재활을 둘러싼 정상성·정상 규범의 폭력성을 비판적으로 살폈고, 뇌성마비 장애를 갖고 살아가는 자신의 경험을 솔직하고 생생하게 전했다.

《재활의 밤》은 장애학·사회학·신경학·운동학·공학 등 여러 학문을 넘나드는 관점으로 장애인을 비롯해 인간의 자립과 회복에 관해 근본적인 물음을 던진다. 차이와 다양성에 토대를 둔 풍부한 자기 이해와 타자(세계) 이해의 가능성을 통찰한 신체론·자유론이라는 점에서 뛰어난 주제의식을 가진 이 책은 출간된 지 십수 년이 지난 지금도 일본에서 많은 독자가 꾸준히 찾아 읽고 있으며, 작품성이 높은 논픽션 문학에 수상하는 신초다큐멘터리상新潮ドキュメント賞을 수상한 바 있다.

《재활의 밤》 출간을 전후하여 저자는 의사로 일하는 한편 발달장애인·정신장애인 등 장애 당사자나 만성 통증을 겪고 있는 이들, 트랜스젠더, 약물 의존자 등 삶의 어려움을 느끼는 소수자들이 자신의 문제를 스스로 재정의하고 그 해결을 모색하는 당사자연구 분야를 개척하고 관련 연구 저서를 집필해 왔고, 현장에서 얻은 소중한 전문지식을 모든 사람이 공유할 수 있는 공공재로 만들기 위해 줄곧 노력해오고 있다. 저자는 2015년부터 재직 중인 도쿄대 첨단과학기술연구센터에서 '당사자연구 랩lab'을 열어 자연과학·철학 연구자와 함께 당사자의 경험을 해석하고 설명해 왔으며, 2020년부터는 소수자나 다양한 삶의 어려움을 갖고 있는 이들의 시점으로 도쿄대학교의 조직과 문화를 바꾸는 포용적inclusive 연구 환경 구축 프로젝트도 진행하고 있다. 저자는 장애 연구뿐 아니라 교육과 사회 시스템 설계에 이르기까지 앞으로 일본 사회를 변화시킬 중대한 원동력이라 평가받고 있는 당사자연구의 대표적 연구자이다.

─────

저자는 언어장애는 중하지 않으나 태어날 때 산소결핍으로 인해 뇌에 손상을 입어 신체 근육이 항상 긴장되어 있어 사지를 잘 움직일 수 없는 경직성 뇌성마비를 지니고 있다. 열여덟 살이 되기까지 그는 재활 시설을 다니며 소위 '정상'이라고 하는 비장애인의 움직임이나 운동을 이상적인 발달 모델로 삼은 재활을 계속했다. 이 책 전반부인 1~4상에서 저자는 1980년대 재활 현장을 겪은 자신의 체험을 낱낱이 분석했는데, 독자에게 참고가 될 배경 지식으로 장애에 대한 패러다임 전환과 인간의 의식과 신체에 관한 관점의 전환을 짧게 언급한다.

저자가 재활하던 당시는 임상이나 재활에서 아직 근거중심의학evidence-based medicine이 적용되기 이전이었다. '장애인도 열심히 연습하면 비장애인처럼 될 수 있다', '장애를 고칠 수 있다'고 믿던 시대이다. 1981년 유엔은 장애인의 권리 평등을 위해 세계 장애인의 해를 선포하고 1983년부터 10년간 장애인의 권리 보장을 위한 세계 행동 계획을 채택하기는 했으나, 당시 장애에 대한 지배적인 담론 지형은 지금도 일각에서 여전히 남아 있는 '장애에 대한 의학적 모델'❧이었다. 저자는 부모님 집에서 나와 혼자 사는 자립 생활을 시작하며 장애학생지원센터에서 활동할 즈음 '장애에 관한 사회적 모델' 이론을 접하고 재활을 그만둘 수 있게 되었고, 사람을 좋아한다는 사실도 깨닫게 되어 의학 공부를 할 결심을 하게 되었다고 한다. 장애를 개인의 결함이 아닌 사회적 편견과 제

❧ 장애를 개인의 신체적·정신적 손상 문제로 보고 의사나 치료사 등 전문가의 개입에 의한 치료나 재활, 적응을 통해 장애를 극복하거나 완화해야 할 개인의 과제로 보는 이론.

도적 차별에 의한 배제, 기회 박탈로 일어나는 사회적 문제로 보고 차별 철폐와 인식 변화 및 접근성 개선을 통해 장애인의 권리와 평등을 보장해야 한다고 보는 이 이론은 오늘날 장애 인권을 논할 때 가장 기초적이고 보편적인 지식이다.

 1장 〈뇌성마비 체험〉에서 저자는 뇌의 작용에 따라 운동(몸의 움직임)이 일어난다고 보는 통념을 바꾼 신경학적 지식에 따라 운동 순서를 설명하며 뇌성마비 장애가 어떤 체험인지 이야기한 바 있다. 저자가 자세히 다루지는 않았지만 이 순서는 신경학자 리벳의 실험 결과를 염두에 둔 것이다. 뇌 신경 부문에서 발생하는 활동은 어떤 사람이 움직이겠다는 결정을 했다고 느끼기 전에 이미 탐지된다고 증명한 일련의 뇌파 실험으로, '리벳의 자유의지 실험(1983년)'이라 널리 알려져 있다. 지금까지도 인간의 자유의지가 실재하는지 아닌지 논쟁이 되풀이되고 있지만, 리벳의 실험 이후 1992년 개발되어 비약적으로 발전한 기능적 자기공명영상fMRI 장치의 도입으로 신경과학 분야에서는 적어도 한 존재(인간)의 의식은 신체(신체의 운동 및 감각 체계)를 기반으로 해 뇌가 환경과 함께 만들어내는 복합적인 과정이라 여겨지고 있다.

 위의 두 가지 배경 지식에 관해 더 알고 싶은 독자는 이 책의 추천사를 쓴 김도현 님의 저작, 저자가 인용한 샌드라 블레이크슬리·매슈 블레이크슬리의 《뇌 속의 신체지도》, 신경학자 우타 프리스와 크리스 프리스, 앨릭스 프리스의

그래픽 노블 《두 뇌, 협력의 뇌과학》 등을 읽어 보기를 권한다.

2장 〈트레이너와 트레이니〉와 3장 〈재활의 밤〉에는 비장애인 학생들과 함께 학교(초·중·고등학교)를 다니는 동안 매일 학교 일과가 끝나면 근처 시설로 가고, 여름방학이 되면 재활 시설에 가서 강한 통증을 불러일으키는 재활을 하는 경험에 대한 회고가 담겨 있다. 일본어판 《재활의 밤》 책 띠지에는 "아픈 건 곤란해"라는 글귀가 있다. '정상적인' 움직임의 표준에 따르라고 강압적으로 하면 할수록 근긴장도가 증가하여 저자의 몸은 뻣뻣해지고 움직이기 어려워진다. 비장애인이 자신의 몸을 최초의 타자로 만나게 되는 것처럼, 저자의 몸은 저자가 마음먹은 대로 움직이지 않는 '타자'이다.

4장 〈탐닉〉에서 저자는 자신의 신체에 대한 개입이 폭력으로 변하는 가운데 싹튼 피학적인 섹슈얼리티와 신체성(저자의 고유한 용어로는 '패배의 관능'), 신체적 자해 습관(섭식장애)을 고백하고 있다. 그가 놀라울 만큼 자신을 과감히 드러낸 이유는 어찌할 도리 없이 무력할 수밖에 없던 어린 시절의 자신을 마주하고 화해하기 위함인 동시에, 과거의 자신과 비슷한 괴로움에 처해 있을 자신과 꼭 닮은 누군가, 그 누군가의 살아남기, 스스로를 하찮게 여기거나 해하지 않고, 죽지 않고 살아가는 일을 위해서였을 것이다. 자신과 세계를 직시하고 주위를 돌아보는 저자의 용기에 깊은 경의를 표하게 된다. 저자는 "희망이란 절망을 서로 나누는 것"이라는 연결과 연대의 메시지로도 잘 알려져 있다.

이 책의 후반부 5장 〈움직임의 탄생〉과 6장 〈틈에 자유가 깃든다〉에서 저자는 수단이 목적이 되고 만 치료적 관점의 재활에서 벗어나, 자신의 고유한 움직임을 찾아가는 새로운 운동 규범을 향한 여정을 여러 가지 재미난 일화로 매우 실감 나게 그리고 있다. 이 책의 백미이자 한국어판 부제 '수치와 고통의 규범을 넘어, 자립과 연결로 나아가기'를 여실히 보여주는 장이라 할 수 있겠다. 저자는 어린 시절의 가혹한 재활 경험만큼이나 중요하게, 패배의 관능에서 시작한 새로운 움직임의 여정을 다루고 있다.

화장실 인테리어 공사를 통해 접근성이 가능하도록 물리적 환경을 바꾼 일화, 활동지원사와 시선을 같이해 활동지원사의 순조롭고 부드러운 움직임을 유도하는 일화, 저자가 수련의로 병원에서 일하며 채혈 등 움직임이 세밀한 의료행위를 할 때 큰 틀의 목표를 설정하되 지나치게 구체적이고 세

부적인 부분까지 정해두지 않는 움직임 방식을 다룬 일화, 몹시 바쁜 병원에서 동료들과 서로 장점을 알아봐 주고 서로 도우며 업무에 대응한 일화 등이다. 독창적인 움직임을 위한 비지도 학습의 군집화를 시도해 보는 신체의 튜닝을 다룬 이러한 일화들은 저자처럼 새 움직임을 찾으려는 장애인 당사자뿐만 아니라, 평상시 사물·타인과 자신의 움직임의 관계성이나 장애인의 움직임에 대해 별로 생각할 기회가 없는 비장애인들에게 더없이 좋은 배움의 실마리가 된다.

자신에게 적절한 '사물과의 협응 구조', '사람과의 협응 구조'를 찾으면서 저자는 누구(사람)에게도 무엇(사물)에게도 의지하지 않고 오로지 혼자서 헤쳐나가야 한다는 기존의 자립관을 변혁하고, 사물이나 타인에 의존하며 자유로이 살아가는 움직임, 자립의 방식을 제시한다. 움직임이 탄생하는 순간이다. 의존을 통한 진정한 자립으로 배제와 고립에서 벗어나는 저자의 지혜로운 여정이 무척 인상 깊다.

이러한 여정을 쉽게 이해하려면 저자가 쓴 대로, 저자의 몸의 특징이나 움직임을 협응 구조로 파악하는 것이 도움이 된다. 이 책에서 저자는 자신의 신체가 지닌 뇌성마비 특징을 신경학의 용어 '경축(강직)'이나 '경직성 마비'로 이야기하지 않고, 운동학의 '협응' 개념으로 말한다. 협응이란 수행하려는 움직임의 목적에 따라 사지, 신경과 근육 관절 등 다양한 신체 부분이 공동으로 작용하는 형태를 말한다. 저자는 생리학자 니콜라이 베른슈타인이 고안한 용어 '협응 구조'을 차용해 자신의 상태를 "'과도한 신체 내 협응 구조'로 인해 몸에 놀이(여유, 느슨함)가 없는 상태"라고 직관적으로 표현했다. 이를테면 '걷는다'와 같은 움직임은 개체에 내재된 능력('걸을 수 있다'거나 '걸을 수 없다')이 아닌, 뇌·신체·환경의 협응 구조(상호작용)의 결과로 생겨난 행위이다.

아울러 저자는 관능이 따르는 긴장과 이완을 반복하는 자신이 새로운 움직임을 만들어 내는 원천은 기존의 규범과 신체 사이 또는 자신과 대상(사람, 사물) 사이에 생긴 '틈(괴리·간극, 즉 새로운 움직임을 찾아갈 수 있는 가능성)'이라고 이야기했다. 저자가 이렇게 독자적으로 용어를 만들어 사용하는 것은 복잡한 신경학과 운동학의 개념을 쉽게 이해할 수 있게 해 줄 뿐만 아니라, 저자의 경험과 사유에 더 가까이 갈 수 있도록 해 준 탁월한 접근법이라 생각한다. 이 책에서 저자는 몸 안팎의 '협응 구조', '놀이', '틈'이라는 용어를 사용해 사물·사람과 비폭력적이고 수평적인 관계로 조화를 이루며 새로 창조할 수 있는 몸의 움직임, 자립과 회복, 자유를 논하고 있다.

이 글을 마치며, 나는 독자 여러분이 저자와 함께 굴러 떨어진 세계에서 어떤 경험을 하셨을지 참 궁금하다. 여성으로

서 나는 여성성과 같은 사회적 규범의 내면화에 의한 부끄러움이나 열등감이나 고통에 관해, 그리고 강요되는 규범의 부당함에 관해 어느 정도 알고 있지만, 이 책을 만나기 전까지 가령 사람이 '주워진다'는 표현이 가능하리라고는 상상해 보지 못했다. 단지 우리말이 일본어에 비해 수동 표현을 한정적으로 써서 어색하게 느껴지는 문제는 아니었다. 아마 비장애인인 나의 경험과 인식의 한계 때문이었을 것이다.

받아들인다는 뜻이 있는 '주워진다'는 표현에 대해 묻자, 저자는 "방심하면 중력에 이끌려 떨어지게 된다는 강한 느낌이 있다. 바닥이나 땅과 나의 긴밀한 관계를 강조하고, 내버려 두면 바닥이나 땅에 떨어질 운명에 처한 몸을 3차원의 세계에 붙잡아 준다는 이미지를 담아 썼다"고 메일로 상세히 설명해 주었다. 비장애인의 움직임을 강요하는 규범의 고통을 버티고 겪어내며 부조리를 느끼는 가운데 두루 살핀 신체성을 이야기하고, 모두에게 더 나은 세상을 제안하기 위해 온몸과 온 마음을 다해 컴퓨터 자판을 두드렸을 저자께 깊은 감사의 말씀을 드리고 싶다. 애초부터 불가능한 규범 대신에 언뜻 방향성이 없고 무질서해 보이지만 유연하며 잠재력을 품고 있는 대안적 규범을 찾아가는 과정, 저자의 표현대로 "고통을 지식으로 전환하는 연금술"이라 할 수 있는 당사자 연구의 첫 저작인 이 책의 지적이며 가슴 뭉클한 여정에 옮긴이로 동참하게 되어 무척 기쁘다.

《재활의 밤》의 번역을 적극적으로 추천하고 격려해 준 동녘 출판사의 이정신 편집장, 부족하고 어색한 번역을 더할 나위 없이 잘 살펴준 김혜윤 편집자께도 진심으로 감사를 드린다. 나의 동생 다롱은 원고를 읽고 뇌성마비 장애나 2차 장애에 관해 몰랐던 점을 알게 되었고, 저자가 독자를 붙들고 매우 정중하게 하나하나 설명해 주는 책이라며 비장애인의 상황을 대입해서도 잘 읽을 수 있었다고 해 주었다. 자신이 어찌할 수 없는 쓰라린 패배나 위축을 인정하고, 자신을 몰아붙이며 이겨내려고 애쓰지 않고 자신을 용서하여 더 창의적이고 열린 세계로 향한다는 점이 멋지고 울컥했다는 감상을 나눠 주어 고마웠다.

　재활의 밤과 그 너머. 저자가 2차원의 세계에서 재활의 밤을 맞이하기 전 쬔 붉은 노을빛과 저자를 지지해 준 바닥, 시원한 가을바람을 떠올려 본다. 그곳에는 홀로 주워져야 하거나 주워지지 못하는 세계가 아닌, 서로 줍는, 즉 줍고 주워지는 세계가 있다.

　이 책에 내 마음을 두고 왔다고 이야기할 수 있을 정도로, 저자에게 배운 바가 넓고 크다.

조승미

참고문헌

ベルンシュタイン, ニコライA [2003] 『デクステリティ』 金子書房, 三〇七頁

Blakemore, Sarah-Jayne, "Self-produced tickle sensation of self-produced tickle sensation의 central cancellation", *Nature Neuroscience*, 1, 1998, pp.635~640.

Blakemore, Sarah-Jayne, "Deluding the motor system", *Consciousness and Cognition*, 12(4), 2003, pp.647~655.

ブレイクスリー, サンドラ&マシュー [2009] 『脳の中の身体地図』 インターシフト, 二九二―三〇八頁 [샌드라 블레이크슬리·매슈 블레이크슬리 지음, 정병선 옮김, 《뇌 속의 신체지도》, 이다미디어, 2011.]

Decety, J. and Sommerville, J.A., "Weaving the fabric of social interaction: Articulating developmental psychology and cognitive neuroscience in the domain of motor cognition", *Psychonomic Bulletin&Review*, 13(2), 2006, pp.179~200.

Desmurget, M., "Movement intention after parietal cortex stimulation in humans", *Science*, 324(5928), 2009, pp.731~733.

Doya, K., "Modulators of decision making", *Nature Neuroscience*, 11, 2008, pp.410~416.

乾敏郎 [2009] 『イメージ脳』 岩波書店, 三〇頁

入來篤史 [2004] 『道具を使うサル』 医学書院

Iriki, A. et al., "Coding of modified body schema during tool use by macaque postcentral neurons", *NeuroReport*, 7, 1996, pp.2325~2330.

Maravita, A. et al., "Tool-use changes multimodal spatial interactions between vision and touch in normal humans", *Cognition*, 83, 2002, pp.B25~B34.

Maravita, A. et al., "Multisensory integration and the body schema: close to hand and within reach", *Current Biology*, 13, 2003, pp.R531~R539.

Maravita, A. and Iriki, A., "Tools for the body (schema)", *Trends in Cognitive Science*, 8(2), 2004, pp.79~86.

二次障害検討会 [2007]『二次障害ハンドブック改訂版』文理閣

小田亮 [1992]「ポルノグラフィの誕生—近代の性器的セクシュアリティ」『国際文化論集』(桃山学院大学) 六号 五五—七二頁

岡田美智男 [2008]「人とロボットとの相互行為とコミュニケーションにおける身体性」『現代思想』三六巻一六号

Osu, R., Franklin, D. W., Kato, H., Gomi, H., Domen, K., Yohioka, T., and Kawato, M., "Short- and Long-Term Changes in Joint Co-Contraction Associated with Motor Learning as Revealed from Surface EMG", *Journal of Neurophysiology*, 88, 2002, pp.991~1004.

多賀源太郎 [2002]『脳と身体の動的デザイン』金子書房

浦河べてるの家 [2002]『べてるの家の「非」援助論』医学書院 [베델의 집 사람들 지음, 송태욱 옮김, 《베델의 집 사람들》, 궁리, 2008.]

칼럼 참고문헌

뇌성마비 재활의 사회사

小佐野 [2007]「全身に障害のある人に対する医療の歴史と私達の到達点」

Dodd, K. J., Taylor, N. F., and Damiano, D. L., "A systematic review of the effectiveness of strength-training programs for people with cerebral palsy", *Archives of Physical Medicine and Rehabilitation*, 83(8), 2002, pp.1157~1164.

Pin, T., Dyke, P., and Chan, M., "The effectiveness of passive stretching in children with cerebral palsy", *Developmental Medicine & Child Neurology*, 48(10), 2006, pp.855~862.

Ketelaar, M., Vermeer, A., Hart, H., van Petegem-van Beek, E., and Helders, P. J., "Effects of a functional therapy program on motor abilities of children with cerebral palsy", *Physical Therapy*, 81, 2001, pp.1534~1545.

日本リハビリテーション医学会診療ガイドライン委員会他 [2009]『脳性麻痺リハビリテーションガイドライン』医学書院

田島明子 [2009]『障害受容再考』三輪書店

二次障害検討会 [2007]『二次障害ハンドブック改訂版』文理閣

Scherzer, Alfred L. [2003]『脳性まひ児の早期治療第二版』医学書院

규율 훈련과 마조히즘

ジョン・K・ノイズ [2001] 『マゾヒズムの発明』青土社 [John Kenneth Noyes, The Mastery of Submission: Inventions of Masochism, Cornell University Press, 1997.]

땅바닥과 '풀면서 서로 줍는 관계'

岡田美智男 [2008] 「人とロボットとの相互行為とコミュニケーションにおける身体性」 『現代思想』 三六巻一六号